dtv

Amüsant und informativ führt Hans-Martin Gauger den Leser durch die vielgestaltige Welt unserer Sprache und deckt so manche Kuriosität auf. Was heißt eigentlich »nichtsdestotrotz«? Warum kann sich ein Patient über einen »negativen Befund« freuen? Was ist in einer Demokratie »politisch korrekt«? Und wie geht das nochmal mit dem verflixten Konjunktiv? Diesen und anderen Fragen geht Gauger auf seinen unterhaltsamen Streifzügen durch den »Irrgarten« der sich wandelnden Sprache auf den Grund. Seine Glossen schärfen den Sinn für Unsinn, an den wir uns schon gewöhnt haben, für Absurditäten und Ungenauigkeiten. Gauger zeigt die historischen Wurzeln vieler Begriffe, erklärt unterschiedliche sprachliche Entwicklungen und zieht immer wieder erhellende Vergleiche zu anderen europäischen Sprachen.

Hans-Martin Gauger, Jahrgang 1935, war von 1969 bis 2000 ordentlicher Professor für Romanische Sprachwissenschaft an der Universität Freiburg i. Br. und von 1984 bis 1989 Vizepräsident der Deutschen Akademie für Sprache und Dichtung in Darmstadt.
Veröffentlichungen u. a.: ›Über Sprache und Stil‹ (1995); ›Vom Lesen und Wundern. Das Markus-Evangelium‹ (2005); ›Das ist bei uns nicht Ouzo. Sprachwitze‹ (2006).

Hans-Martin Gauger

Was wir sagen, wenn wir reden

Glossen zur Sprache

Deutscher Taschenbuch Verlag

Januar 2007
Deutscher Taschenbuch Verlag GmbH & Co.KG,
München
www.dtv.de

Umschlagkonzept: Balk & Brumshagen
Umschlagbild: Corbis/Images.com
Gesamtherstellung: Druckerei C. H. Beck, Nördlingen
Gedruckt auf säurefreiem, chlorfrei gebleichtem Papier
Printed in Germany.
ISBN-13: 978-3-423-34384-8
ISBN-10: 3-423-34384-2

Dem Andenken meines Freunds
Andreas Blank 1961–2001 gewidmet

Jnhalt

Vorwort
(das schon einige Glossen enthält)

Daß die Leute viel Unsinn reden, ist bekannt. Daß aber in der Sprache selbst schon viel Unsinn steckt, weniger. Es muß übrigens, zugegeben, nicht immer geradezu Unsinn sein, es kann auch bloß Verqueres, Unstimmiges, Merkwürdiges oder – es gehört zum Merkwürdigen – längst nicht mehr Zutreffendes oder, wenn man es wirklich beim Wort nimmt, gar nicht mehr Verständliches sein, etwas, das einfach immer mitgeschleift wurde: man versteht es und versteht es doch nicht. Nehmen wir hier also ›Unsinn‹ als einen – etwas verschärfenden – Oberbegriff. Es ist ja auch nicht klar zu sagen, wo eigentlicher Unsinn beginnt. Da gibt es Übergänge.

In der »Walpurgisnacht« in *Faust I* kommentiert Mephistopheles das Treiben der Hexen und Hexenmeister und aller übrigen, die sich da gegenseitig nach oben schieben, so: »Das drängt und stößt, das rutscht und klappert!/ Das zischt und quirlt und zieht und plappert!...« Also, ein wenig geht es ja immer so zu, wenn Menschen und nun gar viele beieinander sind. Und vor allem, Mephisto beobachtet ganz richtig: das »Plappern«, das vielfältige Sprechen, Reden, Schwätzen, Quatschen, Quasseln, Raffeln und Labern ist stets dabei. Und dies alles, darauf will ich hinaus, ist auch sprachgestützt. Die Sprache selbst fördert es.

Der Unsinn also in der Sprache. Hier müßte nun gewiß unterschieden werden zwischen der Sprache selbst und dem Gebrauch, den man – sprechend und schreibend – von ihr macht. Aber beides geht doch auch ineinander über: der jeweilige Gebrauch kommt von der Sprache her, und eine Sprache ist nicht unabhängig von dem Gebrauch, den man von ihr macht. Sie *ist* letzten Endes ihr Gebrauch. Trotzdem ist es wichtig, diesen Unterschied zu sehen und also zwischen Sprechen und Sprache zu unterscheiden. Beide sind nicht dasselbe, und wo ein Unterschied ist, muß man unterscheiden.

Dieses Buch entspringt einer Irritation – keiner wilden, um es gleich zu sagen, aber auch keiner unerheblichen. Sie ist auch ziemlich konstant und wird gewiß von anderen, auf die ich hier zähle, geteilt. Natürlich schöpft das Buch diese Irritation nicht aus; es ginge ja gar nicht. Und eigentlich sind es mehrere Irritationen, nämlich drei.

Erstens irritiert mich, wie mit der Sprache, hier der deutschen, umgegangen wird. Ich sage nicht ›heute‹, weil das nicht erst seit ›heute‹ so geschieht, wie es nicht geschehen sollte. Ich will auch gleich hinzusetzen, weil man es hinzusetzen *muß,* daß nicht wenige – auch gerade ›heute‹ – vorzüglich mit ihr umgehen. Übrigens schrieb schon Schopenhauer seit 1852 an einem Traktat, den er freilich nicht veröffentlichte, mit dem Titel »Über die, seit einigen Jahren, methodisch betriebene Verhunzung der deutschen Sprache« (der Text wurde erst 1892 in den Nachlaßbänden herausgegeben; Ludger Lütkehaus hat ihn 1997 erstmals für sich publiziert). »Es ist«, stellt Schopenhauer fest, »eine wirkliche allgemeine Verschwörung... Die deutsche Sprache ist in Gefahr.« Wie gesagt, so weit gehe ich nicht.

Zweitens irritiert mich der Unfug, der mit bemerkenswerter – und auch schon irritierender – Sicherheit von Ahnungslosen oder, um gerechter zu sein, von allenfalls Ahnenden über Sprache geäußert wird.

Nebenbei (es gehört aber hierher): das Wort *ahnungslos,* das unsere Sprache uns da bietet, uns geradezu aufdrängt, ist gleich ein Beispiel für den ›Unsinn‹ in ihr. Denn in dem Wort steckt ja eine groteske Übertreibung – gleich ist da jemand ›ahnungslos‹ oder ›hat keine Ahnung‹. Wer ist schon in bezug auf etwas, von dem er redet, einfach ahnungslos? Das gibt es doch kaum. Eine

Ahnung ist ja noch nicht viel. Aber weil das Wort nun einmal da ist, sagt man immer gleich, wie eben ich selbst, ›ahnungslos‹, um Mißliebige zu bezeichnen. Es kommt hinzu, daß man dann mit dem Wort im Ernst gar nicht meint, was es ›eigentlich‹ sagt. Auch darin steckt Unsinn. Tatsächlich meint man etwa bloß, wie auch ich zuvor, »nur wenig Ahnung« oder »geringe Kenntnis« oder auch »nicht ausreichende Kenntnis«, die dann also jedenfalls über ›Ahnung‹ schon weit hinausgeht. Besonders Professoren (da kenne ich mich aus) sagen dies gerne; es ist geradezu klassisch: ›Ach, der hat doch von Nietzsche‹ – oder ›von Hegel‹ oder ›von Max Weber‹ oder ›von Molekularbiologie‹ oder ›von Supraleitern‹ – ›keine Ahnung‹. Oder wenn einer hört, daß ein Kollege über etwas arbeitet und zu publizieren gedenkt: ›Das kann der doch gar nicht! Davon hat der doch keine Ahnung!‹

Zurück zu den Laien, die sich zu Sprachlichem äußern. Es gibt hier ja – man sollte es nicht ganz vergessen – eine zuständige Wissenschaft: die Sprachwissenchaft oder auch Linguistik. Diese Wissenschaft, diese Disziplin – *Disziplin* ist ein schönes, weil genau treffendes Wort für ›Wissenschaft‹ – vermissen diese Ahnungslosen offensichtlich nicht. Genauer: sie fehlt ihnen sehr, ohne daß ihnen irgend etwas fehlte – subjektiv. Aber es gibt da, was jene Laien angeht, auch wirklich ein Problem: der Sprachwissenschaftler kann die fachlich Unbedarften nicht so leicht abweisen, wie etwa der Mediziner oder der Jurist dies kann. Er kann nicht einfach sagen: »Also bitte, davon verstehen Sie nichts!« Denn von ihrer Sprache verstehen die Leute ja etwas, sie verstehen nicht nur das in ihr Gesprochene und Geschriebene, sie kennen unbestreitbar ihre Sprache auch ein wenig, wissen weithin auch, was falsch und richtig in ihr ist, und vor allem (und deshalb wissen sie auch was): sie ›können‹ sie. ›Kennen‹ und ›können‹ sind zumindest hier, wo es um eine Sprache geht, aber nicht dasselbe. Sonst wären alle Deutschsprachigen Germanisten. Womit ich nicht unterstelle, alle Germanisten wüßten über die deutsche Sprache gut Bescheid – die meisten von ihnen sind ja auch Literarhistoriker und interessieren sich für die Sprache nur sehr am Rand, obwohl doch Literaturwerke aus dem Stoff der Sprache geschaffen sind. Also die »Sprecher«, wie die Sprachwissenschaft sagt, die ihre Sprache ›können‹, haben von ihr schon eine Ahnung. Sie wissen also auch etwas von ihr. Trotzdem: es gibt auch in bezug auf Sprache Fachwissen und, ebenso wichtig, ein fachliches Gespräch mit bestimmten Fragestellungen und einer bestimmten Geschichte der Frage und der Antworten. Auch wenn es um bloßen Sprachgebrauch geht, können und sollten aus diesem Grund selbst ›gebildete‹ Laien nicht einfach ›auf Augenhöhe‹ mitreden wollen. Letztere Wendung gebraucht man jetzt ja typischerweise und mich irritierend gerne, denn jeder will jetzt mit jedem ›auf Augenhöhe‹ sein.

Drittens irritiert mich auch in der Sprachwissenschaft, also meiner eigenen respektablen Disziplin, nicht weniges, weil sie zu ihrem Gegenstand viel irrelevanten Unsinn von sich gibt. Also, das ist dann zwar kein restloser Unsinn, das Gesagte trifft ja zu einem großen Teil schon zu oder ist zumindest nicht abwegig. Der Unsinn liegt hier – und eine Art Unsinn ist dies schon auch – in der Irrelevanz oder deutsch der Unerheblichkeit des in der Regel sehr umständlich und mit aufwendigem Apparat Dargelegten. Übrigens kommt dies hinzu: Sprachwissenschaftler, Kenner also der Sprache und ihrer ›Mechanismen‹ und ›Funktionen‹, schreiben nicht besonders gut, eher sogar – es ist überraschend – besonders schlecht.

Irrelevanz, sagte ich – ich habe, um dies gleich zu sagen, nichts gegen dieses Wort – es muß nicht immer *Unerheblichkeit* sein, es kommt sehr darauf an; Fremdwörter sind nicht immer am Platz, sie zeugen oft, neben anderem, das ist schon wahr, von Prätention (schon wieder eines) und schließen manche vom

Verstehen aus. Letzteres war übrigens bei Leibniz, ganz am Ende des 17. Jahrhunderts, der eigentliche Einwand gegen sie: »Was aber die fremden oder undeutschen Worte anbetrifft, so entsteht darin der größte Zweifel, ob nämlich und wieweit sie zu dulden, nachdem sie vielen noch unverständlich.« Wie sehr unsere Sprache sich verändert hat in den etwas über dreihundert Jahren, nachdem dies geschrieben wurde, zeigt schon ein so kurzes Zitat (es ist aus der Schrift, deren schöner Titel dies auch zeigt: »Unvorgreifliche Gedanken, betreffend die Ausübung und Verbesserung der deutschen Sprache«). Fremdwörter haben ihren eigenen – nicht ungefährlichen – Reiz. Welche Reize sind überhaupt ganz ungefährlich?

Es geht in diesem Buch um Sprachkritik – Kritik am Sprachgebrauch und an der (deutschen) Sprache. Über die Berechtigung von Sprachkritik will ich jetzt nicht diskutieren. Es müßte stark ins Fachliche führen. Und es ist hier auch nicht nötig. Ich will nur sagen, daß es Sprachwissenschaftler gibt, die die Existenzberechtigung der Sprachkritik bestreiten. Sind die Laien imperialistisch, weil sie ›ahnungslos‹ einfach mitreden, so ist es die Sprachwissenschaft, zum Teil, auf ihre Weise auch, wenn sie am liebsten jegliches Reden über Sprache, das nicht ihr eigenes ist, verbieten möchte: ›dafür‹, wird gesagt, ›sind *wir* zuständig und *nur* wir‹. Weil sie aber Sprachkritik nicht verbieten können, halten die Sprachwissenschaftler sie weithin für das Allerletzte, den Gipfel oder den Abgrund des Irrelevanten – die Unerheblichkeit selbst. Gut, nicht alle denken so. In der Glosse über den »Gesang des Buckelwals« gehe ich kurz auf dies Thema ein, indem ich zeige, wo hier – in der Sprachwissenschaft – die Fehler liegen.

Meinen drei Irritationen entsprechen in diesem Buch drei Arten von Glossen. Da ist erstens ein wenig – aber wirklich nur ein wenig – Kritik an der Sprachwissenschaft: an ihrer Mißachtung und (dies ist schlimmer) ihrer *Verkennung* der Sprachkritik. Eine Diskussion mit Zunftgenossinnen und Zunftgenossen will ich ja hier nicht führen; anderswo habe ich es getan. Übrigens steckt in der heute allseits erwarteten Doppelung ›Zunftgenossinnen und Zunftgenossen‹, ›Krankengymnastinnen und Krankengymnasten‹ und so weiter sprachkritisch auch wieder so ein Problem – hierzu die Glosse »Töchter und Söhne«. Dann, zweitens, gibt es Glossen, die schlicht und nun von meinem sprachwissenschaftlichen Standpunkt aus über Sprachliches zu informieren suchen. So etwa in: »Auf deutsche Weise«, »Geschichtlichkeit der Sprache«, »Babel«, »Auch die Sprache kritisiert«, »Die Sprache spricht«, »Gesprochen und geschrieben«, »Das Unschuldigste?«, »Die Etymologie-Falle«, »Nichts ist praktischer als Latein«, und »Das sprachliche Kunstwerk«. Drittens sind da – und dies ist die Mehrzahl – Glossen, die etwas aufgreifen, das (jedenfalls mich) in der gegenwärtigen deutschen Sprache irritiert. Und da will ich, unter Umständen, auch – und diesmal wissenschaftlich ungeschützt – polemisieren. So etwa: »Patjomkin«, »Konsens«, »Nichtsdestotrotz«, »Nicht vergleichbar«, »Examensprüfung?«, »Deutsche Juden?«, »Humanitätsduselei«, »Politisch korrekt?«, »Bürgerliche Parteien?«, »Zur Sprache der Medizin«. Ich sage, diese Glossen seien ›wissenschaftlich ungeschützt‹, weil nämlich die Positionen, die ich da vertrete, von der Sprachwissenschaft her nicht begründbar sind. Dies gelte natürlich auch für andere Positionen als die meinen. Denn diese sprachwissenschaftliche Unbegründbarkeit gilt prinzipiell. Da kann man in der Tat nur – dies aber schon – rational argumentieren und anregen zu rationaler, also Begründungen suchender Diskussion.

Wichtiger jedoch als meine Positionen ist mir, weil es nämlich tatsächlich weit wichtiger ist, die Sensibilisierung, die Weckung also von Sprachempfindlichkeit oder einfach von Aufmerksamkeit – Aufmerksamkeit für die Sprache selbst, dann für das Sprechen und das Schreiben. Und Schreiben ist ja fürs erste nichts anderes als ein sorgfältigeres, also auf sich selbst aufmerksameres Sprechen. Umgekehrt und dementsprechend ist man beim Lesen ungleich anspruchsvoller als beim Zuhören.

Aufmerksamkeit ist ja ein schönes und wichtiges Wort. Und schön und wichtig ist es, weil es *Offenheit* meint, eine auf konzentrierte Weise empfängliche Offenheit. In einer seiner suggestiven, aus rationaler Perspektive nicht unbedenklichen Veranstaltungen berichtete seinerzeit der zweifellos und schon von der unvergeßlich intimen Stimme her etwas guruhafte Joachim-Ernst Berendt (als Jazz-Kenner war er großartig ohnehin) von einem fernöstlichen Weisen (ich will der etwas bedenklichen Quelle nicht nachgehen), von dem auf die Frage, was denn im Leben überhaupt das Wichtigste sei, nur dies eine Wort zu hören war: »Aufmerksamkeit«. Und als man ihn enttäuscht fragte, denn man hatte Gewichtigeres erwartet, was Aufmerksamkeit denn sei, sagte er nur: »Aufmerksamkeit ist Aufmerksamkeit.« Auch dies ist schön, und der Satz ist auch keine Tautologie. Denn die Frage nach der gemeinten Sache wird hier auf das Wort selbst zurückgewiesen: ›Das Wort sagt es doch klar, du mußt wieder nur aufmerken!‹

Etwas anderes will ich hier auch klarstellen. Die Aufmerksamkeit auf eine Sprache muß sich auch auf die bezeichnenden, die signifikanten Veränderungen in ihr richten. Es kommt ja in einer Sprache und auch im Sprachgebrauch, wie beide gerade *jetzt sind*, immer zu Veränderungen. Veränderungen, die im Gange sind und sich als solche abzeichnen. Selbst so gesehen, also zu einem bestimmten Zeitpunkt, etwa *jetzt,* ist in einer Sprache immer auch eine geschichtliche Dimension. Allein wegen der gleichzeitig anwesenden Generationen ist da stets und unvermeidlich Verschiedenes *gleichzeitig,* womit ich jetzt nicht die berühmte »Gleichzeitigkeit des Ungleichzeitigen« meine. Ich meine nur und neutral: in einer Sprache ist – zu jedem Zeitpunkt – Verschiedenes gleichzeitig da. Die Irritation nun, darauf will ich hinaus, ergibt sich vielfach aus dem *Neuen* in der Sprache und im Sprachgebrauch. Das Neue ärgert. Hier muß man aber wieder aufmerksam sein. Das Neue ist nicht schlecht, nur weil es eben neu ist. Freilich ist es auch nur darum nicht schon gut.

Hier könnte man sprachkritisch die durchweg positive und als solche doch wohl unsinnige Verwendung von *Innovation* glossieren. Dieses Wort müßte von seiner Bedeutung her neutral verwendet werden, denn es gibt – ganz offensichtlich – positiv und negativ zu bewertende Innovationen: das Alte ist oder war nicht immer besser, das Neue ist es aber auch nicht. Offenbar (wieder ein Fall von ›Unsinn‹ in der Sprache) setzt das nur positiv besetzte Wort *Innovation* – so ist es in unserer Sprache ja doch lebendig – ebendies voraus. Das bekannte Wort »Ich weiß nicht, ob es besser wird, wenn es anders wird, ich weiß nur, daß es anders werden muß, wenn es besser werden soll« ist da viel vernünftiger, oder vielmehr: es *ist* vernünftig. Natürlich: wenn die Situation insgesamt schlecht ist, ist logischerweise die Wahrscheinlichkeit, daß eine Innovation positiv ist, ungleich größer. Aber selbst dann kann man nicht sicher sein. Die Spanier haben da ein witziges und abgründig pessimistisches Sprichwort: »Das Schlechte, das man schon kennt, ist besser als das Gute, das erst kommen soll«, »Más vale malo conocido que bueno por conocer«. Unter *dieses* Verdikt fällt jede Veränderung. Es ist interessant, daß das deutsche Nicht-Fremdwort *Neuerung* nicht so klar positiv ist wie *Innovation* – gegen Neuerungen kann man, kommt mir vor, schon sein, nicht aber doch gegen Innovationen! Obwohl doch – da zeigt sich einmal wieder, daß man Fremdwörter nicht einfach eliminieren kann – *Innovation* eigentlich nur das Fremdwort für *Neuerung* ist. Noch positiver womöglich als *Innovation* ist das zugehörige Adjektiv *innovativ*. Innovativ muß man doch auf jeden Fall sein. Auch und gerade als Wissenschaftler. In der Wissenschaft gehört das Adjektiv – etwa bei den jetzt üblichen von den zuständigen Ministerien veranstalteten ›Evaluationen‹ – zu den möglichen Eigenschaften ihrer einzelnen Vertreter. Offiziell ist da darauf zu achten, ob sie innovativ sind oder nicht. »Innovativ und kreativ« müssen sie sein – als ob kreativ nicht genügte!

Die Tendenz also, gegen das Neue zu sein, ist überall präsent. Und gerade bei denen, die sich für Sprache interessieren, den Sprach-Freunden, ist sie stark. Churchill hat einmal gesagt: »Short words are best and the old words when short are best of all.« Das ist ja immerhin witzig (und in der Tat hat da kein Wort mehr als eine Silbe), und es ist ja auch, selbst für das Deutsche, wo die kurzen Wörter nicht so häufig sind, etwas dran; es gibt aber auch kurze Wörter im Deutschen und lange im Englischen. Man will einfach in der Sprache nichts Neues, besonders wenn man älter wird. Bei der Jugend, natürlich, ist es anders. Die will, auch wenn sie sonst, wie im Augenblick, eher konservativ ist, sprachlich doch Neues – zumindest punktuell, denn es ist falsch zu meinen, die ›Jugendsprache‹ sei ganz anders als die allgemeine. Zu jenem Punktuellen gehören auch die coolen englischen Brocken, die freilich längst nicht mehr bloß jugendsprachlich sind und beileibe nicht nur *dieses* Einfallstor haben. Im übrigen gilt, was Jugend angeht, die alte Beobachtung: »Jugend schützt vor Alter nicht.« Nun also, denn darum geht es mir jetzt: der sich leicht und wie von selbst einstellenden Tendenz der Sprachkritik, sich reflexhaft gegen Neues zu stellen, sollte nicht nachgegeben werden. Das Bewahren ist für die sprachliche Aufmerksamkeit schon sehr wichtig. Mehr noch: es ist wohl, in der Tat, das wichtigste. Es ist aber nicht alles. Es gibt auch in der Sprache neutrale oder positive Veränderungen. Sprachkritik braucht sich nicht gegen alles Neue zu stellen, mehr noch: sie darf es nicht!

›Aufmerksamkeit‹ also ist ein wichtiges Stichwort, ein anderes ist ›Sprachbewußtsein‹, und ›Sprachkultur‹ ist ein drittes.

Und eigentlich reichen diese drei. Zur Sprachkultur gehört Aufmerksamkeit – erstens auf die Sprache, aber auch, zweitens und sogar zunächst, auf das Sprechen und das Schreiben. Aufmerksamkeit und Sprachkultur setzen Sprachbewußtsein voraus. Das Sprachbewußtsein ist an sich immer da, weil der Mensch, es geht gar nicht anders, nicht einfach spricht, ohne in irgendeiner Weise immer einmal wieder reflexiv auf sein Sprechen zu achten oder von anderen darauf gestoßen zu werden. Das immer vorhandene Sprachbewußtsein (im Deutschen haben wir auch das schöne Wort *Sprachgefühl*) muß aber *gebildet* werden, so daß es sich vielleicht (da zögere ich ein wenig) bis zum Sprachgewissen steigert. Ich zögere bei *Sprachgewissen,* weil wir hier ins Moralische kommen. Die schlichte Auskunft ›mein Sprachgefühl sagt mir ...‹ ist jedenfalls keine ausreichende Legitimation.

Zur Sprachkultur gehört auch und vor allem das ›Gefühl‹ oder das erlebte *Wissen,* daß wir in unserer Sprache einen Reichtum vor oder eigentlich hinter uns, hinter unserem Sprechen nämlich, haben – einen Reichtum, der *bewahrt* werden muß. Nicht zu Unrecht reden wir im Deutschen von »Wortschatz«, was ja in diese Richtung geht. Und in anderen Sprachen werden einsprachige Wörterbücher seit alters und bis heute als »Thesaurus« (so lateinisch und englisch) oder als »Trésor« (französisch) oder als »Tesoro« (italienisch und spanisch) bezeichnet. Der *Trésor de la langue française* zum Beispiel, der seit 1971 erscheint, ist ein solches Unternehmen und eines der gewaltigsten, wenn nicht das gewaltigste, das es bisher gegeben hat. Aber auch die Grammatik einer Sprache, obwohl es da in unseren Sprachen keinen analogen Ausdruck gibt, kann und muß als ›Schatz‹, als zu bewahrender ›Reichtum‹ gesehen werden.

Ein klassischer Einwand gegen Sprachkritik behauptet, daß sie nichts nütze, daß die Sprache sich entwickle, wie sie sich nun einmal entwickle – unaufhaltsam und unbeeinflußt durch irgendwelche Kritik, daß also ein Kampf gegen Entwicklungen, gegen eingetretene oder sich abzeichnende *Veränderungen* in ihr, ein Kampf gegen Windmühlen sei. Das laufe eben, wie immer man es beurteile, unbeirrbar so weiter. Der Einwand ist stark. Aber hier muß man nun wieder zwischen Sprache einerseits, Sprechen und Schreiben andererseits unterscheiden.

Die Sprache, wie sie ist, mag durch Sprachkritik nicht oder kaum erreichbar sein. Ganz anders ist es aber beim individuellen Sprechen. Übrigens ist Sprechen immer individuell: das Sprechen im Chor kommt eigentlich doch nur auf dem Theater vor und ist auch noch da – selbst unter den Wirkungsbedingungen des Theaters – künstlich; natürlich kann man sich auch, etwa zum Zweck einer Demonstration, auf Sätze einigen, die man dann gemeinsam skandiert. Im Normalfall aber ist das Sprechen und das Schreiben individuell – es sagt oder schreibt etwas Bestimmtes immer nur *einer.* Und beim Schreiben ist dies noch ausgeprägter – eine »Gemeinsame Erklärung« ist dann auch wieder etwas anderes, auch weil es hier die Unterschrift ist, letztlich, die zählt. Also ist der einzelne, der spricht oder schreibt, tatsächlich frei. Nur ihn, also praktisch mehr oder weniger viele einzelne, kann man denn auch *überzeugen.* Er ist der Adressat der Sprachkritik. Niemand muß, zum Beispiel, das Wort *unverzichtbar* benutzen; niemand muß *nichtsdestotrotz* sagen; niemand muß *Lehrer-Innen* schreiben. Die Sprache mag sich so oder so entwickeln, diese Wörter mögen sich festsetzen, definitiv, in unserer Sprache (im übrigen sind Aussagen über Künftiges auch im Blick auf eine Sprache schwierig), der einzelne aber kann für sich selbst sagen: nein, ich mache das nicht; ich sage das nicht, und schreiben tu ich es erst recht nicht.

Ich gehe noch einen Schritt weiter. Im Jahr 1891 erschien das seinerzeit vielgelesene Buch von Gustav Wustmann *Allerhand Sprachdummheiten.* Da lesen wir: »Von *Arzt* hat man in der letzten Zeit *Ärztin* gebildet. Manche getrauten sich das anfangs nicht zu sagen, es ist aber nichts dagegen einzuwenden.« Die Bildung *Beamtin* fand Wustmann aber »entsetzlich«. Wahrscheinlich ›fühlte‹ oder wußte er einfach noch (und war da gewiß nicht der einzige), daß *Beamter*, worüber uns jetzt das etymologische Wörterbuch belehrt, ›eigentlich‹ eine ›Zusammenziehung‹ oder ›Kontraktion‹ von *Beamteter* ist (sie ergab sich im 17. Jahrhundert – der *Beamte* ist also zunächst und rein sprachlich der ›mit einem Amt Versehene‹). Deshalb konnte oder mußte Wustmann *Beamtin* stören: *der Beamte, die Beamte*.

Dann geht es bei *Ärztin* und *Beamtin* ja um das nicht nur im Deutschen, sondern in vielen Sprachen so wichtige wie delikate Kapitel der Bildung neuer weiblicher Äquivalente für Berufsbezeichnungen, wie sie durch Veränderungen in der Auffassung von der Rolle der Frau und in der Berufswelt notwendig wurden. Es gab eben zunächst keine weiblichen Ärzte und Beamten. Der Verdacht ist nicht unbegründet, daß Wustmanns Reaktion – speziell bei *Beamtin* – auch damit zusammenhängen könnte. Doch ist prinzipiell und ganz unabhängig davon zu sagen: die Tatsache, daß *Beamtin* jetzt und seit langem schon völlig normal und für niemanden anstößig ist, spricht nicht gegen Wustmanns Bewertung damals. Prinzipiell, also ganz unabhängig von diesen Beispielen, wird aber dies unterstellt.

Ein weiteres und vielleicht besseres Beispiel. Schopenhauer, in dem genannten Traktat, ärgerte sich über *billig* im Sinne von, wie er noch sagte, »wohlfeil« verwendet; er wollte es nur im Sinne von »angemessen« gebraucht sehen: »*Billig*, statt *wohlfeil*, ist so falsch und gemein, wie es allgemein ist« und: »Billig ist ein moralisches Prädikat, kein merkantilistisches, es darf daher bloß von Menschen gebraucht werden«, und er höhnt über »billige Ochsen auf dem Viehmarkt«. Heute ist *wohlfeil* nahezu verschwunden, und der nach ihm einzig zulässige Gebrauch von *billig* ist nur noch in der Verneinung *unbillig* da, worin sich übrigens wieder ›Unsinn‹ zeigt – diesmal als Inkonsequenz! *Billig* hat seine Bedeutung verändert, das *billig* in *unbillig* aber nicht.

Nein, was heute unangebracht ist, muß es nicht auch – allein von der späteren Entwicklung her – schon damals gewesen sein. Die Bewertung konnte damals – und dies gilt für *alle* Bewertungen dieser Art – völlig im Recht sein. Es ist ja auch in einer Sprache – dies zu glauben, ist die seltsame Naivität der Sprachwissenschaftler – etwas nicht allein deshalb gut oder in Ordnung, weil es sich tatsächlich durchgesetzt hat. Also sollte uns das Argument ›Das wird sich sowieso durchsetzen‹ (ganz abgesehen davon, daß man dies vorher nie ganz sicher weiß) nicht von vorneherein aus der Bahn werfen. Man darf, *jeder* darf auf seiner Reaktion auf das ihm Gegenwärtige bestehen und sagen: ich sage das nicht.

Ich sprach vom ›Unsinn‹ in der Sprache. Davon ist nichts zurückzunehmen. Denn wirklich: man kann und muß sich darüber wundern, daß wir uns, trotz dieser vielen Unsinn-Elemente in ihr, im großen und ganzen eigentlich doch verstehen. Natürlich ist hier Unsinn aber nicht alles. Wirklich nicht. Man darf auch vom *Wunder der Sprache* reden, wie der Titel eines vormals berühmten, heute ganz unzeitgemäßen und verschollenen Buchs des Sprachwissenschaftlers Walter Porzig lautete (das Buch erschien zuerst 1950). Auch gegen ›Geheimnis‹ oder ›Rätsel‹ wäre nicht das mindeste zu sagen. Daß dies so ist, zeigt schon eine kurze Überlegung: Sprache gehört auf sehr spezifische Weise zum Menschen, und an diesem, wie an vielem anderem, ist ja noch vieles geheimnisvoll, rätselhaft oder einfach – und sachlicher – ungelöst oder unerklärt. Also muß dies auch für die Sprache gelten, die ihn zum Menschen erst macht.

Sowohl für die biblischen Schriften wie auch für die griechische Antike, also für die beiden Wurzeln dessen, was wir, unsicher geworden, ›Abendland‹ nennen, gehört Sprache zum Menschen konstitutiv. Sie ist für diese – zusammengesetzte –

Tradition dessen spezifische Differenz (oder doch eine und die wichtigste von ihnen). Und diese Position wird von der biblischen Genesis und den Vorsokratikern an – der Mensch als »das Sprache (oder Rede) habende Tier«, »tò zóon lógon échon« – bis heute durchgehalten. In den Naturwissenschaften kaum anders als in der Philosophie. In einer eben erschienenen »anthropologischen Studie« von Ernst Tugendhat *(Egozentrizität und Mystik)* erscheint der Mensch als ein Tier, das nicht, wie die anderen, mit bloßen Signalen, sondern mit Sätzen kommuniziert und eben dadurch zum »›ich‹-Sager« und dann, so sieht es Tugendhat, zum »Egozentriker« wird.

Ein nun schon einigermaßen zurückliegendes Freijahr in München, in der schönen Amalienstraße, für das ich der Carl Friedrich von Siemens Stiftung danke, gab mir Muße, auch für dieses Buch zu sammeln und nachzudenken. Leicht entschließt sich ja ein Sprachwissenschaftler zu einem solchen Buche nicht! Ausgelöst wurden in solche Richtung gehende Gedanken durch drei eindrucksvolle Begegnungen während dieser Zeit, mit Klaus Piper. Er wünschte sich von mir ein Buch in der Nachfolge des berühmten *Wörterbuchs des Unmenschen* von Dolf Sternberger, Gerhard Storz und Wilhelm Emanuel Süßkind und schlug mir auch gleich, vom Klavier aus und sein Spiel unterbrechend, einen Titel vor: »Soll die deutsche Sprache auf den Hund kommen?« Ich hatte augenblicklich Sympathie für diese dezidierte, gar nicht bloß ›rhetorische‹ Frage, schreckte aber doch vor der Tendenz, die in ihr spricht, zurück. Ich war und bin für diese Frage doch zu sehr Sprachwissenschaftler. Auch das »Wörterbuch des Unmenschen« schreckte mich – als Vorlage. Nicht nur weil ich Dolf Sternberger und Gerhard Storz, zwei sehr imponierende, sehr verschiedene, doch gut befreundete Männer, noch gut kannte, sondern weil jenes Buch ja doch in eine ganz bestimmte, sehr außergewöhnliche und pathetische Situation hineingehört. Es liegt ja nun lange zurück: die erste Glosse erschien 1945 in der längst legendären von Sternberger (und anderen) herausgegebenen Monatsschrift »Die Wandlung«; auch dieser Titel – wer würde ihn heute wagen? – schreckte. Dann, später, trat der Carl Hanser Verlag – ohne Vorgabe – an mich heran, und ich begann. Einige der Glossen dieses Buchs erschienen bereits in der Zeitschrift *Merkur.* Das gute Echo, das sie dort fanden (jedenfalls soweit es mich erreichte), war mir wichtig. Ich danke in verschiedener Weise Heinrich Meier von der Siemens Stiftung, Tobias Heyl, meinem Lektor, und auch Michael Krüger – sie haben nicht nur das Buch angeregt, sondern mir auch treffliche Hinweise gegeben.

Ein Buch wie dieses, das also, unvermeidlich, andere kritisiert, erhebt, unvermeidlich, einen Anspruch, der mir, ebenso unvermeidlich, nicht behagt. Zu Recht wird da schneller als sonst gefragt: »Ja, wie schreibst du denn selbst?« Ich kann nur sagen, daß ich mir des ärgerlichen Anspruchs bewußt bin. Und dann noch dies: es gibt sprachlich-stilistisch nicht bloß Korrektheit; da darf auch sein, was ich ›Eigenprägung‹ nenne. Und dieses Wort umschreibt ja *eine* Bedeutung des so verschiedene Bedeutungen umfassenden schwierigen Wortes *Stil.* Also nicht bloß glatte Korrektheit oder korrekte Glätte, sondern auch persönlich idiosynkratisch Aufgerauhtes. Mir gefällt sehr, was Sigmund Freuds offenbar vorzüglicher Deutschlehrer seinem Schüler zu dessen Abitur-(oder Matura-)Aufsatz sagte, für den er ein »ausgezeichnet« bekam. Der Siebzehnjährige schreibt es am 16. Juni 1873 (»nachts«) seinem Freund Emil Fluss: »Mein Professor sagte mir zugleich – und es ist der erste Mensch, der sich untersteht, mir das zu sagen –, daß ich hätte, was Herder so schön einen *idiotischen* Stil nennt, das ist ein Stil, der zugleich korrekt und charakteristisch ist.« *Idiotisch* hier, versteht sich, in seinem ursprünglichen griechischen Sinn gemeint: »einen einzelnen betreffend«.

Ich widme dieses Buch dem Andenken an meinen im Januar 2001 mit neununddreißig Jahren verstorbenen, überaus sympathischen jungen Freund Andreas Blank, der ein wenig auch, in Freiburg, mein Schüler war. Ich habe viel von ihm gelernt. Seine beiden Bücher, die Berliner (von Peter Koch geleitete) Habilitationsschrift über die neue Semantik, *Prinzipien des lexikalischen Bedeutungswandels am Beispiel der romanischen Sprachen* (1997), und seine *Einführung in die lexikalische Semantik für Romanisten* (2001), sind Meilensteine. Sein vielversprechender Weg als Professor für Romanische Sprachwissenschaft hatte, in Marburg, eben erst begonnen...

Was mich nervt

Diese Glosse wird gleich etwas ›pingelig‹ oder auch *besonders* ›pingelig‹, denn ein wenig bin ich dies hier ja überall. Es gehört zur Aufmerksamkeit. Also *pingelig* – das schöne rheinische Adjektiv wurde seinerzeit (es ist schon lange her) durch Konrad Adenauer allgemeiner bekannt: man dürfe, hatte er einmal in denkwürdiger Formulierung gesagt, »mit dem Grundgesetz nicht pingelig sein«. Es ist ja auffallend, wie schnell, wie geradezu augenblicklich und wie *genau* man manche Wörter, die einem neu sind, versteht, wenn sie im passenden Zusammenhang erscheinen und wenn dann noch, wie hier, vom Wort selbst her etwas herüberkommt, das sozusagen rein lautlich, und mehr als Lautliches haben – als Stoff – Wörter nicht, überzeugt. »Übertrieben gewissenhaft; pedantisch genau« umschreibt der *Große Duden* und sagt dann noch, es sei eine Nebenform zu *peinlich* (was uns aber hier, da es hier nichts zur Sache tut, nicht interessiert). Seien wir also pingelig. Und ruhig auch etwas subjektiv und ›ungeschützt‹.

Jeder einigermaßen Empfindliche hat doch seine Mucken: bestimmte Wörter und Wendungen, feste Verbindungen, die einen, man kann oft gar nicht sagen, warum, *ärgern* – ein bißchen ärgern oder ziemlich oder maßlos. Mich zum Beispiel ärgern ziemlich *allemal* und *eh schon* und *eh nicht* und das doofe *immer für eine Überraschung gut,* dann aber auch – eine Lieblingswendung von Rezensenten – *spätestens hier* (»spätestens hier wird deutlich«). Ich weiß nicht recht, warum mich das alles ärgert. Gegen die letztere Wendung zum Beispiel ist rational nicht viel oder gar nichts zu sagen. Gewiß ist sie herablassend –

ich, der Redende, habe natürlich gleich was gemerkt, aber nun, »spätestens hier«, merkt es jeder. Und dann ist es, aber rational ist dies auch nicht, ihre schiere Häufigkeit, die nervt. Das mit der Häufigkeit ist generell ein wichtiger Punkt: fast alles nervt, wenn es sich häuft.

Viel habe ich auch gegen *mit etwas Schindluder treiben.* Bei dieser Redensart kann ich, im Unterschied zu den anderen Beispielen, eher einen Grund angeben: Die Wendung ist an sich schon häßlich, auch wenn man nicht weiß, was ein ›Schindluder‹ eigentlich ist, und wenn man es weiß, ist sie noch häßlicher: ein Schindluder nämlich ist ein »totes Tier, das geschunden (= abgedeckt) wird« (so der *Duden*); also meint die Wendung ›eigentlich‹: »wie einen Kadaver behandeln, dem die Haut abgezogen wird« (wieder *Duden*). Aber da dies kaum jemand weiß, stimmt das ›eigentlich‹ nicht: die Wendung meint dies eigentlich gar nicht. *Luder* ist den meisten ja nur in der übertragenen Bedeutung vertraut, die der *Duden* mit Recht auch an erster Stelle nennt: »meist weibliche Person, die als durchtrieben, böse angesehen wird«. Dann zweitens: »(Jägerspr.) totes Tier, das als Köder für Raubwild verwendet wird«. Ich habe also etwas gegen die Wendung *mit etwas Schindluder treiben*; gegen *schinden, Schinder; Schinderei* – in übertragener Bedeutung – oder *Schund,* das sich von dieser Familie fast ganz gelöst hat, habe ich dann eigentümlicherweise wieder nichts.

Ich mag auch das Wort *Schenkel* ganz und gar nicht, und mit dem Zusatz *›Ober-‹* und *›Unter-‹* wird es für mich kaum besser, etwas aber vielleicht schon. Und ich weiß wirklich nicht, warum dies so ist, woher meine heftige Abneigung kommt, denn – was wäre gegen die Sache zu sagen? Doch wohl nicht das mindeste! Denken wir nur an Florenz, an Michelangelo, an die gerade im Blick auf dieses Riesendetail so herrliche »Nacht«, die schlafende Frauenfigur am Grabmal des Giuliano de' Medici in San Lorenzo, oder, männliche Variante, meinetwegen einmal wieder, an den noch ungleich bekannteren David in der Galleria dell'Accademia, bei dem ja alles gewaltig schön ist außer dem doch recht leeren Gesicht – aber bei diesem wahrhaftigen ›Standbild‹ ist das Gesicht ja die ganze Gestalt. Ich finde einfach die Sache Schenkel höchst unglücklich oder unangenehm so bezeichnet. Aber *thighs* oder *les cuisses* oder (spanisch) *los muslos* gefallen mir nur wenig besser, etwas besser aber schon. Am ehesten geht noch – aber warum bin ich gerade hier toleranter? – italienisch *le coscie,* »kósche« zu sprechen, das übrigens, es ist hier aber unerheblich, etymologisch dem französischen *cuisse* entspricht: der Ursprung von *cuisse* und von *coscia* (das ist also der Singular) ist lateinisch *coxa,* das eigentlich oder zunächst »Hüfte« bedeutete, dann aber das ›wirkliche‹ lateinische Wort für Schenkel, nämlich *femur,* verdrängte. Und dieses Wort nun, *femur,* finde ich – ich weiß nicht, warum – perfekt. Aber wirklich: was sollte gegen *femur* zu sagen sein? Nur vielleicht, daß es etwas medizinisch klingt. Trotzdem: ein sehr schönes, sehr passendes Wort! Die Sache mit *Schenkel* ist ärgerlich, weil man auf deutsch etwas anderes nicht sagen kann, wenn man ebendies meint. Und manchmal, es bleibt gar nichts anderes übrig, *muß* man es meinen.

Ich will, indem ich dieses Bruchstück einer kleinen Konfession abbreche, mit all dem nur sagen, daß es im Sprachlichen, rein persönlich individuell, irgendwoher kommende Abneigungen gibt, die nicht oder nur sehr behelfsmäßig begründbar sind. Manchmal weiß man genau, woher sie kommen, manchmal nicht. Da sie individuell sind, sind sie auch, außer für den, der sie hat und sie ganz unvermeidlich für interessant halten muß, uninteressant. Interessant aber ist (daher rede ich davon), daß es solche persönlichen Abneigungen *gibt* und jeder bei einigem Nachdenken eine kleine Negativ-Sammlung vorweisen könnte.

Dann aber gibt es Sprachliches, das einen nervt, und die Reaktion ist dann mehr oder weniger begründbar. Zum Beispiel nervt mich die Wendung *wie man jetzt neudeutsch sagt,* um irgendeinen englischen Brocken einzuleiten oder nachträglich zu kommentieren. Das ist längst nicht mehr witzig, will es aber immer wieder sein, und dann, deshalb nervt es mich besonders, soll es salvieren gegen Kritik im Sinne eines ›Moment, ich weiß Bescheid, ich distanziere mich ja auch durch den Zusatz‹. Und dann wird doch gequasselt, wie Hinz und Kunz es dumm und modisch tun.

Oder – ich stelle jetzt einfach kurz zusammen, was mir gerade einfällt. Bei psychoanalytischen Zusammenkünften reicht dies ja immer – ›mir fällt da gerade ein‹ – zur Begründung eines Diskussionsbeitrags aus. Ich fange also an. Zunächst das saudumme *geschuldet,* wenn es um etwas Positives geht, das sich innerhalb kürzester Frist unglaublich gefräßig ausgebreitet hat (schon dies ist ein Phänomen): »dieses gute Ergebnis ist vor allem seinem Scharfsinn und seinem Fleiß geschuldet.« Es gibt gar keinen Grund, das alte *ist zu verdanken* durch *ist geschuldet* zu ersetzen: *ist zu verdanken* reicht völlig aus. »Die Rettung der Patientin war dem raschen und kompetenten Eingreifen der Ärzte geschuldet.« Was soll das? Es ist doch gut, daß es *zwei* Wörter gibt – eines für Positives und eines für Negatives. *Geschuldet* nun auch für Positives zu sagen ist eine evidente Verarmung. Verarmung aber – es sollte eine feste sprachkritische Maxime sein – ist immer ein unabweisbares Kriterium für Ablehnung. Was ärmer macht, also Reichtum reduziert, ist abzulehnen. Genauer: wenn immer eine Neuerung zu Verarmung, nämlich zur Aufgabe einer semantischen Differenzierung, führt, ist sie prinzipiell abzuweisen.

Dann das ständige *einen Aufstand proben:* seit »Die Plebejer proben einen Aufstand« von Grass gibt es keinen Aufstand mehr, da wird immer nur einer ›geprobt‹. Das war einmal witzig und differenzierend genau, will immer noch witzig sein, ist es aber längst nicht mehr. Schon hörte ich im Fernsehen, daß eine Fußballmannschaft (ich weiß nicht mehr welche) »den Aufstieg geprobt« habe, wobei man dies ja noch nett finden mag.

Das berühmte, schon mehrfach kommentierte *ich gehe davon aus* der Politiker nervt mich vielleicht wieder besonders deshalb, weil es so häufig geworden ist – aber vielleicht nimmt die Häufigkeit schon wieder ab, weil, so schien es eine Zeitlang zumindest, niemandem etwas anderes einfiel als dies: »Ich gehe davon aus...« Statt: *ich glaube, ich meine, ich vermute, ich weiß, daß, ich denke mal, ich rechne (fest) damit, ich setze voraus* – das entspricht ziemlich genau und macht das *von etwas ausgehen* unnötig, oder das neuere *ich schätze,* das mich ebenfalls nervt, aber vor allem wieder durch Häufigkeit. Es ist hier, wie in vielen Fällen, die drastische Reduktion auf einen einzigen, sich unweigerlich einstellenden Ausdruck und die darin liegende Verarmung des Sprechens, die irritieren. Erhard Eppler hat in seinem schönen Buch *Die Kavalleriepferde beim Hornsignal* (1992) versucht, die Wendung zu rechtfertigen oder doch zu erklären: die Politiker müßten immer so tun oder glaubten jedenfalls, immer so tun zu müssen, als seien sie sich restlos sicher und könnten gerade dies – nämlich sich sicher sein – von der Sache her gesehen meistens gar nicht. Also würden sie sich so – Sicherheit vortäuschend – tatsächlich zu salvieren suchen. Übrigens ist Epplers überraschender Titel wunderbar – er ist ein Orwell-Zitat: bei bestimmten Vorkommnissen stellen sich beim Politiker, der ja ständig sprachlich reagieren muß, bestimmte Wörter wie von selbst ein und sammeln sich dann auch immer und quasi automatisch in derselben Reihe »wie die Kavalleriepferde beim Hornsignal«. Freilich ist dies auch bei solchen zu beobachten, die keine Politiker sind. Überhaupt ist bei Politikern vieles nur noch ausgeprägter als bei anderen Menschen.

Ich sprach von einem Orwell-Zitat. So ist es auch in Ordnung. Man hört und liest aber immer wieder in solchem Fall von »einem Zitat Orwells«. Dies ist oder wäre aber etwas ganz anderes, nämlich ein Zitat, das Orwell selbst irgendwo gemacht hat, wo also er irgend jemanden zitiert. Man sollte also keinesfalls sagen, wie es ständig und sogar unter Philologen geschieht, »Das ist ein Zitat Goethes«, wenn man meint, daß eine Stelle Goethes oder aus Goethe zitiert wurde. Dann ist es ein Goethe-Zitat oder ein Zitat aus Goethe, aber nicht eines »von Goethe« oder »Goethes«. Zitate Goethes oder von Goethe gibt es natürlich auch: wenn Goethe jemanden zitiert.

Nerven tut mich auch die ständige, besonders bei politischen Kommentatoren beliebte *Gemengelage;* sie nervt mich, weil dies ein so ungenauer wie bequemer und zudem so unangenehm flotter Ausdruck ist: »Das alles zusammen ergibt eine gefährliche Gemengelage ...« Sieh mal an! Und es ist wohl wieder vorwiegend die Häufigkeit, die nervt: schon wieder ist da eine *Gemengelage*! Häufigkeit, noch einmal, ist in der Tat ein Einwand. Es gibt, wenn es nicht direkt um Alltägliches geht, ein Recht auf Abwechslung. Übrigens stört mich auch das Schriftbild, weil ich dazu tendiere, *Gemen-Gelage* zu lesen.

Dann stört mich, geschrieben besonders, *beinhalten,* weil ich da, ich kann nicht anders, an »Bein« denken muß und weil dies auch stilistisch und semantisch ein alberner Ausdruck ist; semantisch, weil er nichts anderes sagt als *enthalten* und darum ganz unnötig ist (sonst käme ich vielleicht sogar über das Bein hinweg). »Dies beinhaltet ...« ist doch wirklich nichts anderes als »Dies enthält ...«. Und wenn ich *be-inhalten* bloß höre, sehe ich es geschrieben vor mir!

Auch das ständige *darstellen* statt des schlichteren *sein* irritiert mich: »stellt eine Beleidigung dar«, »stellt ein großes Problem dar«, »stellt eine gewaltige Leistung dar«, »stellt einen enormen Schaden dar«. Warum nicht einfach, in allen diesen Fällen,

»ist«? Aber das ist den Leuten halt zu wenig. Es darf für sie immer gern ein bißchen mehr sein – sprachliche Aufplusterung.

Dann das unausgesetzte *zeigte sich* besonders in den Radio- und Fernsehkommentaren: »Der Papst zeigte sich besorgt über die Situation im Nahen Osten.« Ich höre da Distanzierung heraus, und die steht ja – zunächst – auch dahinter. Man will objektiv sein! Und als distanzierende Wendung lasse ich dies auch gelten. Aber da ist nun wieder die irritierende Automatisierung. Man sagt nun *immer* so, auch dann, wenn zur Distanzierung gar kein Anlaß ist. Aber niemand in diesen Kommentaren ist mehr schlicht beeindruckt: er »zeigt sich« oder »gibt sich« so. Dem Papst kann man ja wohl unterstellen, daß seine Sorge echt ist, daß er nicht nur so tut. Also nichts gegen *zeigte sich* oder *gab sich* oder *äußerte sich,* wenn da eine besondere Intention – eben die des distanzierten Offenhaltens – dahintersteht. »Der Bundeskanzler gab sich (*oder* zeigte sich *oder* äußerte sich) amüsiert über die Einwände der Opposition.« Warum nicht? Da ist Distanzierung, ein In-Zweifel-Ziehen schon erlaubt. Wieder also: die mechanisierte Verwendung vernichtet eine Möglichkeit der Differenzierung. Man sollte also unterscheiden zwischen *ist besorgt* und *zeigte* oder *äußerte* oder *gab sich besorgt.*

Dann die ständige Rede von *kein Thema.* Alles mögliche ist zur Zeit kein Thema. An sich – kein Problem – könnte man das schon immer wieder mal sagen. Zum Beispiel: »Das war zwischen uns nie ein Thema« – nichts dagegen einzuwenden, es ist sogar gut und hat so verwendet einen präzisen Sinn. Aber nun diese Ausdehnung! Und wieder dies Nervende, daß den Leuten plötzlich nichts anderes mehr einfällt. Gemeint ist ja ohnehin meist, was doch etwas sehr anderes ist: »Es ist kein Problem.« Was wir auch wiedergeben mit dem sehr deutschen (so jedenfalls kommt es Nicht-Deutschen vor) »Alles klar!«, eine Zusammenstellung, die ja auch als – übrigens nicht sehr höfliche, jedenfalls kumpelhafte – Frage oft genug erscheint: »Alles klar?«

Die Franzosen mit ihrer Sprache der Klarheit – so meinen sie – sagen oder fragen dies nicht: »Tout est clair?« Aber gut: die Wendung ›Kein Thema!‹ oder ›Das ist kein Thema!‹ und auch ›Alles klar?‹ gehören ja mehr zum Gesprochenen, zur »Nähesprache«, und sie haben auch da einen gewissen ›Stellenwert‹. *Stellenwert* mag ich übrigens auch nicht – auch ein allzu bequemes Wort!

Oder das sich aufplusternde oder jedenfalls ständige und für normal gehaltene *unter Beweis stellen.* Es ist längst zum – eben etwas längeren und inhaltlich ganz unnötigen – Synonym für *beweisen* geworden. *Beweisen* ist den Leuten wieder zu wenig. Eigentlich, *früher* meinte *unter Beweis stellen* speziell juristisch, und es war ein juristischer Ausdruck: »sich anheischig machen, etwas zu beweisen«. Wenn ein Anwalt in der Verhandlung sagte »Ich stelle unter Beweis«, meinte er, und dies war eine wichtige Ankündigung: »es ist jetzt meine Absicht, zum Zweck der Urteilsfindung zu beweisen«, also etwa: »Ich stelle unter Beweis, daß der Angeklagte zur fraglichen Zeit gar nicht am Tatort gewesen sein kann.« Damit, mit solcher Ankündigung, hatte der Anwalt es eben noch keineswegs ›bewiesen‹. Er hatte nur eine für sein Vorgehen wichtige Absicht kundgetan, und so ist die Wendung, die auch außerhalb einer Gerichtsverhandlung metaphorisch gebraucht werden konnte – etwa: »Da hat er seinen ganzen Scharfsinn unter Beweis gestellt« –, höchst sinnvoll. Da ist es eben nicht nur einfach »bewiesen«. Als pures Synonym für *beweisen* aber, die die Wendung geworden ist, ist sie, da vollkommen unnötig, zu meiden. Wieder ging da eine Differenzierung, die wohl schwer wiederherzustellen wäre, verloren. Doch, wie gesagt: jeder einzelne kann darauf verzichten, *unter Beweis stellen* zu sagen, wenn er nur *beweisen* meint.

Oder das ständige (und entsetzliche) *fortschreiben.* Alles nur irgend Denkbare wird, seit einiger Zeit schon, »fortgeschrieben«. Auch dieses Verb hatte einmal eine präzise Bedeutung:

Fortschreibung, beispielsweise, eines Gesetzeskommentars oder auch eines Haushaltspostens, der eben ins neue Jahr »fortgeschrieben« wird oder werden muß. Dieser aus einer bestimmten Sphäre kommende Ausdruck ist nun, vor allem (aber vielleicht hat der es anderswo her) über Friedrich Adolf Kittlers »Aufschreibesysteme« – auch so ein Wort! –, in die Sprache der Literaturbetrachtung eingedrungen, in die er wirklich nicht hineingehört, und meint da etwas wie »fortführen«. Und nun wieder: *fortführen* auch *weiterführen* oder *fortsetzen* sind ja da und reichen doch auch! Warum dann noch, wenn es um Schreiben geht, das so abwegige wie alberne *fortschreiben?* Wie man sagen kann, dieser oder jener habe Rilke ›fortgeschrieben‹ oder Mörike habe dies mit Goethe getan, ist mir schwer begreiflich!

In die Literaturbetrachtung ist auch das dämliche *lesen als* eingedrungen: »Das kann man auch so lesen …« oder konkret »als Sozialkritik« oder »sozialkritisch lesen« statt des alten und viel besseren *verstehen* oder *auffassen.* Da will man einmal wieder etwas am ›Medialen‹ festmachen und ist einmal wieder (antihermeneutisch) gegen das, worum es eigentlich geht, nämlich um das Geistige, das beim Lesen nun einmal beteiligt ist! Und dann ist das Lesen ja doch in aller Regel nicht einsinnig. Da läuft doch immer mehreres nebeneinander her, da kann allenfalls etwas *dominieren* und in der Tat – zugegeben – auch einmal etwas ganz unterbleiben; natürlich kann man lesend etwas nicht ›sehen‹. Man liest aber faktisch immer in einem komplexen Miteinander von ineinander übergehenden oder sich ablösenden Aufmerksamkeiten. Ein so einsinniges Lesen wie es *lesen als* voraussetzt, gibt es gar nicht. Es ist eine alberne Kunstfigur. Trotzdem findet sich der modische Unsinn auch in den oberen Rängen. Viel besser wäre da doch Freuds schöne Formel von der »gleich schwebenden Aufmerksamkeit«, die er dem Therapeuten für das Zuhören empfahl – mit solcher Aufmerksamkeit sollte man doch wohl auch lesen.

Allergisch bin ich auch gegen viele festgefahrene, quasi automatisch gewordene Verbindungen. Wie ist ein Erfolg, wenn er groß ist? *Durchschlagend* oder *glänzend* oder *strahlend.* Da wäre es mir lieber, man sagte einfach, wenn dies gemeint wird, *groß*. Und *durchschlagend* ist schlechter als die beiden anderen Adjektive. Wie ist etwas entgegengesetzt, wenn es *sehr* entgegengesetzt ist? *Diametral.* Wie ist etwas wichtiger als etwas anderes? *Ungleich.* Wie wurde jemand geschlagen, wenn er sehr geschlagen wurde? Oder wie war die entsprechende Niederlage? *Vernichtend.* Wie unterscheidet sich etwas von etwas, wenn es sich unterscheidet? *Klar* oder *eindeutig* oder *unzweideutig.* Und wie ist etwas zu vermeiden? Doch wohl (aber was meint das Wort eigentlich?) *tunlichst.* Und so weiter, und so weiter. Die Sache ist aber – zugegeben – insgesamt nicht einfach, weil man ohne solche festen Verbindungen auch wieder schwer auskommt (*schwer auskommen* ist schon wieder eine solche). Aber – nur darum geht es – nichts hindert uns daran, uns zu überlegen, ob man *wirklich* einmal wieder sagen und – vor allem – hinschreiben soll, was immer und wie bewußtlos hingesagt und hingeschrieben wird. Auch gegenüber solch quasi automatisiertem Reden und Schreiben ist Sensibilisierung angebracht!

Der Ärger, mein eigener, dem ich hier nachspüre, richtet sich vorwiegend auf Wörter und Wortgebrauch, auf Lexikalisches also. Es gibt aber auch, weniger ausgeprägt, den lautlichen und den grammatischen Ärger.

Lautlich ärgern mich bestimmte affig pedantische ›Aussprachen‹ – zum Beispiel ›Niets-sche‹ für Nietzsche – so sagte zum Beispiel Adorno, der überhaupt (merkwürdig, daß seine Bewunderer dies nicht störte und stört) in seinem mündlichen Vortrag (man kann das ja noch immer hören) als ungeheuer affektiert und hochsprachlich bemüht ›sich zeigt‹.

Lautlich ärgern mich auch – aber hier entschieden weniger – Betonungen wie *Bürgerméister,* Betonung also auf dem zweiten

Wort, oder analog und für mich noch ungleich kurioser *Hausfriedensbruch,* Ton also auf Frieden. Auch sogar *Postléitzahl* habe ich mehrfach gehört. Natürlich weiß ich (und durchschaue mich insoweit schon), daß da die normale Irritation des Süddeutschen, insbesondere die des Schwaben, gegenüber dem Norddeutschen hervortritt. Schwaben haben ja zweifellos zumindest einen sprachlichen Komplex. Auch kriegen sie die schwäbische Einfärbung, selbst wenn sie ›hochdeutsch‹ reden, nie ganz aus ihrem Sprechen heraus; umgekehrt haben sie dann freilich die wenig befriedigende Befriedigung, daß dieser Dialekt – anscheinend ist da ein Bedingungszusammenhang – für einen Außenstehenden offensichtlich (›offenhörlich‹ hätte sich da Karl Valentin – mit seiner enormen Sprachaufmerksamkeit – verbessert) ganz unnachahmbar ist: alles jedenfalls, was auf dieser Linie zu hören ist, ist – für einen Schwaben – einfach albern. Also gut, was die Betonungen angeht: als Südddeutscher weiß man, daß Norddeutsche unwillkürlich *Karlsrúhe* sagen statt *Kárlsruhe.* Ebenso wie *Freiburch.* Und sicher muß man bei regional bedingten Varianten besonders tolerant sein und die Irritation – es geht nicht immer – möglichst zurückhalten – allein deshalb, weil die hier angezeigte Irritation gegenseitig ist. Wer, um zu den Wörtern zurückzukehren, *Samstag* sagt, irritiert möglicherweise denjenigen, der *Sonnabend* sagt, ebenso wie er selbst durch *Sonnabend* und nun noch gar durch das wirklich unmögliche, aber tatsächliche *Sonnabendabend* irritiert wird.

Grammatisch ärgert mich erheblich – das ist nun wichtiger als ›falsche‹ Betonungen – zum Beispiel der Schwund des Konjunktivs I, also des Konjunktiv Präsens. Mich ärgern also Sätze wie *Er sagte mir, er käme nicht* oder *er verstünde davon nichts* oder *er gäbe es mir morgen.* Und sicher bin ich nicht der einzige, den dies irritiert. Freilich, wie Carlo Schmid mit müdem Kummer im Blick aufs Politische zu sagen pflegte: »Ach, wissen Sie, wir sind ja so wenige ...« Hier ist ja nun wieder, daher die berechtigte

Irritation, eine Verarmung, und inkorrekt ist dieser Konjunktiv II (oder Imperfekt) auch. Warum nicht, wie es doch richtig ist, *er komme nicht, er verstehe davon nichts, er gebe es mir morgen?* Wenn ich höre *er käme nicht*, dann höre ich da eine Bedingung heraus oder die Abhängigkeit von einer solchen, also etwa (mit Konjunktiv II): *er käme nicht, wenn der und der auch käme* (oder wieder besser: *komme*). Aber das ist ein längeres Kapitel.

Die Regel freilich ist einfach, aber doch nicht ganz. Immer, heißt es normativ, Konjunktiv I und nicht Konjunktiv II, wenn es für den Konjunktiv I eine eigene Form gibt, eine Form also, die sich vom Indikativ unterscheidet. Das ist ja nicht immer der Fall, besonders nicht im Plural der dritten Person: *er schläft, er schlafe,* aber *sie schlafen, sie schlafen.* In diesem Fall also dann der Konjunktiv II oder die Form mit *würde*: *Er solle bitte nicht zu spät anrufen, sie schliefen um zehn schon* oder *sie würden um zehn schon schlafen.* Beides geht. Regional haben wir ja da auch *täten.* Aber das ist nun wirklich (gesprochener) Substandard. Freilich: Frau Marthe Schwerdtlein, in *Faust I* über ihren ausgerückten Mann »Tät ihn doch wahrlich nicht betrüben, / Tät ihn, weiß Gott, recht herzlich lieben«.

Der Konjunktiv II sei aber, heißt es weiter, nun wiederum besser als die *würde*-Form, wenn er eine *eigene* Form habe: die *würde*-Form also immer dann (aber eigentlich auch nur dann), wenn die Form des Konjunktivs II entweder ungebräuchlich oder, es ist im Grunde dasselbe, altertümlich sei. Also: *er würde mir sicher helfen* statt *er hülfe mir sicher.* Bei den sehr häufigen Verben mit klar markierter Form des Konjunktivs II – *wäre, hätte, wollte, sollte, könnte, müßte, dürfte, käme, ginge, nähme, gäbe* – wird diese Form empfohlen, weil sie »kürzer«, »weniger schwerfällig« sei. ›Durchschlagend‹ ist die Begründung aber nicht. Faustregel also: Konjunktiv I, wenn immer er geht, Konjunktiv II als Ersatz für Konjunktiv I, wenn nötig; *würde*-Form oder, müßte man eigentlich sagen, Konjunktiv III, wenn Konjunktiv II nicht klar markiert oder ungebräuchlich ist. Aber die Dinge komplizieren sich.

Die *würde*-Form zunächst kann eigentlich immer stehen: für Konjunktiv I und für Konjunktiv II. Für den Konjunktiv I gilt die Regel eigentlich nur für die typisch ›schriftliche‹ Sprache und auch da nicht durchgehend. Hier gibt es nämlich zunächst regionale Unterschiede: in den nord-, west- und ostdeutschen Gebieten gibt es den Konjunktiv I eigentlich gar nicht mehr richtig. So ist meine Irritation über das Ausbleiben des Konjunktivs I vielleicht und wohl gar sehr wahrscheinlich auch wieder die eines Schwaben, den da – halbbewußt – ein im Grunde *regionaler* Unterschied nervt und der da – Komplex! – einen Angriff auf seine Sprech- und Schreibweise wittert. Es sind nun einmal die anderen, nur weil sie die anderen sind, die – auch sprachlich – nerven. Und manchmal fühlt man sich gar durch sie bedroht.

So geht es auch Martin Walser aus Wasserburg am Bodensee: er redet einmal von der »hochdeutschen Unfähigkeit, eine abhängige Rede gebührlich auszudrücken«: Und präzisiert: »Wer einen Roman schreibt, muß täglich dreizehnmal unter der hochdeutschen Armut leiden.« Und dann die mir ohne Rest nachvollziehbare genervte Klage dieses bayerischen Schwaben oder (meinetwegen) Alemannen: »Daß ausgerechnet *die* Region die Schriftsprache bestimmte, die, was die Schattierungen von Wirklichkeit bis Unwirklichkeit angeht, offenbar am schwächsten ausgestattet war!«

Zweitens ist dann der Konjunktiv I auch stilistisch sozusagen ›höher‹. Wo ist der sachliche Unterschied zwischen *Es geht hier um die Frage, was der Mensch ist* und *was der Mensch sei*? Ist da ein Unterschied im sachlich Gesagten? Die Konjunktiv-Formulierung ist nur ›eleganter‹ oder – für mich – eher gezierter, um nicht zu sagen affiger (es kommt darauf an). Man kann wirklich nicht einfach sagen, daß alles ›falsch‹ sei, was jener Regel *nicht* entspricht. Faktisch hört man dies bei der sogenannten ›indirekten‹, also, denn darum geht es, der *berichteten* Rede alles: *er sagt, er kommt; er sagt, er käme* (da vor allem ist meine Irritation); *er sagt, er würde kommen* – und entsprechend auch mit *daß*: *daß er kommt, daß er käme, daß er kommen würde, daß er kommen täte* oder (bayrisch, östreichisch) *tat*. Und den Eindruck von großer Ordnung macht der Konjunktiv-Gebrauch, wie er sich im Deutschen heute findet, sicher nicht. Er ist ein prekärer Reichtum!

Von dem mutigen und überhaupt bedeutenden (und wiederum schwäbischen) Journalisten Erich Schairer, 1956 gestorben, von 1946 bis 1955 Mitherausgeber der *Stuttgarter Zeitung*, gibt es aus dem Jahr 1950 eine bemerkenswerte zwei- bis dreiseitige »Sprachliche Vermahnung für die Mitarbeiter der Stuttgarter Zeitung (und andere Zeitungsschreiber)«. Da heißt es im dritten Punkt: »Nach den Zeitwörtern des Aussagens, Glaubens, Meinens, Denkens wird im allgemeinen der Konjunktiv Präsens gesetzt, nicht der Vergangenheit. Er sagte, er *sei* krank, nicht: er *wäre* krank. Nur wenn der Konjunktiv des Präsens gleich lautet wie der Indikativ, nimmt man an seiner Stelle das Imperfektum, um ein Mißverständnis zu vermeiden. (Er sagte, ich hieße Hans.)« Gibt es »Vermahnungen« durch Herausgeber von Zeitungen auch noch heute? Genauer: sind sie auch auf Sprachliches bezogen?

Eine andere grammatische Irritation ist für mich die – sehr leicht verlängerbare – barbarische Serie: *weitgehendst, weitreichendst, naheliegendst, schwerwiegendst*. Und die Komparative zu diesen Superlativen gibt es ja längst auch, obwohl da eher ein Zögern ist: *weitgehender, weitreichender, noch naheliegender, noch schwerwiegender*. Das sind aber doch, *weitgehend* etc., keine sozusagen kompakten Wörter – oder? Da muß man doch die Adjektive oder Adverbien noch heraushören! Hier aber genau tritt nun der Sprachwissenschaftler, mein geschätzter Kollege, herein und beweist, »es müßt' so sein«: solche ›durchsichtigen‹ oder (hier, in diesen Fällen) zusammengesetzten Wörter, »wir haben da viele Beispiele«, sagt er lächelnd, »haben die Tendenz, eben ›undurchsichtig‹, also ›kompakt‹ oder ›opak‹ zu werden, die einzelnen Bestandteile werden dann nicht mehr ›herausgehört‹. Das Wort wird nicht mehr analysiert und also zu einem festen Block. Manchmal, fährt er fort, kann man dies geradezu ›beweisen‹: nicht weit von einem Bahnhof sei ja oft der Autobusbahnhof oder Busbahnhof; die Bildung *Busbahnhof*, die natürlich jünger sei, sei überhaupt nur unter der Voraussetzung zu erklären, daß man ›Bahn‹ in *Bahnhof* nicht mehr herausgehört habe. Sonst hätte man ja sagen müssen *Autobushof*, und sonst wäre *Autobusbahnhof* ja als Selbstwiderspruch so unsinnig wie lächerlich.« Übrigens, fährt unser Mann fort, gab es zur Zeit der Kutschen, die man zur Goethezeit *Wagen* genannt habe, den *Posthof*, und als die Eisenbahn aufgekommen sei, wurde konsequent analog zum *Posthof* der *Bahnhof* gebildet, was zeigt, daß »*Post*« in *Posthof* noch präsent war. Und dem *Hafen* für Schiffe habe sich, als es soweit war, der *Flughafen* hinzugesellt.

Ein klassischer Streitfall: ich höre hier dem Sprachwissenschaftler irritiert zu (vor allem auch deshalb, weil er offensichtlich glaubt, mir, dem Sprachwissenschaftler, Neues zu sagen); für ihn ist die barbarische Bildung *weitgehendst* damit erledigt: »Kein Thema«, sagt er und lehnt sich zurück – er hat einmal wieder ›erklärt‹, was ist. Und was so und so ist – es ist immer diese eine, ihm ständig präsente Denkfigur –, *muß* auch so und so sein. Gerade dies ist aber nicht so. Richtig ist nur, und dies ist etwas anderes: da es so und so ist, gibt es auch einen Grund dafür, daß es so und so ist. Auch hier in der Tat ist nichts ohne Grund. Aber es ist – und darum geht es – kein *notwendiger* Grund. Da ist vielmehr Kontingenz: es ist so, es könnte auch anders sein. Der Sprachkritiker und Sprachempfindliche jedenfalls ist durch solch sprachwissenschaftliche Auskunft keineswegs beruhigt; er *darf* es nicht sein. Er darf, er *muß* jene ärgerlichen Superlative und Komparative als ärgerlich empfinden. Somit muß es für ihn heißen: *weitestgehend* und *weiter gehend, schwerstwiegend* und *schwerer wiegend* und so fort. Übrigens kommt die neue Rechtschreibung dem entgegen, indem sie hier, bei den Adverbien, getrennte Schreibung vorschreibt und sagt: *schwerer wiegend* und *am schwersten wiegend.* Aber dann sagt der neue *Duden:* »vgl. auch schwerwiegend«, und dort heißt es dann erbarmungslos *»schwerwiegendere* und *schwerwiegendste Bedenken«* (das ist dann das Adjektiv!). Gut, vielleicht ist das insgesamt nun, von der gegenwärtigen Sprache her gesehen, ›gelaufen‹. Aber niemand – auch dies, ich sagte es, ist ein wichtiger Grundsatz – hindert den *einzelnen* daran, dies weder zu sagen noch gar, denn da ist die Verpflichtung stärker, zu schreiben. Mein bewunderter Freund Hans Ulrich Gumbrecht zum Beispiel hätte in der *FAZ* vom 17.9.03 – das ist nun gleich zweimal, Autor und Zeitung, an sehr grünem Holze – über Hochschulpolitik in den USA nicht schreiben müssen: »Was könnte ... angesichts dieser Situation eine wirkungsvollere, weil tiefgreifendere Strategie der Veränderung sein als eben die ›affirmative action‹ ...« In der Sache, aber um die geht es jetzt nicht, sehr einverstanden, aber – »tiefgreifender«?

Und nun lese ich, was ich mir hierzu notiert habe aus den Schlußsätzen des wunderbaren Nachrufs auf Siegfried Unseld, den Martin Walser für die *Süddeutsche* am 2./3. November 2002 geschrieben hat: »Das habe ich schon damals als reine Freude empfunden, aber sagen kann ich es erst jetzt. Und es tut mir leid. Und ist als Versäumnis das schwerwiegendste unter meinen Versäumnissen gegenüber Siegfried Unseld.« Eine schöne und anrührende Kadenz, und in ihr steht nun an gewichtigster Stelle ebendas von mir Inkriminierte! Und ich stutze und überlege, weshalb gerade an *dieser* Stelle in der Tat ›das schwerstwiegende unter meinen Versäumnissen‹ etwas problematisch gewesen wäre. Vielleicht weil Insistenz auf grammatischer Richtigkeit hier störend gewesen wäre, denn wer ›schwerstwiegend‹ schreibt, so weit sind wir schon, tut implizit so, als korrigiere er – seht mal her, ich mach' das richtig – einen gängigen Fehler, einfach indem *er* ihn gerade nicht macht. Kurz, ich werde unsicher und bleibe es. Aber dann denke ich, daß Walser ja einfach ›das schwerste Versäumnis‹ hätte schreiben können. Und vielleicht ist dies die Lösung: an wirklich pathetisch ernster Stelle, wo grammatische Insistenz (das sehe ich auch) zu schweigen hat, auszuweichen auf etwas anderes. Und dies erlaubt eine Sprache ja immer.

Hierzu eine allgemeinere Anmerkung. Zu einer ›natürlichen‹ (also historischen) Sprache gehört entscheidend, geradezu konstitutiv, also ihr ›Wesen‹ ausmachend, ebendies: man kann *in* ihr, *mit* ihr ›dasselbe‹ so oder so sagen. Unsere Wendung ›Man kann es nicht anders sagen‹ scheint dem zu widersprechen – im Grunde aber setzt sie diese Möglichkeit, sie abwehrend, voraus. Und gerade darin, in diesem immer möglichen So-oder-So, liegt letztlich – und sozusagen technisch – die Möglichkeit, im Sprachlichen, von *Stil.* Dieses So-oder-So ist die notwendige technische »Bedingung seiner Möglichkeit«, um Kants schönen Ausdruck aufzunehmen. Wo man ›dasselbe‹ immer so sagen *muß,* es also gar nicht anders sagen *kann,* ist Stil ausgeschlossen. Stil setzt die Möglichkeit eines ›anders‹ immer voraus. Stil kann es nur dort geben, wo ›dasselbe‹ auch anders, als es gesagt wurde, hätte gesagt werden können. Damit ist, was Stil ist, noch lange nicht beschrieben, seine notwendige Bedingung aber ist damit genannt.

Auf deutsche Weise

Wir sagen im Deutschen, daß wir *eine* Sprache sprechen. Wir sagen: *die deutsche Sprache sprechen* oder *das Deutsche* oder einfach *deutsch sprechen.* Ebenso heißt es französisch *parler français,* englisch *to speak English,* spanisch *hablar español,* portugiesisch *falar português* und italienisch *parlare italiano.* Da spricht man also überall – so scheinen es die Sprachen selbst zu sehen – eine Sprache im Sinn des Akkusativobjekts. Man spricht *etwas.* Es ist bemerkenswert, daß dies auf lateinisch ziemlich anders gesagt wird, nämlich mit einem Umstandswort, also adverbiell: *latine loqui.* Wörtlich übersetzt heißt dies: man spricht ›auf lateinische Weise‹ oder nach der ›Art‹ des Lateinischen. Lateinisch kann man dies auch mit dem sechsten Fall, dem sogenannten Ablativ sagen; es läuft aber auf dasselbe wie die adverbielle Ausdrucksweise hinaus. Somit – im Ablativ – *variis linguis loqui,* also »in« oder »mit verschiedenen Sprachen sprechen«; falsch von der lateinischen Sprache her wäre dies mit dem Akkusativ, wozu man etwa vom Deutschen her geneigt wäre, also keinesfalls: *varias linguas loqui.*

Genauso, nämlich mit dem Ablativ, steht es zum Beispiel in der biblischen Pfingsterzählung, die sich in der »Apostelgeschichte« findet (Kapitel 2). Da wird ja von dem Sprachwunder berichtet. In der Übersetzung ins Lateinische des Hieronymus, also in der sogenannten *Vulgata,* heißt es: »coeperunt loqui variis linguis«, wörtlich: »sie wurden alle vom Heiligen Geist erfüllt und begannen, *in verschiedenen Sprachen* zu reden«. Was hier berichtet wird – der Sprachwissenschaftler fühlt sich da auch professionell angesprochen –, ist ja eine momentane Aufhebung der Folgen der Verwirrung *der* Sprache, die, nach der Erzählung der biblischen Genesis, in der Stadt Babel (1. Mose, 11) anläßlich eines Jahwe mißliebigen Bau-Projektes geschah (hierüber die Glosse »Babel«). Jetzt aber geht es mir um etwas ganz anderes.

Jene lateinische Lösung, die lateinische Formulierung der Tatsache, daß jemand eine Sprache spricht, trifft nämlich das, was wirklich vorliegt, genauer. In der Tat ist eine bestimmte Sprache etwas sozusagen Adverbielles. Insofern ist ein Adverb oder dann ein Fall wie der Ablativ ›besser‹, weil richtiger als der ›neueuropäische‹ Akkusativ. Man spricht tatsächlich nach der ›Weise‹ einer bestimmten Sprache. Und man lernt, indem man eine Sprache lernt, nicht eigentlich eine Sprache, sondern eine bestimmte ›Art‹ des Sprechens. Die Ausdrucksweise des Lateinischen ist somit sprachtheoretisch befriedigender, denn das Sprechen einer bestimmten Sprache tritt hier hervor als das, was es wirklich *ist:* als ein geistiges Sichbewegen in einer ganz bestimmten ›Weise‹ menschlichen Sprechens.

Übrigens kann man (der Sprachwissenschaftler Eugenio Coseriu hat wohl zuerst darauf aufmerksam gemacht) auch die griechische Ausdrucksweise des Sachverhalts so betrachten; sie ist der des Lateinischen analog, das heißt: sie »sieht« das genau so. Da sagt man etwa für Griechisch, also Hellenisch sprechen *hellenízein*, was wörtlich »helleneln« wäre. Wir haben im Deutschen ja auch etwa *sächseln* oder *schwäbeln*, wobei sich diese Wörter aber primär auf das Lautliche beziehen (und negativ getönt sind). Das ist aber schon auch adverbiell gedacht. Das Rumänische, auch eine romanische Sprache, drückt sich, nebenbei, auch so – oder noch immer so – wie das Lateinische aus: *a vorbi româneşte,* »auf rumänische Weise sprechen«.

Man spricht also nicht Deutsch oder die französische Sprache, und man beherrscht nicht das Englische, sondern man spricht nach deutscher ›Weise‹ oder nach der ›Art‹ des Französischen, und man beherrscht die ›Weise‹ des Englischen.

Das mit dem ›Beherrschen‹ einer Sprache, um dies auch gleich zu sagen, ist in anderer Hinsicht nicht unproblematisch. Diese Problematik zeigt etwa der alte und veraltete, immer wieder aufgewärmte Tischreden-Scherz: »Mit der französischen Sprache« (nur als Beispiel – es kann natürlich jede andere sein) »geht es mir wie mit meiner Frau – ich liebe sie, aber ich beherrsche sie nicht« (die Frau sitzt dann meist daneben und lächelt gequält oder hintersinnig). So wie es *hier* gemeint ist, ist da nämlich ohnehin kein ›Beherrschen‹. Man beherrscht eine Sprache nicht wie man ein Auto oder irgendein anderes Gerät beherrscht. Man *kann* eine Sprache – das ist der bessere Ausdruck. Man *kann* ihre ›Weise‹, ihre ›Art‹, ihre ›Technik‹ – auf englische ›Weise‹, nach der ›Art‹, der ›Technik‹ des Englischen sprechen.

Die Geschichtlichkeit der Sprache

Eine Sprache – also eine ›Weise‹ des Sprechens. Dem sollte aber sofort hinzugefügt werden, daß es eine *geschichtlich gewordene* ›Weise‹ des Sprechens ist. Es gibt menschliches Sprechen nur innerhalb einer *geschichtlich* entstandenen und also tradierten Form, einer *geschichtlich* spezifischen ›Weise‹ des Sprechens. Man spricht *in* einer Sprache *mit* ihren spezifischen – geschichtlich gewordenen – Mitteln.

Ich sage ›geschichtlich geworden‹, nicht, wie man oft hört und liest, ›geschichtlich gewachsen‹. Denn mir mißfällt bereits, weil sie unangemessen ist, die organizistische oder biologistische Metapher, die in dem Wort ›gewachsen‹ liegt. Eine Sprache wächst nicht, sie *wird,* noch genauer: sie *ist* jeweils (zu einem bestimmten Zeitpunkt), was sie *wurde.* Alles in einer Sprache ist geschichtlich. Nicht geschichtlich, also biologisch ist nur *eine* ihrer unabdingbaren Voraussetzungen: die genetisch mitgebrachte Fähigkeit nämlich, eine Sprache, jede beliebige Sprache oder dann, wenn es die Umgebung erfordert, zwei oder auch mehrere beliebige Sprachen zu lernen. Die andere, die zweite ebenso unabdingbare und bereits wieder *geschichtliche* Voraussetzung, denn sie hat mit Natur nichts oder fast nichts zu tun, ist dann, daß man mit dem neu hinzugekommenen Menschen tatsächlich ›in‹ irgendeiner Sprache, ›in‹ irgendeinem Dialekt *spricht.*

Die Sprachwissenschaft nennt diese biologische Voraussetzung seit einiger Zeit englisch »LAD« – das ist vom Namen her, was wir ein »Akronym« nennen: mit den Anfangsbuchstaben mehrerer Wörter wird ein *neues* Wort gebildet. Es ist ein im

Englischen beliebtes Verfahren, und besonders reizvoll ist es, wenn dies Wort sich dann anlehnt, wie hier, an ein schon bestehendes, das mit dem durch die Abkürzung Gemeinten vage zu schaffen hat: *lad* heißt ja etwas wie »boy« oder »young fellow«. Hier geht es um das Akronym von »language acquisition device« – eine »Vorrichtung« somit zum Spracherwerb.

Was diese »Vorrichtung« aber genauer ist, sagen die Sprachwissenschaft oder die Biologie oder die Psychologie uns bisher nicht. Und, um dies auch einmal deutlich zu sagen: mit puren hirnphysiologischen Hinweisen, genauerer Lokalisierung, ist uns nicht geholfen. Wir wollen ja doch nicht operieren. Und daß dies alles irgendwo im Gehirn ist, wußten wir schon immer – niemand redet, wie die Wendung lautet, ›aus dem Bauch heraus‹. Ganz klar ist wirklich nur, daß es eine solche »Vorrichtung« gibt. Deshalb konnte auch die Entdeckung eines »Sprachgens«, wenn es denn wirklich ›entdeckt‹ wurde (aber was heißt das?), keinen Kundigen überraschen.

Viele Sprachwissenschaftler – diejenigen aus der mächtigen Schule, die, seit den späten fünfziger Jahren, von Noam Chomsky ausging, und auch andere – meinen seit einiger Zeit bereits, »LAD« sei schon eine oder doch *etwas wie* eine ›Grammatik‹: eine ›universelle‹, also *vor* allem Geschichtlichen liegende, also biologische oder genetische Grammatik. Nach dieser ›Grammatik‹ würde sich das Kind – *in-fans* sagten die Lateiner für »Kind«, was ursprünglich das »Nicht-Sprechende« meinte – bei der produktiven Erkundung dessen, was es in seiner Umgebung sprachlich vorfindet, bereits richten. Es habe da schon etwas wie ein grammatisches Instrumentarium. Sonst ginge dies alles, wird uns gesagt, nicht so schnell. Aber – geht es wirklich so schnell? Es geht ja doch eigentlich gar nicht schnell! Vor allem wenn man berücksichtigt, daß das Kind fast kontinuierlichen Unterricht genießt, der eigentlich die gesamte Zeit, in der es nicht schläft, umfaßt. Und schließlich sind die ›didaktischen‹

Voraussetzungen hier optimal, sie sind so später nie wieder herstellbar, weil das Kind ja gar nicht eigentlich eine Sprache lernen, sondern sich mit ihr seine Umwelt aneignen will und dies in äußerst intensiver Weise. Es ist ja getrieben (und dies ist wohl etwas wie ein Instinkt) von dem Willen zur Identifizierung mit den Erwachsenen und dann auch (und ganz besonders) den *etwas* Älteren. Die etwas Älteren sind dem Kind vor allen anderen wichtig. Und nicht um pure ›Nachahmung‹ oder um puren ›Nachahmungstrieb‹ geht es da, sondern um den – ungleich stärkeren und fundamentaleren – ›Identifizierungstrieb‹. Das Kind ahmt da nicht nach, sondern es will gleich sein wie...

Zur Erklärung dessen, was vorliegt, nämlich daß der Spracherwerb gelingt und daß er so gelingt, wie er gelingt, bedarf es der Hypothese, nach welcher »LAD« schon eine ›Grammatik‹ sei, keineswegs. Doch will ich mich auf die Debatte um diese These, um die Natur dieses »Kerlchens« – wieder einmal so ein maskulinistisches Wort – hier nicht einlassen. Ich sehe in dem »LAD« Genannten die ontogenetische *Voraussetzung* des Spracherwerbs und insofern indirekt die des Sprachlichen überhaupt. Es ist eine *notwendige* Voraussetzung, mehr aber auch nicht, ausreichend ist sie keinewegs. Und jedenfalls – »LAD« her oder hin – ist dasjenige, was den Sprachwissenschaftler und dann auch den Sprachkritiker interessiert, ja keineswegs diese – ganz unleugbar genetisch anzusetzende – *Voraussetzung* des Sprachlichen, sondern das Sprachliche selbst. Und dieses ist geschichtlich durch und durch – mit all dem, was zum Geschichtlichen gehört.

Und dazu zählt bereits, daß es nicht *eine*, sondern viele Sprachen gibt, zur Zeit vier- bis fünftausend. Sie sind wegen der Dialekte, die man zum Teil auch, je nachdem, als *Sprachen* ansehen kann, oder dann umgekehrt wegen der Sprachen, die man zum Teil auch, je nachdem, als Dialekte betrachten kann, nicht leicht zu zählen. Dann die Tatsache, daß es *innerhalb* einer

Sprache keine Einheitlichkeit gibt – es ist dies die von der Sprachwissenschaft sogenannte interne Variation (darüber in der Glosse zum »Buckelwal«).

Wir erleben unsere jeweilige Sprache ja auch in geschichtlicher Vertiefung, nicht nur durch Lektüre älterer Texte – und schon etwa Theodor Fontane ist für die heute Jungen sehr ›alt‹ –, sondern auch bereits, weil zu jeder Zeit verschiedene Generationen miteinander leben und also miteinander reden. Da sind dann die Wörter der Alten und die der Jungen ... Vor Jahren wandte ich mich an Carl Friedrich von Weizsäcker mit der Anfrage, ob er für einen Sammelband einen Beitrag schreiben wolle über das, was ihn, falls es da etwas gebe, am gegenwärtigen Deutschen ›störe‹. Er antwortete melancholisch oder einfach sachlich: »Ich weiß nicht, ob mir die heutige deutsche Sprache gefällt oder nicht. Wenn man älter wird, ist man ja in der veränderten Welt nicht mehr ganz zu Hause, also auch nicht in ihrer Sprache.« Übrigens ist dies – »in einer Sprache zu Hause sein« – ein wichtiger Punkt – Sprache ist auch in einem sehr tiefen Sinne Heimat, und auch dies hat mit Geschichte zu tun.

Geschichtlichkeit heißt sodann, was philosophisch mit dem Begriff der »Kontingenz« erfaßt wird: etwas ist so und so, es ist aber nicht *notwendig* so, wie es ist, es könnte auch *anders* sein, es *muß* nicht sein, wie es ist. Es gehört zum Wesen des Geschichtlichen. Da *mußte* im strengen Sinne nie etwas kommen, wie es tatsächlich *kam*. Der ärgerliche preußisch-französische Krieg von 1870 mußte keineswegs zum Ersten Weltkrieg führen, dieser keineswegs zu Versailles, Versailles mußte nicht zu Hitler führen und der (sogar der) wieder nicht zu dem, was man 1945 und noch lange danach den »Zusammenbruch« nannte – eines der Attentate zum Beispiel, das von Georg Elser ganz besonders, hätte – da war nun wirklich pure und fatale Kontingenz – gelingen können. Auch eine Sprache ist also voll von »Kontingenzen«, was übrigens nicht dasselbe ist wie »Zufälle«. Es meint nur: es *ist* so, das heißt: es ist so geworden – es könnte auch anders geworden sein. Goethe hat dies einmal in einem bemerkenswerten Gedicht über Etymologie unwillig so gesagt:

»So wird erst nach und nach die Sprache festgerammelt,
Und was ein Volk zusammen sich gestammelt,
Muß ewiges Gesetz für Herz und Seele sein.«

Richtig, aber »ewig« ist hier so zu nehmen, wie es gemeint ist. Im strengen Sinne »ewig« ist da nichts. Denn natürlich heißt Geschichtlichkeit der Sprache, weil es wiederum zum Geschichtlichen gehört, daß *alles* Sprachliche denkbar ›unewig‹ ist, sondern sich verändert und dem allmählichen, unter Umständen aber auch raschen Wandel unterworfen ist.

Postskriptum:

Zu dem Akronym »LAD« noch eine Anmerkung. Das schönste mir bekannte Akronym (auch »NATO« oder »UNO« oder »Aids« sind ja Akronyme) ist »MAD« – es lehnt sich in tiefgründigem Witz ganz bewußt an *verrückt* an und bezeichnete seinerzeit die militärische ›Philosophie‹ des ›Kalten Kriegs‹, nämlich die der »gegenseitigen Abschreckung«, genauer und drastischer die der »gegenseitig zugesicherten Vernichtung«: »mutually assured destruction«. Verrückt in der Tat, aber eine Zeitlang hat es funktioniert oder eigentlich: es hat funktioniert, solange es funktionieren mußte. Wir sind noch einmal davongekommen. Es funktionierte übrigens nur, weil der jeweils andere *weiterleben* wollte. Reine Verrücktheit war da also keineswegs, vielmehr war da – nur deshalb hat es ja funktioniert – eine rationale Basis. Will der andere dies, nämlich weiterleben, nicht mehr, wie bei den Suizid-Terroristen (»Selbst-mord« ist da ja nun wirklich nicht), stößt die »Zusicherung« der Zerstörung ins Leere, weil diese ja ohnehin – und zwar rational – einbezogen ist. Schon Seneca (immer diese Alten) wußte dies und hat es so knapp, wie es seine Art war, gesagt: »Ein Mann, der sein Leben verachtet, ist eine Gefahr für deines.«

Babel

Es gibt zwei biblische Grundberichte, zwei »große Erzählungen« zum Thema Sprache: erstens die Schöpfung des Menschen, zweitens Babel. Wir wollen sie hier kurz betrachten. Jeder glaubt sie zu kennen, sie sind aber nicht so, wie man sie (in aller Regel) zu kennen glaubt. Vor allem geht aus ihnen nicht notwendig hervor, daß die Vielzahl der Sprachen, die Tatsache also, daß es viele und nicht bloß *eine* Sprache gibt, ein Unheil sei.

Zunächst ist es wichtig, festzuhalten, daß die Schöpfungsgeschichte, wie wir sie in »Genesis« oder »Mose 1« finden, die Entstehung der Sprache *nicht* erklärt. Sprache wird da schon vorausgesetzt. Es heißt – und dies sind ja nun gewichtige Sätze – in Genesis 1,27–28: »Gott schuf also den Menschen als sein Abbild; als Abbild Gottes schuf er ihn. Als Mann und Frau schuf er sie. Gott segnete sie, und Gott sprach zu ihnen ...« Also: die Sprache ist sogleich da – auch als Band zwischen Gott und den Menschen. Sprache und Mensch sind in dieser Sicht gleich ursprünglich. Und übrigens sind hier in dieser jüngeren Erzählung – jünger als die, die an zweiter Stelle kommt – gleich ursprünglich auch Mann und Frau. Gott schafft den Menschen und spricht sogleich mit ihm. Es wäre ja denkbar, daß zunächst der Mensch geschaffen und ihm dann noch, in einem weiteren Akt der Schöpfung, nach der Feststellung etwa eines Fehlens, die Sprache zusätzlich gegeben worden wäre. Aber so ist die Erzählung nicht. Sprache gehört zum Menschen von vorneherein. Und der Gedanke legt sich nahe, daß die Abbildlichkeit des Menschen in Blick auf Gott gerade auch mit seiner Sprachfähigkeit viel zu tun hat. Direkt gesagt wird es freilich nicht. Wilhelm von Humboldt zum Verhältnis Sprache und Mensch: »Der Mensch ist nur Mensch durch Sprache; um aber die Sprache zu erfinden, müßte er schon Mensch sein.« Erst also mit der Sprache, meint Humboldt, ist der Mensch Mensch. Erfunden haben kann er sie daher nicht, denn dazu müßte er ja zuvor schon Mensch gewesen sein, was aber ohne Sprache wiederum nicht ging. Was Humboldt hier sagt, ist kaum mehr als ein Umkreisen dessen, was sich in »Mose 1« findet.

Die Herkunft der Sprache wird also in der Bibel nicht erklärt. Auch wird in ihr die Sprache nicht eingeordnet. Ausdrücklich erklärt die Bibel aber, weshalb es nicht nur *eine,* sondern *viele* Sprachen gibt.

Die äußerst knappe Erzählung vom »Turmbau zu Babel« (Genesis 11,1–9) steht an markanter Stelle: mit ihr schließt, was man die »Urgeschichte« der Bibel nennt, denn unmittelbar danach beginnt, mit der Geschichte Abrams oder Abrahams, im Grunde schon die Geschichte oder doch die »Vorgeschichte« Israels. Zwischen Adam und Eva und Abram ist aber viel – besonders ist da Noach und die große Flut.

Zunächst muß man sich dies klarmachen: es geht in der »Turmbauerzählung« gar nicht bloß um den »Turm mit einer Spitze bis zum Himmel«; es geht auch und in gleicher Weise um den Bau der großen Stadt. Falsch ist also schon einmal die Fixierung – wirklich: es ist eine Fixierung – auf den Turm, auf die Vertikale. Die Horizontale ist da auch.

Das Motiv der Menschen, die da »von Osten« aufgebrochen waren und nun in einer »Ebene im Lande Schinar« siedelten, wird genannt: sie wollten sich, durch die Stadt und den Turm, »einen Namen machen« und so, durch die Schaffung somit eines Namens, verhindern, »über die ganze Erde zerstreut« zu werden. Das »Land Schinar« übrigens liegt im heutigen Irak.

So begannen jene vom Osten Gekommenen zu bauen. Da

nun, während sie noch bauten, »stieg der Herr herab« und sah sich Stadt und Turm an (oder das, was von beiden schon stand). Und nun ist da beim Herrn eine überraschende Reaktion: »Seht nur, *ein* Volk sind sie, und *eine* Sprache haben sie alle. Und das ist erst der Anfang ihres Tuns. Jetzt wird ihnen nichts mehr unerreichbar sein, was sie sich auch vornehmen. Auf steigen wir hinab, und verwirren wir dort ihre Sprache, so daß keiner mehr die Sprache des anderen versteht.«

Die Verwirrung der Sprache (nicht also ›der Sprachen‹) bewirkte nun erstens, daß die Menschen aufhörten, »an der Stadt zu bauen«; vom Turm ist da gar nicht mehr die Rede, aber er ist natürlich eingeschlossen, zweitens bewirkte sie, daß nun in der Tat geschah, was sie hatten verhindern wollen: sie »zerstreuten sich über die ganze Erde«.

In der langen Tradition, die sich an diese Erzählung knüpft, wird in der Verwirrung der Sprache eine *Strafe* gesehen, und dies heißt oder hieße dann auch: die Tatsache, daß es viele Sprachen gibt und nicht nur eine, ist negativ zu sehen. Eindeutig ist in diesem Punkt die Erzählung aber keineswegs: sie schließt zwar, daß es sich um eine Strafe handelte, nicht aus, sie zwingt aber – darauf kommt es an – zu dieser Deutung keineswegs. Erscheint nicht, was der Herr hier unternimmt, weit eher als präventive Maßnahme? Es kommt ja so heraus – dies ist schon merkwürdig –, als habe er geradezu Angst, als würden ihm die Menschen unheimlich: »jetzt wird ihnen nichts mehr unerreichbar sein«.

Und es steht da auch nichts vom Übermut jener Menschen, von dem, was wir gewöhnlich mit einem griechischen Begriff ›Hybris‹ nennen: Selbstüberschätzung, Selbstüberhebung. Und vielleicht ist dies – Sprachverwirrung als Strafe für Hybris – überhaupt eine ›griechische‹ Deutung dieser Geschichte. Vermeidung von Hybris war ja eine griechische Sorge. Vielleicht war auch der Spruch über dem Orakel von Delphi »Erkenne dich selbst« eigentlich oder zumindest auch so gemeint: erkenne deine Begrenzheit als Mensch! Übernimm dich, überschätze dich nicht – als (bloßer) Mensch! Wirklich: man muß dies in die Babel-Geschichte hineinlesen; es steht in ihr nicht drin; die äußerst knappe Erzählung ist sehr offen.

Es gab zunächst, dies sagt sie ausdrücklich, und von dieser Feststellung ist auszugehen, nur *eine* Sprache. Und nun will die Erzählung erklären (und zwar eben narrativ), wie es zu der von ihr tatsächlich vorgefundenen Vielsprachigkeit, die als erklärungsbedürftig empfunden wurde, kam. Und sie ist dies ja auch, denkt man an den Ursprung, an die erste Familie, an Adam und Eva und Kain und Abel und Set, zurück. Set, der dritte Sohn, ist weniger im Gedächtnis (er ist aber besonders wichtig, denn auf ihn geht Noach zurück und auf diesen – und dessen Sohn Sem – Abram). Es muß, es *kann* doch am Anfang nur eine Sprache gegeben haben. Anders kann es gar nicht gewesen sein. Also steht in der Geschichte oder hinter ihr auch nicht der Gedanke, daß Einheit der Sprache ein Ideal, ein Glückszustand und umgekehrt also sprachliche Vielfalt ein Elend sei. Auch dies ist pure Deutung. Es muß hineingelesen werden; es steht nicht da.

Eine eigentümliche Fußnote zu der Geschichte in der sogenannten Einheitsübersetzung (1980), aus der ich zitiere (»ökumenisch« sind darin aber nur Psalmen und Neues Testament), kommentiert so: »An der alten Tradition von Babel als dem Schauplatz der Sprachverwirrung zeigt der Erzähler, daß hohe Zivilisation ohne Bindung an Gott die Menschen nicht eint und innerlich einander näherbringt, sondern sie entzweit, so daß sie sich gegenseitig nicht mehr verstehen.« Auch dies steht in der Geschichte keineswegs: man muß es in sie hineinlesen – herauslesen kann man es aus ihr eigentlich nicht! Da wird eine Meinung von außen her an die Geschichte herangetragen und dann behauptet, daß sie ebendiese Meinung enthalte, während man wieder allenfalls nur sagen könnte, daß sie jener Meinung nicht geradezu widerspricht. Außerdem: *der* Erzähler – warum der Singular, warum (es ist doch eher unwahrscheinlich) soll es nur einer gewesen sein?

Faktisch erklärt diese Erzählung, was sie so nicht kannte und kennen konnte, nämlich die *Geschichtlichkeit der Sprache.* Und Geschichtlichkeit heißt ja schon Vielfalt. Dies ist sozusagen ihr Problem, die Frage, auf die sie die narrative Antwort ist: wie kommt es von der *einen* Sprache, die »im Anfang« ja nur gewesen sein kann, zu den *vielen?* Dann auch: wie kommt es zu der Zerstreuung der Menschen? Und zwischen Vielfalt der Sprache und Zerstreuung der Menschen ist ja ein unmittelbar einleuchtender Zusammenhang.

In der ›jüdischen‹ Übersetzung von Martin Buber und Franz Rosenzweig, die besonders nahe am Original bleiben möchte, lautet die entscheidende Stelle: »ER sprach:/ Ja, einerlei Volk ist es und eine Mundart in allen, und nur der Beginn dies ihres Tuns – / nichts wäre nunmehr ihnen zu steil, was alles sie zu tun sich ersännen./ Heran! fahren wir nieder und vermengen wir dort ihre Mundart,/ daß sie nicht mehr vernehmen ein Mann den Mund des Genossen./ ER zerstreute sie von dort übers Antlitz aller Erde,/ daß sie es lassen mußten, die Stadt zu bauen./ Darum ruft man ihren Namen Babel, Gemenge,/ denn vermengt hat ER dort die Mundart aller Erde,/ und zerstreut von dort hat ER sie übers Antlitz aller Erde.«

Der nicht-hebräische Name *Babel,* der wohl etwas wie »Tor Gottes« oder »Tor des Gottes« meinte, wurde nun *hebräisch* als »Gemenge« gedeutet, weil da ein Anklang an ein entsprechendes hebräisches Wort war. Dieser Name *Babel* steht am Ende der Erzählung: »darum ruft man ihren Namen Babel, Gemenge, denn ...« In Wirklichkeit stand der Name aber nicht am Ende der Erzählung, sondern an ihrem Anfang. An ihn knüpfte – ›volksetymologisch‹ – die Erzählung an. Worauf sie hinführt, ist ihr Anfang. Sie *ist* die Erklärung eines Namens. Zunächst war da also dieser ›sprechende‹ oder für die Hebräer ›sprechend‹ gemachte Name, dann die Notwendigkeit zu erklären, wie aus der *einen* Sprache – der des Paradieses – die vielen wurden. Dieser Name *Babel* bot sich da geradezu an. So wurde beides zusammengeführt: die Erklärung der Sprachenvielfalt und die eines Namens.

Auch die Sprache kritisiert

Es geht in diesem Buch weithin, nicht durchweg, um Sprachkritik. Wir kritisieren die Sprache; die Sprache ist da also Objekt. Eine Sprache kann aber – gleichsam – auch Subjekt von Kritik sein, und darum, um Sprachkritik in diesem Sinne, soll es in diesem Kapitel gehen. Ich sage betont ›gleichsam‹, weil dies wirklich nur gleichsam so ist, schließlich ist eine Sprache kein Subjekt. Mit dieser wichtigen Einschränkung läßt sich aber sagen, daß eine Sprache auch kritisiert: sie bewertet, vielfach sehr versteckt und implizit, aber doch aufdeckbar, ›Dinge‹ im weitesten Sinne unserer Welt. Daran wird weniger gedacht – eben vielleicht, weil es so versteckt geschieht. Und vielfach ist diese Kritik, werden wir einmal darauf gestoßen – und in der Regel *müssen* wir erst darauf gestoßen werden –, für uns ziemlich überraschend. Wir hatten sie gar nicht wahrgenommen...

Nehmen wir ein Adjektiv wie *väterlich*. Ist es nicht so, daß in ihm eine kritische und in diesem Fall positive Bewertung des Vaters steckt, eigentlich eine Art Interpretation des Vaters: Eigenschaften werden da herausgehoben, die dem Vater als normal unterstellt werden. So kann dann auch jemand »väterlich« sein, der gar kein Vater ist. Nicht anders in *mütterlich* und *brüderlich*. Auch da wird doch das ›Wesen‹ der Mutter, des Bruders herausgestellt (und im Fall von *brüderlich,* nach dem üblichen maskulinistischen Verfahren, auch das der Schwester, denn *schwesterlich* ist dann wieder etwas anderes, jedenfalls leicht Verschiedenes: Schwestern sind untereinander etwas anders als Brüder untereinander sind. Man kann im Deutschen (das geht nämlich nicht in jeder Sprache) dem für viele jetzt anstößigen *brüderlich* durch *geschwisterlich* entgehen: »Freiheit, Gleichheit, Geschwisterlichkeit« übersetzte sehr betont der Bundestagspräsident Wolfgang Thierse bei der feierlichen deutsch-französischen Begegnung im Schloß von Versailles »Liberté, égalité, fraternité«. Letzteres wird ja oft auch mit »Soldarität« wiedergegeben – früher ein ausgesprochen ›linkes‹ Wort, heute gebrauchen es alle, sogar bayerische Ministerpräsidenten. Willy Brandt redete seinerzeit – englisch – von »compassion«, was freilich mehr und anderes ist als bloße Solidarität, auch wohl (es wäre eine interessante Frage) nicht einfach Mitleid.

Bemerkenswert ist auch die Verschiedenheit der Bewertungen in *kindisch* und *kindlich*, *weiblich* und *weibisch*, *männlich* und *mannhaft*. Bei den Ableitungen von *Mann* gibt es, im Unterschied zu denen von *Kind* und *Weib*, nur positive Bewertungen! Aber wir haben ja, seit einiger Zeit bereits, den – jedenfalls für die meisten – ausschließlich negativen *Macho! Herrlich* hat sich übrigens, genau wie *dämlich,* ganz von dem eigentlich, das heißt *ursprünglich* zugrundeliegenden Substantiv gelöst. Es gibt – niemand denkt da noch an *Herr* – herrliche Frauen. Und dämliche Männer – auch da hören wir kaum mehr einen Hinweis auf *Dame* heraus – gibt es erst recht.

Oder die Adjektive *hündisch* und *hundsgemein:* da erscheint eine in diesem Fall überraschend negative Bewertung dieses gerade uns Deutschen (andererseits aber doch wirklich nicht nur uns) so teuren Tiers – deshalb, meine ich, ist die negative Bewertung überraschend. Und ein eigentümlicher Sonderfall ist, in dieser Hinsicht, speziell im Bayerischen die positiv respektvolle Verwendung von *Hund* im Blick auf männliche Personen – sie ist den anderen deutschen Stämmen fremd (im Gegenteil: da ist *Hund* – »Du Hund!« – ein kräftiges Schimpfwort). »Er is a Hund« meint aber östlich von Ulm mit einem starken Einschlag von ehrlichem Respekt: er macht Dinge, die sich an der Grenze des Erlaubten bewegen, aber so, daß ihm schließlich doch niemand an den Wagen fahren kann. Franz Josef Strauß zum Beispiel war doch wohl ein »Hund« dieser spezifisch positiven Art. Eine Sonderrolle spielt im Bayerischen ja auch der Hirsch. Außerhalb dieses Stamms wird das edle Tier nicht zur Beschimpfung oder überhaupt zur Kennzeichnung von Männern herangezogen; aber der (bayerische) Hirsch ist – im Unterschied zum (bayerischen) Hund, der dies ganz und gar nicht ist – einfach blöd.

Halten wir also zunächst fest: solche mehr oder weniger verkappten Bewertungen von Dingen oder Personen finden sich vor allem in Adjektiven, die von denjenigen Substantiven abgeleitet sind, die diese Dinge oder Personen bezeichnen. Das ist ja innerhalb des Wortschatzes einer Sprache ein bemerkenswerter Fall. Wir haben hier Wörter, die ich ›durchsichtig‹ nenne – womit ich meine (es ist eine Metapher), daß sie ›Durchsicht‹ gewähren auf ein anderes Wort – auf dasjenige nämlich, von dem sie herkommen. *Hündisch* gewährt Durchsicht auf *Hund,* und zwar als von ihm als Wort herkommend. Solche Wörter sagen implizit etwas über diejenigen Dinge aus, die durch die Wörter bezeichnet werden, von denen sie herkommen. *Hündisch* sagt etwas aus über den Hund; es sagt: »so ist der Hund, es ist seine Art«. Diese Wörter sagen etwas – es sind gleichsam schon für sich selbst (also schon außerhalb ihrer Einbettung in einen Satz) sprechende Wörter; sie sind im Sinne von Aristoteles (hierzu die Glossen »Das Unschuldigste?« und »Drei Arten von Äußerungen«) »apophantisch«. Sie sprechen bereits als Elemente des Wortschatzes, was Wörter sonst nicht tun – also sind diese Wörter eine interessante Sondergruppe unter den übrigen. Und weil sie bereits irgendwie sprechen, können sie auch – und werden damit auch gerade *sprachkritisch* interessant – lügen, was normalerweise ein Wort, wenn es also undurchsichtig ist und somit rein in sich selbst ruht (wieder eine Metapher), *nicht* kann. Zur Lüge, nur so ist sie überhaupt möglich, gehört ein

Satz als Aussage (»x ist oder tut y«; oder »x ist nicht oder tut nicht y«). Aber zur Lüge gehört auch »der Wille, das Falsche zu sagen«, »voluntas falsum enuntiandi«, wie Augustin richtig definierte. Nicht jede Unwahrheit ist auch eine Lüge. Solchen Willen können wir der Sprache, schon da sie, noch einmal, kein Subjekt ist, nicht unterstellen. Reden wir daher zutreffender statt von ›lügenden‹ von ›potentiell unwahren‹ Wörtern. Solche Wörter gibt es (auch darüber hier eine Glosse).

Zurück zu den Tieren, zur Verwendung von Tierbezeichnungen für Menschen. Und diese Verwendungen unterliegen ja sprachlicher Festlegung, sind also Bestandteile des kollektiven Sprachbesitzes. Überall stecken da doch Bewertungen dieser Tiere; da kritisiert – indirekt, in der Anwendung auf Menschen – unsere Sprache selbst: *Hund, Esel, Rindvieh, Ochse* oder steigernd *Hornochse, Dackel,* im Schwäbischen mit der deutlichen Steigerung (so wird es erlebt) *Halbdackel, Fuchs, Schwein* oder *Pfau* oder für Frauen – da bietet unsere Sprache nicht so vieles – *Kuh, Ziege, Gans* oder *Pute* – die beiden letzteren Bezeichnungen meist oder häufig mit *dumm* oder *doof* verstärkt oder analytisch expliziert. Manche Tiernamen (es wäre genauer zu untersuchen) gehen für Frauen und für Männer, zum Beispiel *Lama* und *Kamel* (»Lama« nannte Nietzsche freundlich seine arge Schwester Elisabeth). Nicht vergessen sollten wir hier das speziell deutsche Mischtier, den *Schweinehund* oder (stilistisch nicht dasselbe) den *Sauhund,* der also die negativen Merkmale *zweier* Tiere rätselhaft und schlagend kombiniert. Es gibt ja sogar den ›inneren Schweinehund‹, und eigentlich gibt es überhaupt nur diesen. Die Definition des Nationalsozialismus durch den ganz jungen Kurt Schumacher, noch im Reichstag, nach welcher dieser nichts anderes sei als »ein fortwährender Appell an den inneren Schweinehund im Menschen«, bleibt eine der bemerkenswertesten, um so mehr, als sich die meisten Nationalsozialisten als ›Idealisten‹ (zum Teil gewiß nicht zu Unrecht) verstanden – Idealismus ist ja (dies geht über Sprachkritik hinaus), wenn es um Schlechtes geht, vielfach dabei. Übrigens meinte *Schweinehund* zunächst wirklich einen spezifischen Hund, nämlich einen solchen, den die Schweinehirten verwendeten. Heute aber, in der metaphorischen Verwendung (und nur die ist ja übriggeblieben), ist er, ähnlich der griechischen feuerspeienden *chímaira,* die in der Mitte eine Ziege, vorne ein Löwe und hinten ein Drache war, ein Mischtier in dem genannten Sinne – ein Schwein *und* ein Hund; beim Schwein überrascht es ja nicht, wohl aber beim Hund. Vielleicht wird ihm da doch seine Unterwürfigkeit, sein Hundeblick zum Verhängnis – *kätzisch* ist bei weitem nicht so negativ wie *hündisch.* »Sie war sehr kätzisch mit ihm« (oder eigentlich, aber dies geht deutsch nicht: »Sie war sehr Katze mit ihm«), »Elle était très chatte avec lui«, heißt es in einer hübschen Stelle bei Zola, die man auch als Deutscher sofort versteht. Ein anderes deutsches Mischtier übrigens ist der *Schweinigel.* Was wieder überrascht, weil der an den Straßenverkehr so gar nicht angepaßte Igel (er macht ja leider genau das Falsche) doch als ausgesprochen sympathisch gilt.

Was diese Tier-Verwendungen angeht, darf man, obwohl sie in andere Richtung gehen, an die schönen Sätze des Paläontologie-Professors Kuckuck (auch ein Tiername) aus Thomas Manns *Krull* erinnern: »Anklänge ans Tier-Physiognomische«, erklärt er dem staunenden Humbug-Marquis, »finden Sie unter Menschen auf Schritt und Tritt. Sie sehen da den Fisch und den Fuchs, den Hund, den Seehund, den Habicht und den Hammel. Andererseits will alles Tierische uns, ist uns nur der Blick dafür aufgetan, als Larve und schwermütige Verzauberung des Menschlichen erscheinen ... Oh doch, Mensch und Tier, die sind verwandt genug!« (*Bekenntnisse des Hochstaplers Felix Krull,* 3. Buch, 5. Kapitel).

Dann die ethnischen Bezeichnungen, die verwendet werden, um jemanden negativ zu kennzeichnen, der gerade *nicht* zu dieser Gruppe, zu dieser Ethnie, gehört. Letzteres ist entscheidend, denn nur dann ist eine ethnische Bezeichnung zum Schimpfwort geworden, wenn man sie auf solche anwenden kann, die zu dieser Ethnie nicht gehören. »Sie Engländer!« oder »So ein Engländer!« geht nicht, wenn der Betreffende mit England nichts zu tun hat (Lord Dahrendorf zum Beispiel dürfte man schon so nennen). Aber »So ein Zigeuner!« geht immer. Also ist »Engländer« – ebenso wie »Franzose« oder »Spanier« – ein Schimpfwort. Die Beschimpfung setzt nämlich die Übertragung, die uneigentliche Verwendung, voraus (bei den Tiernamen versteht sie sich ja von selbst). Da haben wir im Deutschen zumindest zwei Bezeichnungen: *Zigeuner* und leider auch, noch immer, obwohl die Verwendung stark zurückgetreten ist, *Jude*. Beide »Ethnien« werden übrigens beileibe nicht nur im Deutschen als Schimpfwörter verwendet – das gibt es wahrlich auch anderswo – schon die Sprachen selbst zeigen, daß Antisemitismus kein Sonderfall der Deutschen ist. Manchmal ist die Wertung ziemlich versteckt, aber doch unüberhörbar. Es gab – und gibt offenbar noch (der *Duden* verzeichnet es) – das mir unbekannte Wort *Schabbesdeckel*. Es meint »a) am Sabbat von den männlichen Juden« (gibt es andere?) »getragener schwarzer Hut«, dann aber »b) landschaftlich, umgangssprachlich, scherzhaft abgewetzter speckiger Hut«. Entscheidend ist hier die übertragene Bedeutung »b« – in ihr steckt die eigentliche und eben nicht restlos ›harmlose‹ Kritik, so »speckig« jene am Sabbat getragenen schwarzen Hüte auch immer tatsächlich (das wird einem dann in der Regel entschuldigend erklärt) gewesen sein mögen. Als ob es sonst keine speckigen Hüte gegeben hätte!

In meiner oberschwäbischen Heimat, sicher aber nicht nur dort, redete man und redet wohl noch immer von *Schlowak* oder auch *Schlawak* und (entschieden harmloser, ja beinahe nett und ja überall verbreitet) von *Schlawiner*. Hier sind die in der Sprache und durch sie suggerierten Bewertungen natürlich besonders gefährlich. Auch das Verbum *türken* (»da wurde doch getürkt«) gehört hierher. Und die *polnische Wirtschaft* und die *balkanischen Verhältnisse* dürfen und müssen ebenfalls genannt werden. Gottfried Benn nennt an einer oft zitierten Stelle die Demokratie nicht unwitzig – und da weiß er genau, was er tut – eine »Balkanidee«.

Zwei Dinge zumindest sind hier zu sagen (aber dies reicht dann vielleicht auch): der Sprachsensible sollte, erstens, solche Ausdrücke dringend vermeiden, sie allenfalls ironisch ›zitierend‹ verwenden; zweitens sollte man andererseits auch wieder nicht zu streng mit denen verfahren, denen solche Ausdrücke gleichsam herausrutschen. Sie sind ja hier wirklich Opfer ihrer *Sprache*; sie haben das nicht erfunden. Eine noch immer nicht ganz ausgestorbene Wendung wie »da geht's zu wie in einer Judenschul« (*Schul* steht hier für Synagoge) ist nicht – ganz sicher aber nicht *immer* – bös gemeint. Sie ist nur eben gedankenlos, und sie sollte vermieden werden – unbedingt. Also einerseits klare Ablehnung, andererseits eine gewisse Milde in der Beurteilung, wenn's doch einmal passiert ist. Sprachkritik sollte das Moralische stets im Auge haben, es sollte immer präsent sein; sie sollte aber nicht moralisieren.

Auch Berufsbezeichnungen sind in diesem Zusammenhang zu nennen; freilich nicht viele. Früher gab es da den (noch nicht ganz ausgestorbenen) *Scherenschleifer,* einen randständigen Beruf; auch wohl *Metzger* wird metaphorisch herangezogen. Merkwürdigerweise – und gerade bei der Jugend – ist noch immer *Bauer* sehr geläufig. Und sicher ist der *Oberlehrer* zu nennen, eine Bezeichnung, die bei einem verdienten ursprünglich bayerischen Politiker, der alles andere war und ist als »a Hund«, eine bemerkenswerte Rolle spielte und ihn gleichsam fixierte. Das war für diesen Politiker gewissermaßen die Altersrolle, denn den jungen Hans-Jochen Vogel, den überaus populären und mit enormen Mehrheiten versehenen Oberbürgermeister von München, nannte niemand so. Auch *professoral* – wieder so eine Interpretation – ist gar nicht positiv, und *professoral* kann auch jemand sein, dem dieser Titel nicht zukommt (und es gibt, umgekehrt, auch wohl gelegentlich unprofessorale Professoren). Die Wendung *nach Gutsherrenart* (»Das hat er ein wenig nach Gutsherrenart gemacht«) impliziert ebenfalls ein negatives Bild dieses Berufs oder Stands.

Wir haben in all diesen Fällen – *väterlich, Esel, Zigeuner, Oberlehrer, professoral* – eine Kritik der Sprache an den durch die entsprechenden Wörter bezeichneten Dingen oder Personen: eine Bewertung, die also versteckt ist und die nun ihrerseits – dies wäre nun mein Punkt – durch Kritik an der Sprache manifest gemacht und kritisiert werden muß, Kritik der Kritik. Man darf seine Sprache nicht einfach hinnehmen. Die Verwendung von *Esel* für männliche Personen ist ziemlich problemlos; die hierin implizierte Abwertung und wohl doch fehlerhafte Einschätzung des Esels mag hier beiseite bleiben – das spanische *burro*, das »Esel« heißt (nicht »Butter« wie im Italienischen), meint übrigens nicht nur und wohl nicht einmal primär die Dummheit, sondern eine spezifische, nämlich eben eselig unberechenbare Sturheit. Die Verwendung aber von *Jude* als Schimpfwort, also für jemanden, der aufs Geld aus ist (es ist ja die übliche, volkstümliche Verwendung), ist unvertretbar. So harmlos solche Verwendungen ›an sich‹ sein mögen, sie sind es *heute* und schon lange nicht mehr und waren es nie ganz. Man sollte übrigens auch nicht so tun, als gäbe es dergleichen gar nicht mehr. Das Volk, der »große Lümmel«, wie Heine es nicht ganz zu Unrecht nannte, ist auch da überaus konservativ. Und darum ist die Sprache dies auch. Blitzartig zeigt sich hier, wie gefährlich Sprache sein kann, wie subtil sie zu leiten vermag, weil sie Bewertungen insinuierend mit sich schleppt.

Schillers Wallenstein legt in einer der vielen großen Stellen des Stücks (*Wallensteins Tod,* II,2) im Gespräch mit Max Piccolomini oder in Auseinandersetzung mit ihm so pathetisch wie präzis (»mit finsterm Stirnfalten, doch gemäßigt«) etwas dar, das in allgemeinerem Sinne für die Wörter einer Sprache, wie wir sie in unseren Köpfen mit uns herumtragen, gilt:

»Schnell fertig ist die Jugend mit dem Wort,
Das schwer sich handhabt, wie des Messers Schneide;
Aus ihrem heißen Kopfe nimmt sie keck
Der Dinge Maß, die nur sich selber richten.
Gleich heißt ihr alles schändlich oder würdig,
Bös oder gut – und was die Einbildung
Phantastisch schleppt in diesen dunkeln Namen,
Das bürdet sie den Sachen auf und Wesen.«

Diese Worte eines im Sinne Max Webers typischen »Verantwortungsethikers« sind, versteht sich, für unsere Argumentation nicht einfach zu übernehmen, es gäbe zu diskutieren. Warum, zum Beispiel, sollen die Dinge »sich selber richten«? Das tun sie ja nicht. Aber dies ist richtig, und deshalb gehört es in unseren Zusammenhang: da ist unsere »Einbildung«, hier ganz neutral als Vorstellungskraft zu nehmen. In und mit dieser »schleppen« wir in der Tat vieles mit unserer Sprache, ohne uns darüber im klaren zu sein, mit uns herum – von wegen »das Unschuldigste« (darüber die so überschriebene Glosse): hier irrte maestro Eugenio –, aber wir haben bei ihm halt die klassische sprachwissenschaftlich technizistische Position analog etwa zu dieser: ›Technik ist an sich neutral, problematisch ist nur der Gebrauch, den man unter Umständen von ihr macht‹). Und das Adjektiv oder Adverb »phantastisch« in dem »phantastischen Schleppen« (eine herrliche Zusammenstellung) ist ganz ›etymologisch‹ (griechisch *phantasía* »das Vorgestellte«) gemeint: in der Vorstellung, *vorstellungshaft* also, wird da, in den

Wörtern einer Sprache – es gehört zu ihrer Semantik – nicht weniges »geschleppt«. Und natürlich: dies alles gilt *überhaupt*, nicht bloß für die Jugend. Hier irrt Wallenstein, oder: hier läßt ihn Schiller irren.

»Die Sprache spricht«

»Die Sprache spricht«, sagt Martin Heidegger in dem berühmten Münchener Vortrag von 1959 »Der Weg zur Sprache«. Zu diesem Satz gehören auch die nicht weniger berühmten beiden Sätze gleich am Beginn des Briefs »Über den Humanismus« (1947): »Die Sprache ist das Haus des Seins. In ihrer Behausung wohnt der Mensch.« Beide Äußerungen haben ihren »Sitz« im Denken Heideggers – allein von daher sind sie nicht einfach abzuweisen. »Die Sprache spricht« – das kann aber auch nicht einfach stehenbleiben. Und das »Haus des Seins« ebensowenig.

Nicht nur der Sprachwissenschaftler wird zunächst fragen wollen: »Ja, welche Sprache denn?« Es ist merkwürdig, daß die Philosophen (es betrifft also wirklich nicht bloß Heidegger) an dieser Frage so uninteressiert sind. Sie reden immer nur einfach von ›der‹ Sprache. ›Die‹ Sprache gibt es aber nicht – es ist eine pure Abstraktion. Natürlich ist eine solche Abstraktion nicht nur nicht unerlaubt, sondern sogar notwendig. Sie ist notwendig, weil wir ja gerade auch wissen wollen, was zur menschlichen Sprache – nun als Abstraktum genommen – überhaupt und essentiell gehört: was muß an einem ›Ding‹ an Merkmalen beieinander sein, damit wir es ›Sprache‹ nennen können? Wie sollte man sonst die doch gewiß nicht unwichtige Frage, ob auch bestimmte Tiere eine Sprache haben, angehen können? Diese Frage betrifft uns ja, als Menschen, selbst. Dennoch: in der *Realität* gibt es keine Sprache, sondern nur (geschichtlich gewordene) Sprachen. *Sprache, das heißt Sprachen* lautet ein treffender Titel von Harald Weinrich (2001).

Was Heidegger angeht, so dürfte er nur an zwei Sprachen gedacht haben, weil die anderen, die er kannte, ihm als »Denker« kaum als rechte Sprachen erschienen. So könnte man die Frage »Welche Sprache?« für *ihn* schon beantworten. Für ihn als »Denker« gibt es nur zwei Sprachen: das Deutsche und das Griechische. Und diese beiden Sprachen gehörten für ihn, es war nun einmal sein Ansatz, eng zusammen: entweder schien ihm das Deutsche noch irgendwie griechisch, oder das (alte) Griechische war ihm vorausgreifend schon irgendwie deutsch.

Es klingt unwahrscheinlich, tatsächlich aber findet sich der Gedanke, an äußerst bedeutsamer Stelle, noch in dem vermächtnishaften Gespräch mit Rudolf Augstein von 1966, das erst nach Heideggers Tod im *Spiegel* publiziert werden durfte. Rettung sollte da – und zwar global – gerade von der deutschen Sprache kommen, und auf deren Nähe zur griechischen weist er auch, in diesem pathetischen Zusammenhang also, hin. Man kann über solchen Unsinn aus solchem Munde nur staunen.

Es geht nicht an, eine oder auch mehrere Sprachen jeweils insgesamt – also nicht nur im Blick auf einzelne Elemente in ihnen – zu privilegieren oder zu deklassieren. Auch nicht, was speziell »das Denken« betrifft. Nur im Blick auf einzelnes in einer bestimmten Sprache ist dies möglich: da gibt es – also partiell, im einzelnen – Überlegenheit oder Unterlegenheit. Da gibt es in der Tat, was man gelegentlich (mein Lehrer Mario Wandruzska hat dies getan) die »glücklichen Lösungen« oder »Funde« nennt, und es gibt umgekehrt Lücken, blinde Flecken also in bestimmten Sprachen (hierzu in diesem Buch zwei Glossen). Die romanischen Sprachen, angefangen mit ihrer ›Mutter‹, dem Lateinischen, stellt Heidegger, was das Denken angeht, klar *unter* das Deutsche und das Griechische, vom Englischen erst gar nicht zu reden.

Nun aber – und dies ist wichtiger –: auch eine *einzelne* Sprache spricht nicht, auch das Deutsche und das Griechische tun dies nicht. Man kann sie nicht für sich selbst sprechen lassen.

Eine Sprache ist kein Subjekt. Sie spricht nicht nur nicht, sie tut überhaupt nichts. Die bei der sprachwissenschaftlichen und sprachkritischen Untersuchung schwer zu vermeidenden Redeweisen – etwa: »das Deutsche und das Englische machen hier einen bemerkenswerten Unterschied...« oder »das Spanische ist hier besonders deutlich« – sind nur metaphorisch zulässig.

Und warum das Sein in der Sprache – also für Heidegger im Deutschen und im Griechischen – wohnen soll als dessen »Haus«, ist schwer zu verstehen (was allerdings kein durchschlagender Einwand ist). Zumindest müßten wir genauer wissen, was das ist – das Sein. Karl Löwith, 1965, in einem Aufsatz »Hegel und die Sprache« hierzu (ohne explizite Nennung seines Lehrers): »Die Sprache wird in Hegels System vom denkenden Geist her verstanden; sie ist also nichts Ursprüngliches und Selbständiges, das man rein aus ihm selbst begreifen könnte. Sie hat keine ontologische Dignität, sie ist nicht das ›Haus des Seins‹, sondern nur die Behausung des menschlichen Denkens.« Eine Sprache als »Behausung« für das menschliche Denken zu sehen – das ist in der Tat metaphorisch sinnvoll, denn das Denken braucht die Sprache (das heißt: eine oder mehrere Sprachen).

Sinnvoll wäre es aber auch, gerade umgekehrt den *Menschen* als Haus der Sprache zu sehen, denn wirklich gibt es eine Sprache nur als Bestandteil eines Menschen, einen Bestandteil, den er immer – dies gehört nun zur Sprache – *mit anderen teilt.* Es gibt keine »Privatsprache« (das war eines der Probleme Wittgensteins). Zur Sprache gehört, was wir »Alterität« nennen, der Andere also – und auch der Andere in mir selbst und ich selbst im Anderen.

Es bleibt also dabei: was Heidegger sagt, könnte, vom schlichten Tatbestand her geurteilt, nicht falscher sein; es sind nicht die Sprachen, die sprechen, es sprechen die Menschen, und zwar *in* oder *mit* Sprachen.

Übrigens sagt Heidegger in dem genannten Vortrag ganz richtig, wenn auch wohl nicht radikal genug: »Wir sprechen nicht nur *die* Sprache, wir sprechen *aus* ihr.« Das ist eine gute Ergänzung. Aber dann setzt er hinzu: »Dies vermögen wir einzig dadurch, daß wir je schon« – das berühmte »je schon« Heideggers – »auf die Sprache gehört haben. Was hören wir da? Das Sprechen der Sprache.« Aber nein: wir hören beim Hören auf die Sprache, soweit dies überhaupt angeht, nicht das Sprechen der Sprache (»der Sprache« hier in dem Sinne gemeint, daß die Sprache spräche, subjektiver Genitiv). Wir hören nur – und dies genügt – das Sprechen anderer Menschen *mit* oder *in* oder *aus* einer in der Tat »je schon« bestimmten Sprache.

Postskriptum:

Während Philosophen, wie gesagt, in aller Regel großzügig nur von *der* Sprache reden, machen es viele Sprachwissenschaftler gerade umgekehrt: sie interessieren sich nur für einzelnes in *einer* oder in *mehreren* Sprachen; Sprachen interessieren sie überhaupt nur in ihrer Vereinzelung; sie bleiben so im einzelnen und wollen gar nicht wissen, was und wie der große Gegenstand eigentlich *ist*, zu dem das jeweilige einzelne gehört, das sie mit wechselnder Intensität fesselt. Sie bekommen ihn als solchen nicht in den Blick, weil er sie nicht interessiert. Sie interessieren sich allenfalls für *Sprachen, für Sprache im Plural,* nicht für *die Sprache im Singular,* die es nicht wirklich gibt, die aber doch als ein von der Wirklichkeit der Sprachen Abstrahiertes intensives Interesse verdient. Über die Sprachwissenschaftler *seiner* Zeit urteilt mit großer, bei ihm nicht seltener Strenge Karl Jaspers am Endes des eigentümlich guten Kapitels »Die Sprache« aus seinem Buch *Von der Wahrheit* (1948): »Der Gehalt der Sprachwissenschaft ist bedingt durch menschliche Fülle des

Sprachforschers. Da aber gerade der pedantische Kleinigkeitskrämer und der stoffhungrige leere Kopf stets bequemes Material in Worten und Sätzen finden, und da so viele dürftige Seelen wegen einer partikulären Sprachbegabung sich diesem Felde zuwandten, ist das Niveau der sprachwissenschaftlichen Literatur so oft enttäuschend.«

Der Gesang des Buckelwals

Steven Pinker, kanadischer Herkunft, noch nicht einmal fünfzig Jahre alt, gut und interessant aussehend in seiner arroganten Lustigkeit, gehört in den Vereinigten Staaten (und vermutlich bald auch hier) zu den À-la-mode-Denkern. Eben beginnt sein neues Buch *The Blank Slate,* »Das unbeschriebene Blatt«, Furore zu machen. Dieser Schüler des Groß-Sprachwissenschaftlers Noam Avram Chomsky, vielen heute eher als unerbittlicher Kritiker des offiziellen Amerika bekannt, ist selbst, wie sein Meister, seit langem Professor für Neuropsychologie am hochberühmten »MIT« (»Massachusetts Institute of Technology«). Und dieser Intellektuelle ist *gegen* die Intellektuellen. Er ist gegen alle ›weichen‹ Disziplinen. Von der Allmacht, genauer (es ist nicht restlos dasselbe): der Alleinzuständigkeit der Naturwissenschaft für schlechthin alles ist er überzeugt – ein ›Naturalist‹ somit sehr reinen (und seichten) Wassers.

Zu Recht berühmt wurde schon sein 1994 erschienenes Buch *The Language Instinct* (in elf Sprachen übersetzt), wenngleich hierzulande viele unter den Linguisten meinen, es sei bloß gut geschrieben. Und wirklich: es *ist* verdammt gut geschrieben. Bei uns ist dies noch immer ein vernichtender Einwand – unter Wissenschaftlern und unter Sprachwissenschaftlern ganz besonders, welch letztere übrigens, wie gesagt, selten gut schreiben. Gut geschrieben, so folgert man unwillkürlich, also unseriös. Unter Literaturwissenschaftlern (aber ach, Wissenschaft!) ist das anders; allerdings schreiben auch da nicht alle wie, sagen wir, Peter von Matt...

In Pinkers brillantem und inhaltsreichem Buch findet sich,

einigermaßen überraschend, auch ein Kapitel über Sprachkritik. Es ist das vorletzte des Buchs, steht also an markanter Stelle und ist dem Autor, auf den ersten Blick überraschend, offenbar wichtig. Überschrieben ist es mit »The Language Mavens«. Das eher seltene und jedenfalls im Englischen neue Wort *maven,* das aus dem Jiddischen, letztlich dem Hebräischen stammt, übernimmt Pinker von William Safire, dessen wöchentliche Kolumne »On language« in *The New York Times Magazine* es ihm ambivalent angetan hat, denn er bewundert Safire, kann dummerweise nicht umhin, es zu tun, und ärgert sich zugleich maßlos über ihn. Safire nennt sich humorig selbst einen *maven*, und das Wort meint, mit der spezifischen, netten und leicht distanzierenden Konnotation, die hier vorauszusetzen ist, etwas wie einen »Experten«. Die deutsche Übersetzerin Martina Wiese gibt »language mavens« mit »Sprachhüter« wieder, was die Sache nur ungefähr trifft.

An dieser Stelle eine Zwischenbemerkung – eine Zwischenglosse. Die tüchtige deutsche Übersetzung, 1996 erschienen, sei, heißt es unterhalb des Titels, »Aus dem Amerikanischen«. Was soll dieser sich ausbreitende, ja üblich gewordene Unfug? Das Buch wurde aus dem *Englischen* übersetzt, punktum. »Amerikanisch« würde ich nur, mit Einschränkungen, gelten lassen, wenn es sich um ein hochgradig amerikanisch idiomatisiertes Englisch handelte. Davon kann nun hier wirklich keine Rede sein. Kein Brite hat da irgendwelche Schwierigkeiten. Außerdem ist »Amerikanisch« keine Sprache! Schon weil auf dem Kontinent Amerika viele Sprachen gesprochen werden. Nicht anders zu bewerten ist in aller Regel der Hinweis »Aus dem Argentinischen« oder »Brasilianischen« – in Argentinien, also in diesem Teil Amerikas, redet und schreibt man Spanisch und in Brasilien, wieder ein Teil Amerikas, in dem es, wie Präsident Bush junior bei seinem Besuch überrascht feststellte, sogar Farbige gibt – »Do you have black people too?« –,

Portugiesisch. Würden wir uns nicht wundern, auf einem ins Englische übersetzten Buch von Thomas Bernhard oder Peter Handke die Mitteilung »Translated from Austrian« zu finden?

Pinker beginnt (bei Martina Wiese) sein Kapitel fulminant so: »Stellen Sie sich vor, Sie sehen einen Naturfilm. Gezeigt werden die üblichen großartigen Aufnahmen von Tieren in ihrem natürlichen Lebensraum. Doch dann klärt Sie der Sprecher – ›voiceover‹ – über einige bedenkliche Fakten auf. Die Delphine machen falsche Schwimmbewegungen, der Kuckuck – eigentlich geht es, whatever that may be, um ›white-crowned sparrows‹ – ruft zu nachlässig – ›debase their calls‹ –, die Meisen bauen ihr Nest nicht richtig, die Pandabären halten den Bambus in der falschen Pfote, das Lied des Buckelwals enthält verschiedene wohlbekannte Fehler, und die Schreie der Affen sind schon seit Hunderten von Jahren in einem stetigen Verfall begriffen – ›have been in a state of chaos and degeneration for hundreds of years‹ –. Wahrscheinlich würden Sie denken: was um alles in der Welt soll es bedeuten, daß das Lied des Buckelwals einen ›Fehler‹ enthält? Singt der Buckelwal denn nicht so, wie ein Buckelwal eben singt – ›whatever the humpback whale decides to sing‹ –? Und wer zum Teufel ist eigentlich dieser Sprecher – ›who is this announcer, anyway‹?« Vom Teufel steht, wie man sieht, bei Pinker nichts (dergleichen machen Übersetzer gern!).

Hier also wird er, muß man sagen, so geschickt wie witzig eingeführt: der *Sprachkritiker.* Auf derselben Seite findet sich dann aber – und *darauf* will ich hinaus – der für mich anstößige und in der Tat skandalöse Satz: »Für den Sprachwissenschaftler oder den Psycholinguisten ist die Sprache natürlich mit dem Lied des Buckelwals vergleichbar.« Tatsächlich ist Pinker im Original radikaler: er *vergleicht* nicht nur, er *setzt gleich.* Immer – da zum Beispiel muß Sprachkritik sogleich aktiv werden – diese ärgerlich gedankenlose Verwechslung von Vergleichen und Gleichsetzen. Als wären dies nicht zwei völlig verschiedene Operationen (darüber, denn da ist ein ständiges sprachliches Ärgernis mit gedanklichen Konsequenzen, in diesem Buch eine besondere Glosse). Pinker setzt hier tatsächlich *gleich;* er sagt nämlich »like«, also hier doch wohl nicht »ähnlich«, sondern schlicht »genauso wie«, und verstärkt dies, als wäre da nicht das geringste Problem, durch ein hohepriesterliches »of course«: »To a linguist or psycholinguist, of course, language is like the song of the humpback whale.«

Pinker meint damit gewiß nicht, daß zwischen dem Sprechen des Menschen und dem Gesang des Buckelwals kein Unterschied bestehe, aber er behauptet lässig *diese* fundamentale Gleichheit: beide erfolgen automatisch, unwillkürlich, »instinktiv«. »Language«, hatte er explizit zuvor gesagt (und das Stichwort ist ja auch in seinem Titel), »is as instinctive as spinning a web.« Oder meint er damit vielleicht doch eher nur die ›Entstehung‹ der Sprache in einem Kind? Meint er es ›ontogenetisch‹? Aber – Zwischenfrage – erfolgt diese ›ontogenetische‹ Sprachentstehung *wirklich* so? Spinnt das kleine Kind, seine Sprache lernend, spinnengleich oder auch nur spinnenähnlich an einem Netz? Was soll der freche Unfug?

Was jedenfalls das Sprechen selbst angeht, nun also nicht die ›Entstehung‹ der Sprache in einem Kind, muß Pinker entschieden widersprochen werden. Ich widerspreche speziell *ihm,* weil er ja – auf nette Weise, wie gesagt – einen Typ repräsentiert, der unter den Sprachgelehrten nicht ausstirbt. Viele von ihnen wären halt so gern richtige ›harte‹ Wissenschaftler. Doch zur Sache! So ist das Sprechen nämlich ganz und gar nicht. Zwei blinde Flecken sind hier in Pinkers sonst so wachem Auge: die Geschichtlichkeit zunächst, dann das Bewußtsein; beide Male hakt er aus oder gar nicht erst ein.

Wie viele Sprachwissenschaftler seines Typs verkennt er den durchgehend *geschichtlichen* Charakter der Sprache, genauer *ei-*

ner Sprache, denn *die* Sprache, ich sagte es, gibt es ja gar nicht: *die* Sprache – das ist eine Abstraktion. *Alles* an einer Sprache ist geschichtlich. *Genetisch* vorgegeben ist ja nur eben (und es ist wahrhaftig nicht wenig) ihre ebenso unbestreitbare wie übrigens nie bestrittene Voraussetzung. Niemand hat da je, wie gerne und ja auch von Pinker unterstellt wird, vom Neugeborenen als einer »tabula rasa« geredet – diese, die »leere Tafel«, entspricht Pinkers »blank slate«. Merke: es ist wichtig, dem Gegner unsinnige Meinungen zu unterstellen; dann hat man es leichter. Genau so verfährt Pinker. Es gibt also, wie gesagt, ohne jeden Zweifel und unbestritten jene Voraussetzung, die es einem neu angekommenen Menschen erlaubt, eine oder auch gleichzeitig zwei oder gar mehrere Sprachen ›perfekt‹, nämlich eben als ›Muttersprachen‹, zu erlernen. *Eine* ist es also immer, es muß aber nicht unbedingt bloß *eine* sein.

Es ist dies übrigens eine Voraussetzung, die sich – es ist sehr bedauerlich – ziemlich genau vom achten Lebensjahr an, mit bestimmten individuellen Unterschieden, drastisch reduziert: die sogenannten Sprachbegabten sind, darf man sagen, gleichsam infantil geblieben. Da ist also ganz unzweifelhaft – und man wußte es wahrlich immer, denn es ist ja pure Alltagsempirie – etwas *biologisch* (wie sonst?) Mitgebrachtes. Von dieser Voraussetzung, dieser »Vorrichtung« war in *Die Geschichtlichkeit der Sprache* die Rede.

Es gibt also den ›ontogenetischen‹ Spracherwerb und den ›phylogenetischen‹ – der letztere bezieht sich auf die Spezies und ist der desjenigen Tiers, das dann zum Menschen wurde. Jene »Vorrichtung« ist wirklich nur die ›ontogenetische‹ *Voraussetzung* der Sprache. Und irgendwann, vor Jahrmillionen, war sie auch die ›phylogenetische‹ und irgendwie – ja, ja, ja – evolutionär zustande gekommene Voraussetzung des Spracherwerbs. Jene biologisch mitgebrachte »Vorrichtung« ist also für das einzelne Individuum eine »notwendige Bedingung«, »condicio necessaria«, für Spracherwerb; »ausreichend«, »sufficiens«, ist sie bekanntlich keineswegs. Man braucht sie, aber sie reicht nicht aus. Würde man nämlich *nicht* sprechen mit einem Kind, käme da nichts, jene »Vorrichtung« bliebe folgenlos, sie verkümmerte. Auch dafür gibt es Empirie – angefangen mit der berühmten von Herodot erzählten Pharao-Geschichte von den beiden Kindern, mit denen – Befehl des Pharao – nicht gesprochen werden durfte, damit auf diese Weise die »Ursprache« festgestellt werden könne. Denn: was die beiden Kindern dann rein von sich aus sprächen, könnte ja doch nur die »Ursprache« sein. Da waren also frühe ›Naturalisten‹ am Werk! Jene »Vorrichtung«, darauf will ich hinaus, ist also nicht Sprache, sondern etwas anderes, nämlich ihre bloße Voraussetzung. Soviel zum ersten blinden Fleck.

Nebenbei – zweite Zwischenglosse – und wiederum sprachkritisch, und zwar diesmal – pardon! – zum Lateinischen: die Graphie *condicio,* von vielen gewiß, verdutzt, als Fehler betrachtet, ist, wenn wirklich »Bedingung« gemeint ist, besser, nämlich etymologisch korrekter als die übliche *conditio,* die es korrekt lateinisch auch gibt, aber ein anderes Wort oder eigentlich zwei andere Wörter meint – *conditio* einmal zu *condíre* »würzen«, zum anderen zu *cóndere* »bauen« oder »gründen«. *Condicio,* »Bedingung«, kommt aber weder von *condíre* noch von *condere,* sondern von *condicere,* »zusammen-sagen«. Und das übliche *conditio* für »Bedingung« ist in der Tat (so ganz richtig sogar schon *Der Kleine Stowasser*) »eine schlechte Schreibung von *condicio*«.

Nunmehr zum zweiten blinden Fleck. Diese Sprachwissenschaftler verkennen die Bedeutung des *Sprachbewußtseins,* also der latenten, stets möglichen Bewußtheit erstens beim Sprechen (oder Schreiben), zweitens beim Aufnehmen des Gesprochenen (oder Geschriebenen), beim Hören also und beim Lesen. Jene Bewußtheit, darum geht es jetzt, bezieht sich gerade auch auf die *Sprachlichkeit* des Gesprochenen, nicht nur, was ohnehin selbstverständlich ist, auf dessen Inhalte. Diese Sprachwissenschaftler verkennen grotesk den engen Zusammenhang von Sprache und Bewußtsein, oder (es ist dasselbe): er interessiert sie nicht. Der hübsche Ausdruck »Apperceptionsverweigerer« des Romanciers Heimito von Doderer trifft hier einigermaßen genau. Pinker und seinesgleichen sind blind und eigentlich, merkwürdig für einen Sprachwissenschaftler, sprachlich *unmusikalisch* – er sei »religiös unmusikalisch« hat Max Weber in einer berühmten Briefstelle einmal gesagt: dies kommt bei dem lustigen Pinker wahrscheinlich auch noch hinzu.

Hier nun – »Bewußtsein« (es ist nicht überraschend) – müssen wir ansatzweise philosophisch reden. Die Sprache, *eine* Sprache teilt mit dem menschlichen Bewußtsein dessen beide konstitutiven – somit ihr ›Wesen‹ ausmachenden – Züge: erstens das Gerichtetsein auf etwas anderes, also die ›Intentionalität‹, wie Edmund Husserl dies nannte, zweitens die Reflexivität, also den potentiell stets gegebenen, somit immer möglichen Rückbezug auf sich selbst. Beides steckt wieder latent schon im *Sprachlichen,* in der Formulierung nämlich: *Ich* bin *mir* einer Sache bewußt; das heißt, ich habe mich selbst im Blick, bin mir meiner selbst bewußt, *indem* ich mich auf eine Sache richte und sie so im Bewußtsein habe. Und dann, denn darum geht es hier: ich spreche *über* etwas (Heidegger: »Reden ist Rede über ...«, *Sein und Zeit,* § 34) und bin mir dabei potentiell bewußt, daß ich dies *so* tue und nicht *so*, wie ich es *ebenfalls* tun könnte.

Über den Gesang des Buckelwals – schön und geheimnisvoll ist er freilich, wie er unser menschliches Ohr über die Geräte trifft (Buckelwale selbst hören es aber wohl anders) – wissen wir möglicherweise zuwenig, dies aber wissen wir mit Sicherheit von *unserem* Sprechen, daß da *latente* Bewußtheit ist. Dafür nur ein Beispiel: die »interne« Sprachvariation.

Mein Lehrer Mario Wandruszka sagte einmal treffend: »Eine Sprache ist viele Sprachen.« Er meinte damit eben die »interne«

Sprachvariation. Mit der »externen« Sprachvariation, die uns hier nicht weiter interessiert, ist einfach die Tatsache gemeint, daß es viele Sprachen gibt. Bei der »internen« nun geht es um ein Doppeltes. Es *gibt* erstens diese Variationen (dies weiß auch Professor Pinker), und zweitens (dies weiß er nicht) sind sie nicht einfach da, sondern sie sind – und dies interessiert uns hier – potentiell zumindest, latent – *als solche* bewußt.

Nehmen wir den Typ *Paradeiser/Tomaten.* Man *sagt* nicht nur in Österreich *Paradeiser* und in Deutschland (und in der alemannischen Schweiz) *Tomaten,* sondern man *weiß* in Deutschland und in der Schweiz, zum Teil zumindest, daß man in Österreich *Paradeiser* sagt, und vor allem *weiß* man (mit wechselnder Irritation) in *Österreich,* daß die anderen *Tomaten* sagen (sehr frei nach Sartre: les tomates, c'est les autres).

So verhält es sich, wie in diesem Fall, mit den sich im *Raum* zeigenden, den sogenannten diatopischen oder dialektalen Varietäten. Es gibt aber auch andere »interne« Varietäten, und mit diesen verhält es sich nicht anders. Es gibt die »diastratischen« Varietäten: die nach der sozialen Schicht, denn wir finden, wie rasch einsichtig ist, sprachliche Unterschiede nicht nur horizontal im Raum, sondern auch ›vertikal‹ sozial. Und dann gibt es Unterschiede, wiederum ›vertikal‹, nach den wechselnden und, wie jeder weiß, sehr verschiedenen »Sprechanlässen«. Man kann nicht alles überall und zu jedem sagen. Da haben wir das sehr deutliche, schon übrigens Kindern oft früh sehr präsente Wissen: dieses oder jenes Wort kann oder muß in bestimmter Situation schockieren. Man hat diese dritte Art von »interner« Variation die »diaphasische« genannt (der Begriff stammt von Eugenio Coseriu). Das »Diaphasische« schließt auch das Stilistische ein, das Stilistische im weitesten Sinne. Eigentlich, so wollte es Coseriu, kommt im Begriff des »Diaphasischen« alles zusammen, was *nicht* Raum und *nicht* soziale Schicht ist. Vor einiger Zeit bereits (1985) wurde nun durch Peter Koch und

Wulf Oesterreicher hinzugefügt, was man die »diamediale« Variation nennen könnte, diejenige also, die sich letztlich von dem Unterschied des Mediums *akustisch* oder *optisch* herleitet (darüber in der Glosse »Gesprochen und geschrieben«).

Unbedingt wäre hier auch das »Diachronische«, als eine eigene »interne« Variation, herauszustellen – »diachronisch« nun in dem Sinne zu verstehen, daß die Alten und die Jungen zeitlich und räumlich koexistieren und doch auch immer wieder miteinander reden. Also ›alte‹ Ausdrücke (»ja, so sagt mein Großvater immer«) und ›neue‹ (»ja, so sagt mein Enkel«). Wir sind, gerade auch wenn es um die »interne« Variation geht, wiederum im Raum des Geschichtlichen. Auch innerhalb des Gleichzeitigen ist in einer Sprache geschichtlich Differenziertes.

Doch sind dies eigentlich alles schon Details. Für meinen Zweck geht es mir jetzt und hier nur um eines: um das fundamentale Phänomen der »internen« Sprachvariation. Unmittelbar ergibt es sich aus dem geschichtlichen Charakter der Sprachen, während das Spinnen eines Spinnennetzes fundamental ungeschichtlich ist. Diese »interne« Variation ist nun, darauf wollte ich hinaus, ein ständiger Anlaß für *Bewußtheit*, und dies heißt auch: für negative und positive (vor allem aber für negative) *Reaktionen,* denn man reagiert, so sind wir halt, auf Sprachliches vor allem negativ. Am deutlichsten tritt diese Bewußtheit im Lautlichen und Lexikalischen hervor. Und da sind wir schon bei Sprachkritik. Aber »interne« Sprachvariation ist nur *ein* Anlaß für Bewußtheit und, unter Umständen, Reaktionen – es gibt daneben nicht wenige andere.

Bewußt sind die Wortinhalte, freilich auf eine spezifische Weise. Wir wissen, was ein Wort meint, können es aber nicht leicht und nicht leicht vollständig explizieren. Unbewußt – in einem rein deskriptiven Sinne, also jetzt gar nicht im Sinne des Freudschen »Unbewußten« – sind sehr weithin die Regeln der

Grammatik. Da ist aber nun ein Paradox. Man darf sich darüber wundern, daß man sich so wenig darüber gewundert hat: dasjenige, was uns einigermaßen *bewußt* ist, die Wortinhalte, ist gerade nicht wirklich, nicht wirklich befriedigend darlegbar, während umgekehrt dasjenige, das uns – deskriptiv – tief *unbewußt* ist, wenn wir sprachwissenschaftliche Laien sind, nämlich die grammatischen Regeln, klar und vollständig dargelegt werden kann. Denken wir etwa im Deutschen an die Regeln der Adjektivflexion. Die kennt *explizit* kein nichtgermanistischer Deutschsprachiger – also: *der grüne Baum, ein grüner Baum, der Baum ist grün.* Erstaunlich: dreimal dasselbe Adjektiv auf dasselbe Substantiv bezogen und drei verschiedene Formen! Jeder *kann* es, jeder weiß auch, was richtig ist und was falsch – wer aber könnte es einem Ausländer rasch erklären? Oder die deutschen Konjunktivregeln oder deren ja auch wieder geregelter ›Verfall‹ (darüber unter anderem in »Was mich nervt«). Der normale Sprechende, der diese Regeln ›perfekt‹ beherrscht, kann sie nicht darlegen, aber ein normaler Grammatiker kann dies ohne weiteres. Und es steht ja auch in jeder ordentlichen Grammatik.

Beim Wort also ist die von Pinker und Genossen übersehene Bewußtheit besonders gegeben. Wir wissen, wenn wir es kennen oder – besser – *können,* was ein Wort bedeutet, was aber eben nicht heißt, daß wir es explizit im Sinne einer runden Definition *darlegen* könnten. Gerade dies können wir nicht. In einem der vormals bekannten schwäbischen Dialoge zwischen den Herren Pfleiderer und Häberle ging einmal die Frage an den letzteren, ob er definieren könne, was das Wort »Vakuum« meine (das Wort wurde dabei, was Unbildung ja bereits präsentiert, mit ›F‹ gesprochen). Die Antwort war: »I hab's em Kopf, aber i kann's net saga!« Dies ist nun ziemlich genau (insofern lag der Herr Häberle gar nicht falsch) die generelle Situation: wir haben, was ein Wort meint, das wir ›können‹, in der Tat im

Kopf, wir können es richtig verwenden, aber wir können es nicht eigentlich als Definition ›sagen‹. Worin zum Beispiel unterscheidet sich ein Baum von einem Strauch oder ein Strauch von einem Busch oder – bleiben wir bei Hölzernem – ein Buch von einem Heft? Und dies sind ja nun nicht, was man ›abstrakte‹ Wörter nennt – ›Abstraktionen‹ sind nämlich *alle* Wörter, die keine Eigennamen sind, auch die, die etwas Konkretes meinen; auch sie abstrahieren semantisch von konkret gegebenen Unterschieden.

Mit alldem, denn das ist hier ausschließlich mein Punkt, soll – anläßlich der für so viele Sprachwissenschaftler so typischen Position des sympathisch und lustig bornierten Steven Pinker – nur gesagt werden: unser Sprechen ist ganz anders als der Gesang des Buckelwals. Reaktionen auf Sprachliches, positive und negative, Bewertungen, Kritik, Sprachkritik gehören schon zur Sprache, zum normalen Sprachbesitz. Und zum *kultivierten* – und dies heißt vielfältig *sensibilisierten* – gehören sie erst recht. Die Sprachkritik, wie wir sie hier treiben und propagieren, greift also nur etwas auf, das in der Sprache ohnehin schon ist. Sie macht explizit, führt weiter, was in der Sprache selbst, im Bewußtsein der Sprechenden von ihrer Sprache schon da, schon *lebendig* ist. Sie steigert dies Bewußtsein, macht seine Reaktionen rationaler. Und sie korrigiert diese Reaktionen auch – dort, wo sie irrational sind oder sonst in die Irre gehen.

Der Dialekt

Im Wintersemester 1957/1958 hielt Martin Heidegger im »Studium Generale« der Universität Freiburg drei Vorträge über »Das Wesen der Sprache«; sie wurden 1959 in dem gewichtigen Buch *Unterwegs zur Sprache* veröffentlicht. Da lesen wir über die »Mundart«: »Schon allein der einfache Sachverhalt, daß wir die landschaftlich verschiedenen Weisen des Sprechens die Mundarten nennen, ist kaum bedacht. Ihre Verschiedenheit gründet nicht nur und nicht zuerst in unterschiedlichen Bewegungsformen der Sprachwerkzeuge. In der Mundart spricht je verschieden die Landschaft und d. h. die Erde. Aber der Mund ist nicht nur eine Art von Organ an dem als Organismus vorgestellten Leib, sondern Leib und Mund gehören in das Strömen und Wachstum der Erde, in dem wir, die Sterblichen, gedeihen, aus der wir das Gediegene einer Bodenständigkeit empfangen. Mit der Erde verlieren wir freilich auch das Bodenständige« (S. 205).

Was soll solche Rede über »das Bodenständige« und das »Gediegene einer Bodenständigkeit«? Das »Gediegene« wird hier an »gedeihen« etymologisierend angeknüpft. Das Etymologisieren ist auch hier problematisch, obwohl (darum geht es jetzt aber gar nicht) die Etymologie richtig ist: *gediegen* ist wirklich »eine alte Partizipform von *gedeihen*«; doch dann setzt der Kluge-Seebold (1989) hinzu: »Die Bedeutungsentwicklung ist im einzelnen unklar« (und verweist auf eine Arbeit dazu von 1920). Das »Gediegene« ist also nach Heidegger das, was im »Strömen und Wachstum der Erde« uns »Sterblichen« gediehen ist oder gedeihen kann, und in solchem »Strömen« stehen auch »Leib« und »Mund«. So spricht »in der Mundart je verschieden die Landschaft und d. h. die Erde«. Wieso sollen aber in einer Mundart »die Landschaft« und gar noch »die Erde« sprechen? Das tun sie doch wirklich nur ganz indirekt, weil halt die Menschen, die so und so sprechen, in Landschaften wohnen, und die implizieren unvermeidlich auch Erde. Es können übrigens auch »ungediegene« Stadtlandschaften ohne viel »Erde« sein – in solchen leben heute die meisten. Also neben »Die Sprache spricht« nun auch noch ›Die Erde spricht‹?

Wieder einmal wird hier das Geschichtliche umgangen, indem die Mundart am »Strömen und Wachstum der Erde« festgemacht wird. Es ist wie ein Herausheben des Sprachlichen aus der Geschichte, ein Erhöhen, so scheint es Heidegger zu empfinden, aus dem historisch Kontingenten heraus zum *Organischen* hin. Warum übrigens soll Erde wachsen? Das tut sie doch eigentlich nicht – *auf* ihr und *in* ihr wächst es. Es ist ein eigentümlicher an der Erde festgemachter Biologismus, und es ist wirklich und wörtlich – und zwar Ende der fünfziger Jahre – Blut und Boden.

Wer sagt denn, daß es bei einer Mundart nur oder zuerst um »unterschiedliche Bewegungsformen der Sprechwerkzeuge« gehe? Es ist immer wichtig, sich von unsinnigen Positionen abzusetzen und diese gleichzeitig einem imaginären Gegner oder gar einer imaginären Mehrheit zu unterstellen. Gut (und etwas billig) ist immer auch, weil er so vage ist, der Hinweis, irgendetwas sei nicht oder »kaum« oder nicht ausreichend »bedacht« worden.

Mundarten sind im Blick auf die Sprache, genauer die *Hochsprache,* zu bestimmen, auf die sie zugeordnet und von der sie – von den Sprechenden selbst – als Abweichungen erlebt werden, und vom Sprachbewußtsein ist hier auszugehen. Zu Mundart gehört das Element Zuordnung und das Element Abweichung. Die Abweichung ist doppelt, denn Mundarten unterscheiden sich erstens voneinander und zweitens – und dies ist eigentlich primär – von der Hochsprache, der sie – eben als Abweichungen von ihr – zugeordnet sind. Diese Unterschiede sind nun erstens *lautlich,* das heißt, sie sind in den Lauten, es gibt in ihnen lautliche Varianten zu den Wörtern der Hochsprache und denen anderer Mundarten, dann, immer noch im Lautlichen, im dynamischen Akzent, in der Intonation, also der Melodie, im so schwer zu fassenden Rhythmus des Sprechens; dann gibt es zweitens *lexikalische* Unterschiede, Unterschiede also im Wortschatz, es gibt da andere Wörter, drittens gibt es Unterschiede in der *Grammatik,* viertens solche in Wendungen, *festen Fügungen* einer Sprache. In unserem Erleben – und wir erleben ja mundartliche Differenzen überaus stark – machen wir die Dialekte vor allem am Lautlichen und an einzelnen wenigen Wörtern fest.

Übrigens ist es bemerkenswert, wie wenige imstande sind, Mundarten passabel zu imitieren. Harald Schmidt freilich ist da eine einsame, ans Unheimliche grenzende Ausnahme, und bei ihm bleibt das Nachgeahmte eben als solches, als – glänzend – Nachgeahmtes immer erkennbar, und dies ist aus humoristischen Gründen auch notwendig: man muß immer das Gefühl haben, daß da einer nachahmt. Wichtiger aber ist – sprachwissenschaftlich und psychologisch – die Tatsache, daß nahezu jeder die nachgeahmte Mundart *erkennt.* Die Nachahmung liefe ja sonst ins Leere.

Und wirklich: auch in großen Städten gibt es Mundarten. Die von außen her undurchdringlichste ist wohl, was Deutschland angeht, die der Stadt Köln, ohne daß da viel sichtbare, aufgerissene Erde wäre (es sei denn an Baustellen). Mundart ist an landwirtschaftliches Umfeld nicht gebunden.

Und warum schließlich sollte man groß »bedenken«, daß wir im Deutschen als »Ersatzwort« (so Kluge-Seebold) für das im 17. Jahrhundert dem Lateinisch-Griechischen entlehnte *Dialekt* auch noch *Mundart* haben? Daran ist doch nichts Besonderes!

Dieses »durchsichtige Wort« ist gewiß auch schon wieder biologistisch gedacht, indem es unterstellt, es gehe da um verschieden geartete Münder, wovon ja nun wirklich nicht die Rede sein kann. Aber wieder – und dies kritisiert Heidegger ja – wir denken gar nicht daran, wenn wir von Mundart reden. Heidegger kritisiert hier zu Unrecht.

Ein gewisser ›Biologismus‹ gehört zu unserem normalen Spracherleben, ja zu unserer Sprache selbst. Unwillkürlich erscheint uns ja, auch außerhalb des Sprachlichen, das bloß *geschichtlich* Gewordene als ein *Natürliches,* als ein von Natur aus Mitgegebenes. Wir haben generell die Tendenz, das uns geschichtlich Ungewohnte als ›unnatürlich‹ anzusehen. Diese Vorstellung, nun auf das Sprachliche gerichtet, steckt drastisch zum Beispiel in der bekannten Wendung unserer Sprache *reden* (oder *sprechen*) *wie einem der Schnabel gewachsen ist.* In Wirklichkeit ist einem der Mund ›natürlich‹ eben nicht so oder so ›gewachsen‹. Er wurde in der Kindheit so oder so eingeübt, und so entstand gleichsam eine zweite Natur, die aber in Wahrheit geschichtlich ist. Man erlebt es ja oft, auch etwa im Fernsehen, daß jemand in einer fremden Sprache zu reden versucht (es geht dann vielleicht auch einigermaßen) und dann plötzlich zu seiner eigenen zurückkehrt – da ist es doch immer so, auch wenn es zuvor gut- oder gar glänzend ging, als würde ein in der Luft zappelnder Fisch zurückgeworfen in sein Element!

Und nun, nach Heidegger, Goethe. Er berichtet in *Dichtung und Wahrheit* (Zweiter Teil, Sechstes Buch) von dem Sprachschock, den er als ganz junger Student, sechzehnjährig, in Leipzig erfuhr. Er selbst redet im Rückblick, der den Schock nach vielen Jahren noch spüren läßt, von einer »Prüfung«, und dies ist ein hartes Wort. Kein Biograph hat bisher, soweit ich sehe, die Sache für bemerkenswert gehalten. Es muß da jedoch, scheint mir, etwas Wichtiges, ein erhebliches Trauma gewesen sein. Goethe erinnert sich: »Ich fühlte mich in meinem Innersten paralysiert« – das ist doch wahrlich nicht wenig – »und wußte kaum mehr, wie ich mich über die gemeinsten Dinge zu äußern hatte.« Die »gemeinsten Dinge« – also die allergewöhnlichsten (wie weit ist diese Sprache doch schon von unserer entfernt!). Und Leipzig endete ja mit einem schweren physisch-psychischen Zusammenbruch, einem (vorläufigen) Studienabbruch. Vielleicht (anderes kam aber gewiß dazu) hatte daran gerade *dieser* Schock seinen Anteil. Gerade da, muß man sich klarmachen, wo der sehr junge Mann sich ausnehmend stark fühlte, in seinem Sprechen, seiner Sprachmächtigkeit wurde er – gibt es Schlimmeres? – belächelt. Offensichtlich redete er für die feinen Leipziger und – hier wohl wichtiger – die feinen Leipzigerinnen allzu unfein. Immer wieder, berichtet er, »zog er sich« wegen »mancher Eigenheiten« von seinen »neuen Mitbürgern einen strengen Verweis« zu. Das braucht uns hier nicht weiter zu interessieren. Auch nicht der Ausfall gegenüber der allzu dominanten Herrschaft der »Meißnischen« Mundart. Notieren wir aber noch kurz die reizende Egozentrik: eigentlich, sollte man meinen, war der »neue Mitbürger« ja doch wohl *er*, während der Autor noch im Rückblick die Leipziger als seine »neuen Mitbürger« sieht – vorher die Frankfurter, jetzt also die Leipziger.

An dieser Stelle findet sich nun die herrliche, auch herrlich knappe Kennzeichnung des Dialekts, auf die ich hinauswill und die sich von der Heideggers stark unterscheidet. Zunächst beruft sich Goethe zur späten – nachträglichen und auch etwas nachtragenden – Rechtfertigung *seiner* Sprechweise gerade auf die Lebendigkeit, den Reichtum an Austausch in einer großen, vom Wasser und Handel geprägten Stadt: »große Flüsse wie das Meeresufer haben immer etwas Belebendes« (da ist der Unterschied zu Meßkirch). Er redet von seinem »oberdeutschen Dialekt« und dann sogleich – auch dies ist bemerkenswert – von seinem Vater. Von ihm sagt er, daß er »sich stets einer gewissen

Reinheit der Sprache befliß« (eine wichtige und klassische sprachkritische Kategorie, die vor allem auf Richtigkeit zielt) »und uns Kinder auf das, was man wirklich Mängel jenes Idioms« (also des Frankfurterischen) »nennen kann, von Jugend an aufmerksam gemacht und zu einem besseren Sprechen vorbereitet hatte«. Aber etwas sei ihm trotz der väterlichen Bemühung, die also auch Schwester Cornelia ganz mit einbezog, vom Frankfurterischen noch geblieben, und aus dem eigentümlich zurückhaltend Dargelegten muß man schließen, daß es eine gewisse volkstümliche Derbheit war, zu der auch »sprüchwörtliche Redensarten« zählten, die in Leipzig sehr mißfiel.

Und dann sagt er über den Dialekt: »Jede Provinz liebt ihren Dialekt: denn« – und diese Formel ist so treffend wie schön – »er ist doch eigentlich das Element, in dem die Seele ihren Atem schöpft.« Da trifft er, wie Freud gesagt hätte, ein bedeutsames Stück seelischer Wirklichkeit – für alle jedenfalls, die einen Dialekt haben. Es ist nicht etwas, was den Sprachwissenschaftler und nicht einmal den Dialektforscher sonderlich interessierte, aber widersprechen könnten beide *dieser* Aussage nicht. Sie ist ganz unfachlich und absolut richtig – »das Element, in dem die Seele ihren Atem schöpft«.

Gesprochen und geschrieben

Man mag zunächst denken, das sei doch ganz einfach und klar: das Geschriebene ist geschrieben, das Gesprochene gesprochen. So einfach und so klar ist es aber nicht. In Wirklichkeit geht es da um zwei verschiedene Unterscheidungen, auch wenn sie ›irgendwo‹ – das ist schon richtig – zusammenhängen. Suchen wir zu klären! Es gibt hier nämlich in der Sache *zwei* Unterschiede. Also sollte es auch, in der Betrachtung, zwei *Unterscheidungen* geben.

Erstens gibt es den Unterschied im *Medium,* genauer: den Unterschied *des* Mediums: entweder man drückt sich mit optischen Zeichen aus (man schreibt) oder mit akustischen (man redet); und dann analog bei dem, der aufnimmt: entweder sind es optische Zeichen (man liest) oder akustische (man hört). Also: reden und hören einerseits, schreiben und lesen andererseits. Aber schon hier, beim ersten Unterschied, komplizieren sich die Dinge. Wenn man miteinander spricht und einander zuhört, *sieht* man sich gewöhnlich auch. Man sieht, wenn man *hört,* den Redenden, und wer redet, *sieht* den Hörenden. Oder er sieht, daß der, der hören sollte oder von dem dies erwartet wird, gar nicht zuhört – es ist das quälende Lehrersyndrom: »Wenn alles schläft und einer spricht, / So nennt man dieses Unterricht« (es gibt auch die Variante: »Wenn einer schläft und alles spricht ...«). Optische Elemente spielen beim Sprechen und Hören, jeder weiß es, bedeutsam herein: Mimik und Gestik. Und natürlich spielt auch das herein, was man beim Sprechen sieht oder in irgendeiner Weise vor sich hat – dann nämlich, wenn gerade davon die Rede ist. »Kuck mal da!« ist eine vollgültige mündliche Äußerung – auf einem Tonband aufgenommen und reproduziert könnte man sie aber unter Umständen gar nicht verstehen, weil man nicht weiß, worauf da geblickt werden soll.

Beim Sprechen und Hören ist also, im Normalfall, das Optische stark beteiligt. Es geht aber auch *ohne* das Optische, wenngleich weniger gut. Man kann bekanntlich auch im Dunkeln reden oder durchs Telephon, wobei freilich viele beim Telephonieren ganz afunktional, denn der Hörende sieht es ja nicht, mehr oder weniger lebhaft gestikulieren. Es hat für den Zuschauenden etwas sehr Komisches, eben weil es ganz sinnlos scheint – es geschieht unwillkürlich und ist auch nicht in jeder Hinsicht sinnlos (es mag immerhin das Sprechen verlebendigen und natürlicher machen). Jedenfalls: dies Gestikulieren deutet auf den Normalfall. Beim Zuhören und beim Sprechen gibt dann das Telephon optisch größte Freiheit: man kann sich durch optische Signale gegenüber Dritten, die etwa dabeistehen, ungeheuer distanzieren von dem, was man hört oder auch selber sagt. Kurz: die Kommunikation durchs Telephon ist ein interessanter Sonderfall, der uns viel über den Normalfall sagt.

Dieser ist also *bimedial;* zwei Kanäle, der akustische *und* der optische, sind im Spiel. Das Schreiben hingegen ist monomedial: da gibt es als Kanal der Kommunikation *nur* das Optische. Im Dunkeln kann man kaum schreiben und lesen schon gar nicht. Somit ist die mündliche Kommunikation im Normalfall bimedial, die schriftliche jedoch, nicht nur im Normalfall, sondern überhaupt und grundsätzlich, monomedial.

Nun geht es aber – und dies ist entscheidend – nicht allein um die Frage des Unterschieds zwischen akustisch und optisch. Es kommt – und dies ist unser zweiter Unterschied – etwas anderes und Wichtigeres und sicher aber Interessanteres hinzu: es gibt das *typisch* Mündliche und das *typisch* Schriftliche. Unsere Äußerungen sind auch und gerade *sprachlich* anders, je nachdem, ob wir sprechen oder schreiben. Da geht es dann nur noch indirekt um das Medium oder den Unterschied der Medien. Es geht da um die Anlage des Sprachlichen selbst, den ›Duktus‹, oder wie immer man es nennen mag. Man hat dafür seit einer Reihe von Jahren schon den Terminus »konzeptionell« eingeführt: es waren – 1985 – die Romanisten Peter Koch und Wulf Oesterreicher. Man sagt dann, Mündlichkeit und Schriftlichkeit seien nicht nur eine Frage des Mediums, sondern auch – und vor allem – eine solche der »Konzeption«.

So haben wir nun also das »medial« Mündliche und Schriftliche einerseits und das »konzeptionell« Mündliche und Schriftliche andererseits. Und beides läßt sich nun kreuzen – und gerade dabei zeigt sich der Unterschied zwischen den beiden Unterscheidungen. Man kann einen hochschriftlich angelegten Text vortragen oder vorlesen, dann ist er zwar »medial« mündlich, aber »konzeptionell« schriftlich. Die entspricht dann der eigentlich treffenden beinahe schon umgangssprachlichen und übrigens Sprachbewußtsein dokumentierenden Wendung: ›das war eine Schreibe und keine Rede‹. Man kann aber auch, freilich kann das nicht jeder, denn es ist etwas wie eine Kunst, auf die spätere mündliche Realisierung hin schreiben – das ist dann, obwohl »medial« geschrieben, »konzeptionelle« Mündlichkeit. Die Rede ist dann zwar geschrieben, insofern eine ›Schreibe‹, aber so, daß sie eigentlich bereits als geschriebene gesprochen ist. Und man kann ein rein mündliches Gespräch, etwa nach einem Tonband, schriftlich aufzeichen, sogar genauestens »phonetisch transkribieren«, dann ist es zwar »medial« schriftlich geworden, »konzeptionell« jedoch durchaus mündlich geblieben. Alles aber, was da im Mündlichen war (es ist ein anderes Problem), *kann* man gar nicht transkribieren: schon allein wegen der herausgestellten »Bimedialität« des Mündlichen ist es zu einem großen Teil nicht einmal auf dem Tonband, zum Beispiel bei dem genannten »Kuck mal da!«.

Aber gut: wenn wir, ohne groß darüber nachzudenken, von »mündlich« oder »schriftlich« reden (das wird uns nun deutlich), meinen wir das, was *typischerweise* im akustischen Medium, oder das, was *typischerweise* im Medium der Schrift, also im optischen Medium, erscheint. Man muß somit unterscheiden: meint man »mündlich« und »schriftlich« rein medial, oder meint man es auch und vor allem im Blick auf die typische Verschiedenheit der Anlage, des sprachlichen ›Duktus‹? Wie die Franzosen in solchen Fällen zu sagen pflegen (und es stimmt oft): »Rien n'est simple.«

Bringt die E-Mail auch sprachlich Neues?

Verhält man sich beim Mailen, sprachlich und überhaupt, charakteristisch *anders* als sonst? Hat dieses neue Medium etwas Spezifisches, das an ihm als *diesem* Medium hängt und ein spezifisches sprachliches Verhalten erfordert oder doch begünstigt?

Die Frage ist, wie man sieht, vorsichtig, und Vorsicht ist geboten. Es ist ja heute so, daß das Mediale gewaltig überschätzt wird – nicht nur bei den in ihrer Professionalität noch einigermaßen diffusen ›Medienwissenschaftlern‹ (von ihrer Herkunft her, dies haben sie bestenfalls gut gelernt, sind es Germanisten). Ich meine: das Technische am Medialen wird überschätzt. Man bürdet ihm viel zuviel auf und unterschätzt charakteristisch die Elastizität und die Beharrlichkeit des Geistigen oder einfach die des Menschen, der gerne und rasch, auch bei neuen Mitteln, auf die alte Bahn zurückkommt. Man glaubt, in der medialen Differenz, etwas Festes, geradezu Materielles, zu haben, und glaubt, auf diese Weise dem elusiv unseriösen und ungeliebten »Geistigen« entkommend, an ihm alles ›festmachen‹ zu können. Und berauscht sich dann an skurrilen Formeln wie die von der »Austreibung des Geists aus den Geisteswissenschaften«. Dies und dies und dies, hören wir unentwegt, ergebe sich mehr oder minder zwangsläufig aus dem Medium selbst. Also erstens, was ja bereits problematisch ist, einmal wieder der Schluß: es *ist* so, also *muß* es auch so sein (die übliche, auch sonst anzutreffende Unterstellung); dann zweitens: es muß so sein, weil das *Medium* es so will – als ob das Medium irgend etwas wollte oder wollen könnte! Das Medium ermöglicht nur – oder es verunmöglicht. Daß das Medium ›Fernsehen‹ zum Beispiel immer Bilder, etwas

Bewegliches wolle – »das will das Medium« –, reden erst sich selbst, dann die Fernsehleute uns ein, abgesehen davon, daß sie selbst es sind und waren, die die Zuschauer an bestimmte Dinge gewöhnt haben! Sie haben, was sie als »Zwang des Mediums« ausgeben, selbst geschaffen. Es ist aber darum noch immer kein Zwang!

Zunächst ist doch zu sagen, daß man per E-Mail einen genauso ›perfekten‹ Brief schreiben kann wie mit der Hand oder mit der alten oder dann der elektrischen Schreibmaschine. Da ist nämlich eine fundamentale Gemeinsamkeit *alles* Schriftlichen, die zunächst einmal gesehen werden muß: die prinzipiell mit ihm gegebene Möglichkeit der Korrekturverwischung. Deren Bedeutung ist nun wirklich noch nicht ausreichend erkannt worden. Hier haben wir nun tatsächlich etwas Technisches mit Folgen!

Man kann beim Schreiben – rein materiell bedingt – etwas tun, was beim Sprechen – rein materiell – keineswegs geht, es sei denn, aber dies ist ja nur gelegentlich möglich, man denke sehr lange und intensiv über eine beabsichtigte mündlich zu machende Äußerung nach: Beim normalen Sprechen kann man nicht so tun, als hätte man sich, wenn man sich tatsächlich korrigiert hat, *nicht* korrigiert. Ebendies jedoch geht beim Schreiben. Und es ging schon beim Griffel und den holzgerahmten Wachstäfelchen, wie sie etwa die Römer benutzten. Ich kann also löschen, wie auch immer, und wenn das nicht geht, kann ich das oft Korrigierte abschreiben entweder mit der Hand oder der Maschine, so daß nicht mehr erkennbar ist, daß und was korrigiert wurde. Gerade hier bringt nun aber der Computer einen wichtigen Fortschritt: er radikalisiert – und verbequemlicht zugleich ganz außerordentlich – die Möglichkeit perfekter Korrekturverwischung. Insofern ist die Taste »del« (oder »Entf«), die die Schreibmaschine nicht kannte, von größter Bedeutung. Freilich ist dies aber doch bloß eine quantitative Steigerung, es ist noch kein qualitativer Umschlag. Der eigentliche Bruch, die bruchhafte und qualitative Differenz, liegt in *der* zwischen Sprechen und Schreiben; selbst ein Keilschrifttäfelchen, das nicht gefiel, konnte weggeworfen werden. Zuzugeben aber bleibt: der Weg von dort bis zum Schreiben auf dem Computer ist quantitativ enorm.

Man erhält per E-Mail in der Tat ›perfekte‹ Briefe. Besonders die Sekretärinnen behalten die Strukturen bei. Da ist also schon mal keinerlei Zwang, den das Medium ausübte. Es gilt für das Formale wie das Inhaltliche des Briefs, wobei ich mit »formal« das materiell Sichtbare meine: die Gliederung der üblichen Angaben: Name und Adresse des Absenders, Datum, Name des Adressaten, Gegenstand, Anrede, Schlußwendung.

Was den Gegenstand angeht, gibt es ja beim Mailen die eigens vorgesehene ›Betreff‹-Leiste. Da entstehe, merkt nun ein Beobachter an, »ein neuer Ort der Aufmerksamkeit«. Da werde unter Umständen – medienbedingt – mit Bedacht die Tendenz (sozusagen) des Briefs zusammengefaßt. Normalerweise wird in der Leiste »Re« (»reply«) der Antwort das ›Betreff‹ oder ›Betrifft‹ des Briefs, der beantwortet wird, übernommen, das heißt: man übertippt es meist nicht, was man aber natürlich kann. Und der genannte Betrachter imaginiert nun einfühlsam eine Beziehung, die mit einem Brief endet, den die ›Re‹ mit »wir können ja Freunde bleiben« zusammenfaßt. Gut, einverstanden, vieles ist da möglich. Doch einen Zwang, das in der ›Re‹ Stehende zu übertippen, gibt es wirklich nicht.

Neben diesem äußerlichen Formalen gibt es das Formale in einem nun bereits inhaltlicheren Sinne, also etwa »sehr verehrter« oder »sehr geehrter« oder »lieber Herr X« oder »lieber X« (X als Vorname oder – ein schöner Schritt zwischen dem »Herr« und dem »Du« – X als Nachname, »Lieber Ruge!« oder dann auch Vorname mit »Sie« – »Lieber Ralph, ich verstehe Sie wirklich nicht!«) oder »mit freundlichen Grüßen« oder dann »mit vielen« oder »mit besten« oder »mit herzlichen« und »ganz herzlichen« oder »den allerherzlichsten«. Von Karl Valentin, der enorme Sprachbewußtheit hatte, gibt es einen Brief, in dem in »mit vielen Grüßen« das »viele« durchgestrichen und durch »einige« ersetzt wurde, ohne daß also – nur dadurch wird es sprechend – von der Möglichkeit der Korrekturverwischung Gebrauch gemacht worden wäre.

Nun hatte sich diese Art »formaler« Briefkultur schon vor der E-Mail stark gelockert. In meiner Jugend wurden Briefe gelegentlich noch mit »Ihr sehr ergebener« beendet. Mir kam dies als besonders höflich, wenngleich einigermaßen geziert vor, bis ich belehrt wurde, daß diese Schlußwendung eigentümlicherweise nur von oben nach unten gehen könne – von unten nach oben sei sie schon fast eine Unverschämtheit, weil sich da die Ergebenheit doch wohl von selbst verstehe; mit dieser Wendung wolle nämlich der »Überlegene« freundlich signalisieren: Ich bin doch, bitte, gar nicht mehr als du, ich stelle mich dir gleich. Es ist so, wie wenn Adlige am Schluß ihren Namen ohne »von« hinsetzen: »Ihr Richard Weizsäcker«, »Ihr Hartmut Hentig«.

Also: derlei Feinheiten formaler Briefkultur waren lange vor der E-Mail ganz und gar – und keineswegs technisch bedingt – dahin. Wir müssen also bereits von einigermaßen Rudimentärem ausgehen, wenn wir fragen, was dieses neue Medium an auflockernden Reduktionen *zusätzlich* gebracht hat. Was auch impliziert, daß wir uns erst einmal darüber klarwerden, was eigentlich *neu* ist an ihm.

Sicher gibt es da einiges zu verzeichnen. Eine Adresse zum Beispiel ist unnötig, jedenfalls über die E-Mail-Adresse hinaus, und die geht ja – im Antwortfall – von selbst mit, eventuell zusammen mit dem ›Brief‹, den man erhalten hat und der nun beantwortet wird (was, nebenbei, auch sehr nützlich ist). Gliederungen des ›Texts‹ entfallen in der Regel auch – aber wiederum: sie *müssen* keineswegs entfallen. Dann das Formale in einem inhaltlicheren Sinn – bei diesem fällt nun vieles oder fast alles weg, ganz besonders wenn da ein reges Hin und Her des Austausches ist. Da ist ja dann etwas wie konstante Vernetzung zwischen zwei oder mehreren oder vielen Personen. Im letzteren Fall wird die »message« dann eher wieder formeller und »konzeptionell« schriftlicher sein. Man beginnt den Tag oder beendet ihn, indem man in den elektronischen ›Briefkasten‹ ›schaut‹ und eventuell gleich antwortet, und die Antwort kann dann ohne weiteres nur sein »Ja, danke« oder »Auf keinen Fall« oder »Prima« oder, noch moderner, aber das ist in einem Jahr vielleicht schon wieder anders: »Das ist kein Thema«, wenn gemeint ist: »Darüber brauchen wir nicht zu reden« oder »Das ist kein Problem«. Schließlich soll ja alles auch schnell, ja sehr schnell gehen, und es soll sich auf Praxisbezug und meist auch auf »one issue« beschränken... All dies (und anderes damit Zusammenhängendes) bringt unwillkürlich – nicht durch das Medium *allein,* aber doch durch dieses sehr begünstigt – eine enorme Lockerung, verglichen mit dem vormals üblichen und parallel ja noch immer vorkommenden Schreiben.

Zu konstatieren ist zunächst, daß man Fehler in der Schreibung nicht durchgehend oder gar nicht korrigiert. Es geht da natürlich nicht um die sogenannte Rechtschreibung. Eigentliche Verstöße gegen *diese* (ich meine nun sowohl solche gegen die ›neue‹ wie gegen die ›alte‹ – um diese Geschichte geht's mir jetzt nicht) wird man eher noch korrigieren, vielleicht schon, um zu verdeutlichen, daß man über gröbere Verstöße orientiert ist. Aber ›Tippfehler‹ und oft in der Tat auch Rechtschreibfehler läßt man stehen. Und übrigens verzichtet man beispielsweise französisch und spanisch, aber auch deutsch, gerne auf die sogenannten diakritischen Zeichen, also die dem (lateinischen) Alphabet hinzugefügten, der Unterscheidung dienenden Zeichen: »cédille« und »accents« und »tilde« und »acentos« und

»trema«. Dann die Schreibkürzel, die es aber natürlich schon vorher reichlich gab.

In den Briefen Gottfried Benns an die (damals) sehr junge Ursula Ziebarth sind sie besonders hübsch, weil sie nicht in emotional gleichgültigem Zusammenhang geschehen: »Sei umarmt u. angeschaut u. angefühlt, Du süßer Mensch. Zärtlich Dein G.« (18.10.54). Aber »zärtlich« wird doch ausgeschrieben! Oder in demselben Brief: »Nele kommt Mittwoch nachm. u bleibt bis Sonntag vormittag«. Man erinnert sich auch noch an das berühmte »wg« aus der »Flick-Affäre«. Bedenklicher sind gewiß die »smileys« oder auch »emoticons«, das so schön anklingt an »Erotikon«, also »☺« und »☹«, die schon in der »soft ware« sind – standardisierte, schematisch visuell reduzierte Emotion-Signalisierer, und bedenklich ist hier eben die Reduzierung.

Es gibt ja seit einiger Zeit die »Netiquette«, worüber Milos Vec berichtete (*FAZ*, 1. 9. 2001, S. 52): offenbar überwacht sie einen Andy Müller-Maguhn, der Oktober 2000, laut Vec, »in dieser Zeitung« bereits etwas e-mailig und infantil erklärte, das Internet sei »mit ohne Staaten, mit ohne Juristen, einfach nur freier Informationsfluß, ein paar grobe Benimmregeln, und sonst macht jeder, was er will«. Es ist wie in Rabelais' phantastischer Renaissance-Abtei »Thélème«: »In ihrer Regel gab es nur diese eine Bestimmung: mach, was du willst!«, »En leur règle n'estoit que ceste clause: fais ce que vouldras!«

Also: die Eile, die Kürze, die geringe Dauerhaftigkeit. Unter den vor einiger Zeit kursierenden sogenannten Weichei-Synonymen findet sich auch in einer schönen, umfangreichen Zusammenstellung der *FAZ* (22. 4. 2000) der »E-Mail-Ausdrucker«, was ja zeigt, daß dies eigentlich nicht das Übliche ist. Schon das Ausdrucken und dann gar das Abheften, das freilich auch elektronisch geschehen kann, ist viel zuviel. Immerhin: man kann es, *könnte* es, denn es ist, im Unterschied zum Telephonieren, ja geschrieben... Im Schwäbischen gibt es die Anekdote von dem braven Ludwig Uhland – der soll einmal, ein Gespräch abbrechend, gesagt haben: »Alles hat zwei Seiten«, worauf seine Frau meinte: »Mit oiner Ausnahm!«- »Ond die wär?« fragte Uhland unwillig zurück – »Deine Brief!« war die Antwort. Also wirklich: zwei oder mehrseitige E-Mails sind selten – da gibt es ja die »attachments«, die meist keine Briefe sind. Aber wieder: das Medium selbst verhindert sie keineswegs, und es gibt sie ja auch, besonders wenn der Brief, etwa ein Bericht von einer Reise, an viele geht.

Am interessantesten, um auf das Wesentliche zu kommen, ist die Zwischenstellung des Mailens zwischen Sprechen und Schreiben. Es ist vom Materiellen her eindeutig Schreiben, aber dieses Schreiben ist dem Sprechen stark angenähert, und da haben auch die »smileys« ihren Sinn, denn sie sind etwas wie der das Sprechen begleitende Gesichtsausdruck. Das Sprechen ist ja, wie gesagt, *bimedial* – akustisch und optisch –, während das Schreiben und Lesen *monomedial* optisch ist. Die Annäherung an das Sprechen, die das Mailen zu einem *sprechenden* Schreiben machen kann (also keineswegs muß), geschieht nun aber auf *geistigem* Weg. Scheuen wir das anstößige Wort nicht, denn wie anders soll man dies nennen? »Mental« geht natürlich auch – Boris Becker seinerzeit: »Geistig bin ich mental gut drauf«! Es stellen sich *geistig, mental* im Austausch, der dann auch gelernt werden muß, Verfahren heraus, die *vermündlichen*.

Dies ist nun eigentlich sehr, sehr alt. Schon Cicero wußte es, und war da nicht einmal der erste. Seine »Briefe an die Vertrauten«, »Epistulae ad familiares«, waren bewußt – er sagt es einmal ganz explizit – so angelegt: »es ist so, als ob ich mit dir spräche«, »tecum loqui videor«. Wieder – was sonst? – die geistige Fähigkeit, das Medium gleichsam zu überspringen, zu verwandeln, zu überlisten, es beinahe zum Verschwinden zu bringen. Der zunächst bloß mediale Unterschied zwischen

Sprechen und Schreiben, also zwischen akustischen und optischen und *nur noch* optischen Zeichen, die, im Falle der Alphabetschrift, die akustischen abbilden, wird unmittelbar zu einem geistigen, einem stilistischen.

Hier paßt nun die genannte Doppelunterscheidung von Peter Koch und Wulf Oesterreicher: einerseits der *mediale* Unterschied, der bruchhaft ist – entweder man *schreibt* oder man *spricht;* da gibt es kein Drittes –, dann der *konzeptionelle,* und der ist geistig (»konzeptionell« ist dafür ja nur ein spezifischeres Wort). Und da reden sie nun in treffender Metaphorik von einer »Sprache der Nähe« (genauer: einem »Nähe-Sprechen«) und einer »Sprache der Distanz« (»Distanz-Sprechen«). Diese letztere Unterscheidung – das ist ihre Pointe – ist dann quasi unabhängig von der medialen – sie hat sie nur als Ausgang. Und diese Unterscheidung ist dann auch ganz und gar nicht bruchhaft, sondern graduell: *mehr oder weniger* geschrieben, *mehr oder weniger* gesprochen. Ich kann in der Tat schriftlich reden und mündlich, also »nähesprachlich«, schreiben.

Das Mailen ist nun – durch das Medium unterstützt, aber nicht zwanghaft bedingt – ein dem Sprechen *geistig* angenähertes Schreiben. Darin liegt sein Neues und – über sein enorm Praktisches hinaus – seine Gefahr, wenn man denn von »Gefahr« hier gleich reden will ... Denn natürlich: etwas wie eine ›Stummel-Sprache‹ kann so schon schnell zustande kommen. Schreiben, ich sagte es, ist ja in gewissem Sinn nichts anderes als ein genaueres, sorgfältigeres, ›elaborierteres‹ Sprechen. Und eigentlich ist es auch – und dies ist nun sehr wichtig und folgenreich – ein *sprachlicheres* Sprechen, weil es beim Schreiben nur eben die Sprache und keine anderen, zusätzlichen Mittel gibt.

Gewöhnlich wird es ja gerade umgekehrt gesehen, und gerade die Sprachwissenschaftler, weil sie auf das Lautliche fixiert sind, tun dies zumeist: eine Sprache, wird gesagt, sei eigentlich nur im Sprechen – da und *nur* da sei sie eigentlich zu Hause. Diese Position, zugegeben, läßt sich vertreten. Die andere aber auch – alles hat zwei Seiten –: das *eigentliche* Sprechen, dasjenige, bei dem die Möglichkeiten der Sprache erst eigentlich in Fahrt kommen, ist das *geschriebene* oder *schreibende* Sprechen, und zwar – und hier ist nun wirklich ein medialer, also materieller Grund –, weil das Schreiben nur und ausschließlich die Sprache hat und auf alles andere, etwa optische und auch viele und sehr differenzierbare akustische Signale (man denke nur an das Lächeln und den Ton der Stimme) verzichten muß, weil das Schreiben – bei räumlicher oder auch zeitlicher Getrenntheit von Adressat und Absender – ausschließlich im Optischen lebt. Und dann die genannte enorme, Intensität schaffende Möglichkeit der Korrekturverwischung!

Zu alldem wäre vieles zu sagen. Entscheidend aber ist – für unsere Frage –, daß die E-Mail, die allerweiteste räumliche Getrenntheit in *einem* Augenblick phantastisch quasi (quasi!) »vernichten« kann, sehr rasch zu einem interessanten Zwischending wurde zwischen Schreiben und Sprechen: »nähesprachliches«, also sprechendes, wenn nicht geradezu plapperndes Schreiben mit der ›Gefahr‹ in der Tat – im Exzess – einer sprachlichen Verstummelung, einer konventionalisierten, von »smileys« unterbrochenen oder primitiv und doof gestützten Stummel-Sprache. Nicht also: »das Medium ist die Botschaft«; Mac Luhans berühmter Satz ist medienwissenschaftlicher Unfug im doppelten Sinne – Unfug, weil medienwissenschaftlich gesehen exzessiv, und dann Unfug der Medienwissenschaft. Vielmehr gilt – es ist vernünftiger, aber halt, zugegeben, nicht so lustig –: die Botschaft ist *zu einem Teil* auch gerade das Medium, in dem sie geschieht.

Postskriptum:

Übrigens haben wir hier, was die Benennung angeht, wieder einmal das Übliche: im Deutschen wird die englische Bezeichnung schlicht übernommen (dies gilt aber auch für andere germanische Sprachen); in den romanischen hingegen wurden durchgehend Lehnübersetzungen ziemlich fest eingebürgert: französisch *courrier électronique*, spanisch *correo electrónico*, italienisch *posta elettronica*, ebenso rumänisch *poştă electronică*. Was ist eigentlich im Deutschen gegen *elektronische Post* oder *E-Post* zu sagen? Nur dies, daß wir dies halt nicht mögen, daß wir es weithin ›komisch‹ finden. Der *Duden* weiß übrigens, daß das Wort *E-Mail* – in der Schreibung, es ist schon mutig, haben wir da immerhin eine gewisse Eindeutschung –, in *Deutschland* weiblich ist, *die E-Mail,* während es in *Österreich* nur sächlich sei, *das Email* (da wird es also auch anders geschrieben). Er definiert unaufgefordert auch: »elektronischer Datenaustausch über Computernetze«. Der geniale *Petit Larousse illustré* (1999), an sich gerade für Definitionen zuständig – und da ist er vorzüglich –, definiert »courrier électronique« weit kürzer: »messagerie électronique«. Und er setzt übrigens großzügig (die Franzosen sind gar nicht so) hinzu: »On emploie aussi les abbréviations anglo-américaines *e-mail* et français *mél.*« Man verwendet also auch, es ist halt nur nicht so gut, das englische Wort, daneben aber auch eine mit einem diakritischen Zeichen energisch einfranzösisierte Form, und dann heißt es – feine, aber wichtige Nuance – »angloamerikanisch«, nicht »englisch«.

Und ›SMS‹?

Das Bild ist jedermann vertraut. Da sitzt jemand, meist sehr jugendlichen Alters, oder er steht an irgend etwas gelehnt, weltverloren in sich versunken, er ist aber der Welt nicht abhanden gekommen, sondern blickt intensiv auf das ›display‹ seines Handys, und wir sehen sie oder ihn – und sind, wenn wir älter sind, zunehmend fasziniert – unentwegt mit minimalen Bewegungen ›däumelnd‹ an der kleinen, präzisen Zugriff verlangenden Tastatur, sehen zuweilen ein Lächeln huschen über das in sich gekehrte Gesicht, wie es auch Lesenden geschieht. Und wirklich: da wird gelesen; jedenfalls zum Teil. Da werden ›Botschaften‹, ›short messages‹, empfangen oder gesendet: das wird ›SMS‹-t oder – diesen lexikalischen Vorschlag machen einschlägigen Ratgeber – *gesimst. Simsen* also, ein Kunstverb, von dem als Wort unsprechbaren Akronym ›SMS‹ ausgehend, analog zu *mailen* oder auch – aber das ist scherzhaft – *mehlen.* Und wieder haben wir da, was die Bezeichnungen angeht, im Vergleich dieselbe Situation: im Deutschen bleibt es bei den englischen Wörtern, es sei denn *simsen* setzte sich durch, im Französischen gibt es eigene Entsprechungen: *envoyer un mini-message* oder auch, natürlich, *un SMS* oder auch, bemerkenswert, das ist nämlich eine treffende Neuprägung, *un texto.*

Also gut, auch dies ist einigermaßen bekannt (ich kenne aber viele, die es nicht wissen): ›SMS‹ ist keine Perversion, sondern steht für »Short Message Service«, wobei sich ›short‹ auf ›message‹ bezieht, nicht auf ›service‹.

Diese Form des Kommunizierens tritt nun also zu den schon bekannten hinzu. Erstens zum direkten Gespräch, das die

Sprachwissenschaftler mit einem von der Beschreibung her ungenauen und (aber dies wissen sie meist nicht) eigentümlich theologisch klingenden Ausdruck »face to face«-Gespräch nennen, somit »von Angesicht zu Angesicht« (der Apostel Paulus an einer sehr berühmten Stelle: »Wir sehen jetzt durch einen Spiegel in einem dunklen Wort« – gemeint ist: wir sehen nur ungenaue Umrisse, wie es bei den Spiegeln damals war – »dann aber von Angesicht zu Angesicht«, also: ganz genau; 1. Korinther 13,12); der Ausdruck ist eher unpräzis, weil wir uns bei einem direkten Gespräch ja keineswegs ansehen *müssen,* viele tun dies – eine Ungehörigkeit freilich – habituell nicht, und man kann ja bekanntlich auch im Dunkeln sprechen. Dann, auch ein direktes, aber auf das Akustische reduziertes Gespräch, das Telephon, bei dem sich manche, wie gesagt, so verhalten, als würde der Partner sie sehen, denn sie begleiten ihr Reden mit ausladender Gestik, was schon zeigt, daß es mit dem »face to face« etwas auf sich hat, daß dies gleichsam paradigmatisch ist. Schließlich der Brief auf dem Postweg oder wie immer zugestellt oder als Fax oder als E-Mail. Und dann haben wir neuerdings auch das – bislang ganz und gar »face to face«-lose – ›chatten‹ im Internet, das wir hier auf sich beruhen lassen.

Es ist übrigens zweckmäßig, den Brief, obwohl wir, aber dies ist eigentlich falsch, pauschal von ›Briefstil‹ reden, nicht als *sprachlich* spezifisch gekennzeichnete Kommunikationsform zu betrachten. Er ist einfach eine rein äußerlich bestimmte Form des Kommunizierens, *sprachlich* kann er äußerst verschieden sein, hochgradig schriftlich und auch, am anderen Ende der Skala, hochgradig mündlich – soweit das Medium dies eben zuläßt. Und die E-Mail ist also auch nur eine rein äußerlich zu kennzeichnende *Sonderform* des Briefs, was die elektronische Art der Zustellung angeht. Für das Fax gilt dies ohnehin. Das direkte Gespräch, mit nur der *Luft* als unsichtbarem Medium, das Telephongespräch und auch das geisterhafte ›chatten‹ haben alle dies eine gemeinsam: Mitteilungen können hier »in Echtzeit«, wie es merkwürdig heißt (für das ›chatten‹ gilt es freilich nur beinahe), beantwortet, kommentiert – eben, wie man sagt, und es ist ja ein seltsames Bild, *›ausgetauscht‹* werden. »Nicht zufällig« oder »Nicht umsonst« (es ist für sie eine vollgültige Begründung) würden unsere munteren postmodernen Kritiker sagen, heiße dies so: es ist – der Ausdruck ›Austausch‹ zeige es ja schon – die evidente Kommerzialisierung des Menschlichsten, des Gesprächs.

Demgegenüber haben, es liegt auf der Hand, Brief und E-Mail und nun auch ›SMS‹, die natürlich ebenfalls zur medialen Schriftlichkeit gehört, dies gemeinsam: sie sind – als Gesprächsformen – *zeitversetzt.* Zu früheren Zeiten übrigens – man muß es sich immer wieder ins Gedächtnis rufen, um die exorbitante Differenz zu unserer Welt zu ermessen – konnte beim Brief die Zeitversetzung enorm sein: als zum Beispiel der spanische Gotenkönig Rekkared (Recaredo) mit seinem Volk im Jahr 587 (die Goten waren zwar Christen, aber Arianer) zum katholischen Glauben übertrat, was natürlich besonders auch politisch von Bedeutung war, soll das Dankschreiben des Papstes erst nach weit über einem Jahr in Toledo, der damaligen Hauptstadt Spaniens, eingetroffen sein!

Die Zeitversetzung bei der E-Mail ist also wegen der *augenblicklichen* Übermittlung gegenüber der des Briefs sehr reduziert, *wenn* man ›in den Briefkasten schaut‹, was freilich nicht für jeden überall geht. Bei der ›SMS‹ ist sie nun noch reduzierter. Dies liegt vor allem daran, daß hier Produktion und Rezeption überall möglich sind, an jedem beliebigen Ort, sogar unter der Erde, in der U-Bahn; sie stört nicht einmal die Umstehenden oder Umsitzenden, bedarf keines Computers, keines Internetzugangs, keiner E-Mail-Software. Ihr Nachteil gegenüber der E-Mail ist dann wieder die aufwendige und einigermaßen langwierige Umständlichkeit. Vor allem aber ihre große

Limitierung, während eine solche bei der E-Mail, deren Umfang nur die Kapazität des Rechners oder des Netzwerks eine Grenze setzt, nicht gegeben ist: ›SMS‹ erlaubt nämlich nur (wer weiß es noch nicht?) 160 Zeichen; das heißt, daß eine so zu übermittelnde ›message‹ nicht länger als 160 Zeichen, hier Tastendrucke, sein kann.

Doch gerade ›SMS‹ – auch vor allem darum ist sie lehrreich – zeigt, wie relativ dergleichen ist. Die Produzenten und Verkäufer versichern im Rückblick, sie hätten mit dem ungeheueren Erfolg der ›SMS‹ keinesfalls gerechnet – schon und vor allem wegen der umständlichen Handhabung nicht (es geht aber eigentlich, denn die *Hand* hält ja nur fest, bloß um den hier außerordentlich aktiven *Daumen*). Wieder siegt hier der ›Geist‹! Denn ›geistig‹ sind da entscheidende Vorteile, besonders gegenüber dem Telephon. Und der Vorteil liegt nun gerade in dem scheinbaren Nachteil der Zeitversetztheit. Man braucht nicht gleich mit einer Antwort zu rechnen, muß sie auch nicht gleich *fürchten*, eine *so* übermittelte ›message‹ ist indirekter, tentativer, auch sozusagen einer bestimmten Welt oder Szene ipso facto zugehörig; der Empfänger hat Zeit oder vielmehr: ihm wird Zeit *gegeben*, er muß nicht sogleich, er muß überhaupt nicht reagieren. Das ist wie bei einem Brief. Die ›SMS‹ ist sozusagen ein ›geistig‹ oder psychisch (wo ist der Unterschied?) *unaufwendiger* Brief. Dieser ist aber hier ja ohnehin aus dem Horizont gerückt, oder er tritt gar nicht mehr in diesen hinein, und sie ist vor allem, denn dies ist die Alternative, ein *mittelbares* Telephonieren. Und sie ist *kürzer* und übrigens auch *billiger* (auch dies gehört zum ›Geistigen‹!) als ein Brief und wieder vor allem als das Telephon. Gerade die hier *medial* gegebene Mittelbarkeit der Mitteilung macht die ›SMS‹ offenbar so anziehend, wie auch aus Umfragen hervorgeht: »SMS ist kürzer, manchmal einfacher, da man sich nicht unmittelbar mit einer Reaktion auseinandersetzen muß.« Die ›SMS‹ sei, wird gesagt, »unaufdringlicher«. Da ist also der Vorteil »der Überlegtheit innerhalb der Spontaneität« (ich stütze mich hier, wie für diesen Nachtrag überhaupt, dankbar auf eine Arbeit von Christa Dürscheid). Es liegt unter diesen Umständen auf der Hand, daß ›SMS‹ – speziell jugendnah und jugendaffin – besonders auch zum Zweck des ›Anbaggerns‹ (im weitesten Sinn bitte!) verwendet wird. Daß es vor allem Jugendliche sind, die diesen ›Dienst‹ (manche sagen jetzt: ›Servicedienst‹) nutzen, ist erwiesen und leicht empirisch erweisbar, und für diese lohnt sich – ›geistig‹ – der in der Tat durchaus auch wieder ›geistige‹ Aufwand, das behende Däumeln.

Und sprachlich? Was zeichnet ›SMS‹ da aus? Die Mitteilungen sind hier ja extrem flüchtig. Ausdrucken kann man sie normalerweise nicht. So ist die Zusammenstellung von Beobachtungsmaterial, somit eines ›Korpus‹ (und dies wäre hier ja zuerst zu machen) schwierig, und von daher sind dann auch generelle Aussagen schwer möglich.

Was liegt einigermaßen sicher vor? Gewiß bleiben die Schreibfehler noch hemmungsloser stehen als bei der E-Mail; es resultiert schon aus der umständlicheren Texteingabe: eine Taste muß bis zu 15mal gedrückt werden!. Es gibt Sparschreibungen, zum Beispiel das Auslassen von Leerzeichen (»KOMMEHEUTE«), oder dann die Großschreibung als Zeichen für Wortgrenze (»KommeHeute«). Oft wird auch auf die Kleinbuchstaben überhaupt verzichtet. Dann Verfahren, um Schriftlichkeit in Richtung auf die eigentlich gewollte – persönlicher Ausdruck, Lebendigkeit, Nähe – »konzeptionelle Mündlichkeit« oder »Nähesprache«, wie Koch/Oesterreicher sagen, zu kompensieren (»super«, »Scheiße woll«, »Was istn das für ne Einstellung« etc.). Dann natürlich Abkürzungen und (zum Teil gewiß schnellebige) Sparschreibungen für ganze Sätze (»HEGL« für »Herzlichen Glückwunsch« oder »HASE« für »Habe Sehnsucht«). Ein starker Einschlag von Ludischem, auch Infantilem (es ist nicht genau dasselbe, hängt aber doch, bei der Sprache zumindest, eng zusammen) ist hier ohnehin zu erwarten: man will ja witzig, originell, auf der Höhe, spontan, zugehörig sein. Daß aber Beispiele wie »Zumiozudi« oder »Wamaduheu« oder »Dubidodo« wirklich so häufig sind, darf – auch Christa Dürscheid tut es – bezweifelt werden. Im Ganzen wird man sagen können und müssen, daß es bei ›SMS‹ weitergeht, *noch* weiter in die von einem bestimmten E-Mail-Typ gewiesene Stummel-Richtung. Wasomadama?

Pedanterie

Seien wir einmal, denn manchmal darf man es sein, pedantisch, und zwar nun im deutschen Sinn dieses Worts, denn sonst, im Französischen zum Beispiel, meint es etwas anderes als bei uns (hierüber in »Logisch mit kurzem o?«).

Es sollte einmal eine kleine Liste der falsch betonten und falsch ausgesprochenen fremden, aber doch einigermaßen geläufigen Wörter zusammengestellt werden. Man muß ja zum Beispiel nicht lateinisch reden, aber wenn man es schon tut, sollte es richtig sein. Zum Beispiel: nicht »ius sanguínis«, also »Recht, Staatsangehörigkeit nach der Blutsverwandtschaft«, sondern »ius sánguinis«. Immer wieder hört man dies falsch.

Dann die Namen. Nehmen wir einmal einige wichtige spanische Namen, die beharrlich falsch betont werden: Zum Beispiel: *Carácas,* nicht *Cáracas* (geschrieben wird der Name ohne Akzent: Caracas), oder der Name der Stadt, der durch Picasso überall bekannt wurde, also *Gerníca* (so wird es gesprochen, geschrieben wird es auf spanisch *Guernica;* auf baskisch mit k) falsch ist somit *Gérnica* (das geschriebene *u* wird hier, in diesem Fall spanisch, nicht gesprochen), dann *Granáda* nicht *Gránada* (geschrieben *Granada*), *Cádiz,* nicht *Cadíz* (geschrieben wird der Name, wie er betont wird, also *Cádiz*), *Dalí* heißt der Maler, nicht *Dáli* (geschrieben wird er spanisch und katalanisch *Dalí*), ebenso *Gaudí (so* wird dieser ebenfalls katalanische Name geschrieben), falsch ist also die Aussprache *Gáudi.* Nebenbei, obwohl es mit Betonung nichts zu tun hat: man sagt *Katalonien* für die historische Gegend in Nordostspanien, das Adjektiv lautet aber *katalanisch.* Oder dann *Velázquez* (so betont und auch geschrieben, also zweimal mit z, und das ›z‹ ist wie englisch ›th‹ zu sprechen, aber ›s‹ geht auch, dann ist es eben lateinamerikanisch). Der berühmte Name *García Márquez* wird auch immer wieder falsch ausgesprochen: bei *García* auf dem i und bei Márquez auf dem a – der Name wird also, wie der von *Velázquez,* genauso betont, wie er geschrieben wird. Ein spanischer Name, ein spanisches Wort kann, wenn Name oder Wort richtig geschrieben wurden, gar nicht falsch ausgesprochen werden. Es gibt da nämlich drei glasklare Regeln (das ist anderswo viel komplizierter, weil regelloser): 1. Alle Wörter (und Namen natürlich auch), die auf Vokal oder auf die Konsonanten n und s ausgehen, werden auf der vorletzten Silbe betont: *Ortega, Las Casas.* 2. Alle Wörter, die auf Konsonanten, außer nun natürlich n und s, ausgehen, werden auf der letzten Silbe betont; so auch der Name des früheren Ministerpräsidenten: *Aznar.* 3. Alle Ausnahmen, es gibt nicht wenige, werden durch Akzent gekennzeichnet, zum Beispiel *Cádiz, Córdoba, Dalí* oder *Miró.* Ich betone dies nur als Beispiel für eine geradezu cartesianische Lösung!

Ganz anders, leider, italienisch, denn da gibt die Schreibung nur selten Hinweise *(la città),* da muß man es eben einfach wissen, und so gibt es sehr viele Fehlermöglichkeiten, zum Beispiel *Césare*, nicht *Cesáre* oder *stúpido* (ohne Akzent geschrieben) und nicht *stupído* etc. etc. Im Französischen gibt es ja deshalb keine Probleme, weil da alle Wörter auf der letzten (gesprochenen, nicht geschriebenen) Silbe betont werden.

Im Englischen haben wir immer wieder den wahrhaft ›klassischen‹ Fehler *common sense, Commonwealth* und *House of Commons* – ein a beim ersten o von Common- oder Commons ist falsch, es muß ein offenes ›o‹ sein – man spricht es also so, wie man es schreibt, wogegen die Leute beim Englischen zu Recht mißtrauisch sind. Aber es kommt sogar im Englischen vor, daß man tatsächlich spricht, wie man schreibt. Das glaubt einem niemand! Und *Chicago* ist nicht *Tschikago*, sondern *Schikago* zu sprechen ebenso wie das ›ch‹ in *Lake Michigan,* also *Mischigan* nicht *Mitschigan.*

Und nun französisch. Da hört man immer wieder falsch – aber es ist ja auch ein deutsches Wort geworden – ›Büjetin‹, statt richtig ›Bültin‹ (mit Nasal am Ende), wieder wie es geschrieben wird, nämlich ›Bulletin‹). Falsch geschrieben wird überaus häufig in deutschen Lokalen, auch in sehr guten, weil richtiges Schreiben und gutes Kochen nicht unmittelbar zusammenhängen, das Wort *Menue.* So ist es falsch, richtig ist französisch *menu, le menu* (das Wort ist männlich – schon deshalb wäre das e am Schluß merkwürdig) oder dann eingedeutscht, aber das trauen sich die Leute nicht, einfach *Menü.* Neu ist, daß französische Wörter im Deutschen, die längst deutsche Wörter geworden sind, nun gelegentlich und immer häufiger englisch gesprochen werden. So zum Beispiel *Journalist,* das ich oft genug im Radio mit d-Vorschlag vor dem ›weichen‹ sch-Laut gehört habe – dieser letztere Laut reicht aber, und das d davor ist der pure Unfug. Da wäre es besser, wie dies seinerzeit Helmut Schmidt (etwas verächtlich) tat, das Wort mit j zu sprechen, also so, wie es geschrieben wird. Auch ›Tscharles de Gaulle‹ habe ich schon gehört, und immer wieder höre ich jetzt auch *Ressourcen* mit einem offenen o wie in englisch *Paul* gesprochen, statt dem u, denn das Wort ist (auch übrigens im Englischen) französisch, so daß es bei uns keinen Grund gibt, es englisch zu sprechen.

Wie gesagt: einige kleine Listen wären hier jeweils angebracht! Und zunächst einmal müßten sie an die Rundfunk- und Fernsehhäuser gehen!

Was die lateinischen Wörter im Deutschen betrifft, so gibt es drei zumindest, die – vom Lateinischen her gesehen – im Deutschen konstant falsch betont werden. Die vom Lateinischen her falsche Betonung hat sich aber so sehr durchgesetzt, daß es unsinnig und pedantisch wäre, sie nicht zu übernehmen – es gibt nämlich auch, deshalb insistiere ich, pedantische und also zu meidende Richtigkeiten. Also: *Tínnitus*, *Líbido*, *Vágina* als sozusagen deutsche Wörter. Die lateinisch korrekte Betonung ist tatsächlich *tinnítus*, *libído, vagína*. Bei letzterem steht im *Kleinen Stowasser:* »Scheide (des Schwertes), metonymisch Hülse«. Also gut. *Libido* wurde natürlich durch Sigmund Freud zum wichtigen Bildungswort, das es zuvor nicht war, und Freud hat es gewiß, humanistisch gebildet, wie er war, richtig betont.

An sich, es ist sehr bemerkenswert, ist aber ein anderes – und entschieden interessanteres – Thema, hat Freud ja fast durchweg *deutsche* Termini für seine neue Disziplin geprägt: *Widerstand, Abfuhr, Abwehr, Übertragung, Gegenübertragung, Verbot, Ich, Es, Über-Ich, Bewußtes, Unbewußtes, Vorbewußtes* etc. etc. – bei *Libido* hat er sich dann eigens dafür entschuldigt, in diesem Fall auf kein passendes deutsches Wort gekommen zu sein. Die Sache ist auch deshalb bemerkenswert, weil diese deutschen Termini seiner internationalen Wirkung nicht im Wege standen. Dies wäre nämlich heute der mit Sicherheit vorgebrachte Einwand: deutsche Termini verhindern internationale Verbreitung. Allerdings waren die Zeiten andere. Freud konnte bei seinem Besuch in den Staaten – bei der Einfahrt in den Hafen von New York soll er zu seinen Begleitern gesagt haben: »Wenn die wüßten, was wir ihnen bringen« – Vorträge auch in deutscher Sprache halten, obwohl er auch bereits – zu seiner Zeit eher selten – auch schon gut Englisch konnte. Beinahe lustig ist die Geschichte mit *Frustration:* Freud sagte, wieder deutsch, mit einem schönen Wort *Versagung;* daraus wurde englisch *frustration,* das dann als Fremdwort zu uns zurückkehrte. Manche Leute sagen entsprechend nun auch deutsch *Super-Ego,* obwohl doch Freud *Über-Ich* gesagt hatte ...

Zum Griechischen. Vor dem eingedeutschten Plural *Paradigmen* sollte man nicht zurückschrecken, dasselbe gilt für *Themen.* Es ist überzogen und wiederum pedantisch, *Paradigmata* oder

Themata zu sagen. Letzteren Plural gebrauchte Helmut Schmidt häufig: »Ich will noch kurz zwei weitere Themata berühren dürfen ...«; er konnte ja auch überaus höflich sein ... Thomas Mann, der sich auf dergleichen verstand, berichtet in seiner Novelle *Unordnung und frühes Leid* von einem »alten Herrn«, der sich in der Straßenbahn über das geschauspielerte »zugleich verderbte und dumme Gespräch« erregt, das die beiden Geschwister, so als wären sie einander ganz unbekannt, über haarsträubende Dinge führen, und »verwahrt sich öffentlich dagegen, daß so junge Leute solche Themata (er gebraucht den griechischen Plural ›Themata‹) in dieser Ausführlichkeit erörtern«. Die kommentarlose Klammer, die auf den griechischen Plural hinweist, genügt hier zur Kennzeichnung des »alten Herrn« vollkommen.

Schwierig ist es bei *Schema,* weil wir da das andere Wort *das Schemen* haben, also »Schatten« oder »Schattenbild«. Da müssen die Wörter im Plural auseinandergehalten werden können, es ist jedenfalls sinnvoll, dies zu tun, und so kann man hier auf den griechischen Plural *Schemata,* obwohl der *Duden* etwas anderes sagt, schwer verzichten. Bei ganz ausgesprochenen Fachwörtern wie zum Beispiel *Lemma,* »Stichwort«, sollte man es ohnehin bei dem griechischen Plural belassen, also *Lemmata* und nicht *Lemmen.*

Es ist nicht pedantisch übrigens, bei *Schematas* und *Praktikas* pedantisch zu sein. Dieser Plural geht nun wirklich zu weit! Man muß nicht klassischer Philologe sein, um sich hier abzuwenden! Und wer auf *Mikelangelo* und *Kianti* und *Kiasso* statt *Mitschelangelo* und *Tschianti* und *Tschiasso* insistiert, ist auch kein Pedant.

Was die falschen Betonungen und überhaupt die falschen ›Aussprachen‹ angeht, gibt es eine gute und einfache Regel (gegen diejenigen nämlich, die meinen, dies sei alles egal): man sagt es richtig genauso schnell wie falsch ...

Logisch mit kurzem o?

Manche (viele sind es nicht) sprechen *logisch* mit kurzem o. Sie wollen durch diese Aussprache zeigen, daß sie des Griechischen kundig sind, denn in der Tat – insofern haben sie schon recht –: das o in griechisch *lógos* ist ein kurzes o, geschrieben als »o mikrón«, nicht als »o méga«. Trotzdem ist diese Aussprache stark zu beanstanden, weil das Wort *logisch* längst ein Wort der deutschen Sprache und sogar der Umgangssprache geworden ist. Da ist dann in solchen Fällen, nach den deutschen Regeln, ein langes o normal und einzig angemessen. Das o hier kurz zu sprechen – *loggisch* – ist, muß man deutlich sagen, eine pedantische Angeberei.

Anders ist es in anderen Fällen. Zum Beispiel bei der Vorsilbe, genauer: dem Präfix (oder der Präposition) *meta-* in Wörtern wie etwa *Metaphysik* oder *Metatheorie* oder *Metasprache*. Das sind nämlich mehr oder weniger Fachwörter und keine umgangssprachlichen Bildungen, auch wenn *Metaphysik* und *metaphysisch* zumindest zur gebildeten Umgangssprache gehören. Da sollte man das Präfix nicht, wie man es oft hört, mit langem e aussprechen wie etwa den Mädchennamen *Meta: Mehtasprache*. Es ist zwar keine Angeberei, aber falsch und ein wenig – ein wenig sehr – ungebildet; hier sollte das kurze e des Griechischen präsent bleiben. Dazu muß man übrigens nicht griechisch können – man kann es auch so erfahren ...

Dann gibt es Leute, die ›gehen her‹ (eine hübsch verschärfende Wendung unserer Sprache) und sprechen *Datum* und *Daten* mit einem kurzen a, weil – wieder derselbe Grund – das lateinische *datum* in der Tat ein kurzes a hat oder hatte (die sollten dann aber auch deutsch *Lokus* mit kurzem o sagen, *lockus,* denn lateinisch *locus* hatte ein kurzes o). Aber *Datum* ist ja nun wieder ein absolut normales deutsches Wort. Es gibt für diese Bedeutung kein anderes, und dies – wenn man also gar nicht anders sagen kann – ist immer ein sicheres Kriterium für Normalität. Man muß wirklich *Datum* und *Daten* sagen, wenn man Datum und Daten meint. Dann sollte man die Wörter aber auch nach deutscher Gepflogenheit mit langem a sprechen. Das kurze a ist hier wirklich übertriebener und wiederum pedantischer ›Humanismus‹.

Nebenbei (es ist ein anderes sprachkritisches Kapitel): französisch *le pédant,* italienisch *il pedante* oder spanisch *el pedante* meinen nicht, was wir mit *Pedant* meinen (unser deutscher *Pedant* ist ja ein Griffelspitzer, ein Umstandskrämer, und dies gilt auch für den englischen *pedant* und für *pedantic* und *pedantry*): die romanischen Wörter meinen mit diesem Wort einen spezifischen Angeber, denjenigen nämlich, der mit gelehrtem Wissen prahlt – es gibt ja nicht nur den »sich rühmenden Soldaten«, den »miles gloriosus«, eine frühe, schon lateinische Lustspielfigur, den nach Hause zurückgekehrten, wegen seiner schwer zu kontrollierenden Heldentaten prahlenden Veteranen, es gibt auch den »doctor gloriosus«, den Mann also, der mit seinem Wissen prahlt. In einigen Komödien Molières treten solche ›Pedanten‹ auf. Im französischen 17. Jahrhundert durfte man in der Tat alles, nur nicht dies sein, ein »pédant«; er war das negative Gegenstück des idealen Menschen, des »honnête homme«, was keineswegs den ehrlichen Mann meint (das wäre *l'homme honnête*), sondern den freundlichen, sozial und elegant gebildeten Mann.

Also: man braucht, daß man lateinisch oder griechisch kann, nicht auf *diese* Weise zu zeigen. Genauer und richtiger: man braucht es – »l'honnête homme« – überhaupt nicht zu zeigen. Mehr noch: man sollte es ohne Not gar nicht tun. La Rochefoucauld, der zeitgenössische Moralist, definiert so knapp wie schlagend: »Ein honnête homme« – man kann dies Wort nicht übersetzen – »ist der, der sich auf nichts etwas zugute tut«, »L'honnête homme est celui qui ne se pique de rien«.

Patjomkin und das Dreiklassengesetz

Es gibt, sagt mir ein sprachsensibler Freund, und es ist viel daran, etwas wie ein sprachliches Dreiklassengesetz – jedenfalls bei bestimmten Aussprachen. Die nicht weiter Gebildeten, die normalen, die sogenannten einfachen Leute, die, jedenfalls was das Sprachliche angeht, schlicht drauflosreden, sprechen zum Beispiel das Wort *Stil* wie Schtil. Längst ist das Wort ja Bestandteil der Allgemeinsprache geworden (»Das ist schlechter Stil!« oder, interessanter: »Das ist doch kein Stil!« oder »Dem fehlt einfach Stil!«). Die Halbgebildeten, diejenigen, die sich anstrengen und es besser, *feiner* machen wollen als die anderen, sprechen das Wort mit einem s aus, wie wenn es englisch wäre oder französisch oder noch immer lateinisch. Und die wirklich Gebildeten (was immer dies sei) sagen dann wieder, wie die Ungebildeten Schtil – beim Wort *Stil* nicht anders als bei *Besenstiel:* sie kehren zurück oder verlassen lautlich erst gar nicht »die Wonnen der Gewöhnlichkeit«.

Ein solches ›Gesetz‹ zeigt sich in der Tat immer wieder. Ein anderes Beispiel: die Halbgebildeten reden von *Patjomkinschen Dörfern*, die Gebildeten aber sagen, wie jedermann und so, wie es deutsch geschrieben wird, *Potemkinsche Dörfer,* auch – und gerade – wenn sie wissen, daß der Name des fraglichen (und fragwürdigen) russischen Fürsten aus dem 18. Jahrhundert, des Günstlings Katharinas II., und der des berühmten Panzerkreuzers eigentlich ›Patjomkin‹ ausgesprochen wird (auch der *Duden* verfehlt nicht, es zu vermerken). Also wiederum: man muß nicht zeigen, daß man russisch (oder irgendeine andere Sprache) kann. Es ist ein wenig unfein, dies zu tun, und es gilt für alle Sprachen, von denen Namen, Wörter und Wendungen ins Deutsche eingedrungen sind. Es ist zum Beispiel auch nicht nötig, *Hämlet* zu sagen für *Hamlet* oder gar *Landn* für *London,* genausowenig wie *Strasbourg* für *Straßburg,* wobei der letztere Fall, zugegeben, ein wenig anders liegt. Aber wirklich: diese Frage – ist die Stadt eher französisch oder deutsch? – ist nun längst, längst definitiv erledigt, so daß man jemandem, der deutsch redend *Straßburg* sagt, nicht irgend etwas unterstellen kann. Man kann auch einem Franzosen, der *Ratisbonne* sagt, nicht unterstellen, er erhebe für sein Land Ansprüche auf Regensburg. Daß Straßburg zu Frankreich gehört (wie auch übrigens schon zu der Zeit, als Goethe dort studierte), ist seit langem dermaßen klar und unbestritten, daß man auch nicht zu fürchten braucht, Franzosen durch die deutschen Namen *Straßburg* oder auch *Mülhausen (Mulhouse)* und *Schlettstadt (Sélestat)* zu irritieren.

Kürzlich hörte ich im Radio Carl Loewes Lied zu Fontanes schöner Ballade »Archibald Douglas« angekündigt als: »Artschibohld Daglas«. Soweit sind wir gekommen! Damals, zur Zeit Fontanes nämlich, wurde noch sprachlich ins Deutsche eingemeindet: »Zu Roß! wir reiten nach Linlithgow/ und du reitest an meiner Seit'/ da wollen wir fischen und jagen froh/ als wie in alter Zeit«. Der Reim mit »froh« beweist geradezu die Aussprache ›o‹ in »Linlithgow«. Also entsprechend selbstverständlich so wie's dasteht: »Archibald Duglas«. Bemerkenswerterweise hat man damals aus dem englisch ›ou‹ Geschriebenen, als wäre es französisch, ein ›u‹ gemacht. Französisch war ja damals *die* Fremdsprache, die Sprache der Kultur, ohne deren Beherrschung – so wurde es gesehen – man an Kultur kaum partizipierte.

Es gibt es zu der Thematik, die der letztere Punkt berührt, in Fontanes spätem Roman *Stechlin* einen bei aller Leichtigkeit aussagekräftigen Kommentar. Der ›Held‹ des Buchs, Dubslav von Stechlin, hatte Sohn Woldemar gefragt (es ging in dem Augenblick um ein ›Gabelfrühstück‹): »Sagt man noch Déjeuner à la fourchette?« Woldemar antwortet: »Kaum, Papa. Wie du weißt, es ist jetzt alles englisch.« Und hierzu nun energisch Dubslav, und dies zeigt Selbstbewußtsein und es ist etwas wie die spielerische Emanzipation des Deutschen vom Französischen und vom Englischen, man begibt sich ›auf Augenhöhe‹, wie dies neuerdings heißt, und beinahe ist es die sprachliche Etablierung des neuen Reichs, dem von 1870: »Natürlich. Die Franzosen sind abgesetzt. Und ist auch recht gut so, wiewohl unsere Vettern drüben erst recht nichts taugen. Selbst ist der Mann.« Als Dubslav aber Woldemars Freund Rex am Eßtisch die Schüssel reicht, möchte er doch gleich wieder wissen (er gehört eben doch noch zur alten Welt, und es sind die Widersprüche, die Fontane liebte), »wie Krammetsvögel auf französisch heißen«. Übrigens – es wird nämlich aparterweise nicht gesagt: *la grive.*

Konsens

Die »Neuvereinigung« Deutschlands (diesen Ausdruck verwandte Golo Mann seinerzeit sehr betont gegenüber dem üblichen) brachte sprachlich nicht viel, was kaum überrascht. »Wir brauchten keinen Dolmetscher«, sagte Helmut Schmidt nach einer im übrigen eher fruchtlosen Begegnung, Ende 1981, mit Erich Honecker vielsagend lakonisch der Presse. Wenn ich aber sage, die »Neuvereinigung« habe sprachlich nicht viel gebracht, sehe ich es von der alten Bundesrepublik her. Vielleicht ist es, vom »Beitrittsgebiet« aus gesehen, um den nun schon historischen Juristenausdruck noch einmal zu gebrauchen, anders. Vielleicht, sicher gibt es da *auch sprachlich* weit mehr Veränderungen. Es entspräche ja nur dem übrigen: es ging mehr Neues von Westen nach Osten als umgekehrt.

Nicht nachgeben, meine ich entschieden, sollten wir (also im Westen) der für uns völlig neuen, im Osten offenbar üblichen Akzentuierung des Worts auf der ersten Silbe. *Konsens* ist ja – für uns Deutsche allgemein – ein sehr wichtiges Wort! Für die Betonung auf der ersten Silbe spricht nämlich, außer daß sie ›im Osten‹ offenbar üblich geworden ist, gar nichts. Die Betonung auf der zweiten (oder der letzten) Silbe ist die einzig richtige – natürlich vom Lateinischen her gesehen: *consénsus* – zusammengesetzt aus *con,* »mit«, und *sensus,* hier »Meinung«.

Sicher verschieben sich auch bei Entlehnungen gelegentlich die Akzentuierungen. So war die frühere gewerkschaftlich organisierte oder gewerkschaftseigene Ladenkette »Kónsum« mit der Betonung auf der ersten Silbe für viele ein Ärgernis. Jedenfalls für Lateinlehrer: Und das mit dem Gewerkschaftlichen mag da hinzugekommen sein, denn früher, in den fünfziger und sechziger Jahren, waren Studienräte – und nicht nur solche für Latein – eher konservativ. Andererseits ergab sich dann die Möglichkeit einer inhaltlichen Differenzierung: *Konsúm,* »Verbrauch«, und eben *Kónsum* als Name der nun verschollenen Ladenkette. Da gab es dann, klare Differenzierung, den *Konsúmverzicht* und den *Kónsumverzicht*...

Aus dem Englischen kann die Betonung *Kónsens* nicht kommen, denn da lautet das Wort noch ganz lateinisch *conséinsus* mit Betonung, wie bei uns, wenn es korrekt ist, auf der zweiten Silbe; neben *consensus* gibt es auch *the consént,* das aber »Zustimmung«, »Einwilligung« bedeutet, was unser *Konséns* früher auch einmal meinte – jetzt also nur noch »Übereinstimmung«. Spielte übrigens – es müßte eigentlich überraschen – das Wort in der DDR eine große Rolle? Oder ist es (unwahrscheinlich) gar nicht DDR-Produkt, und man sagte es in diesem Teil Deutschlands schon früher so? Als ich, kurz nach der Wende, vom Bahnhof Weimar im Taxi zum Hotel »Russischer Hof« gebracht wurde und beim Heranfahren, ohne viel dabei zu denken, sagte: »Das ist also der ›Russische Hof‹«, bemerkte der Taxifahrer mit Betonung: »Der hieß aber schon immer so!«

Bei den ganz alten lateinischen Wörtern, die also schon zur althochdeutschen Zeit oder noch früher ins Deutsche kamen, verschob sich der Akzent grundsätzlich auf die erste Silbe: *fenéstra* zu *Fenster* oder *mercátus* zu *Markt* – gerade der im Lateinischen betonte Vokal ist da also jeweils geschwunden. Nun schwinden aber betonte Vokale nie – also muß schon früh durch die ›alten Deutschen‹ *fénestra* und *mércatus* betont worden sein, denn nur so, unter dieser Voraussetzung, die wir nur aus dem Ergebnis erschließen können, weil wir sie für dieses Ergebnis voraussetzen *müssen,* ist diese Entwicklung lautlich möglich. Diese Verlagerung auf die erste Silbe hielt noch lange an oder ergab sich immer wieder neu: in meiner oberschwäbischen Heimat sagte (und sagt man zum Teil wohl noch immer) *Hótel* oder gar *Hotl* – da gab es in Saulgau (heute Bad Saulgau) das seinerzeit weitberühmte »Hotel Kleber Post«, kurz »Hotl Boscht«. Und *Hótel* sagt man ja auch in der ›deutschen‹ Schweiz, wo man dann wieder seltsamerweise, es klingt für uns skandalös ungebildet, ist es aber gar nicht, *der Autór* sagt und nicht, lateinisch korrekt, *der Áutor.* Historisch gibt es also schon Gründe, wenn man so will, für *Kónsens.*

Doch wie immer: hier sollte der Westen nicht nachgeben. Unbedingt sollte man bei *Konséns* bleiben! Schon höre ich den doch auch sprachlich so sensiblen und – ganz ohne Latinum – hochkultivierten Joschka Fischer (vielleicht war's aber nur sporadisch) ebenfalls *Kónsens* sagen und *Díssens* dann natürlich auch, und recht bald, befürchte ich, wird auch der *Duden* nachgiebig und sogar vorauseilend nachgiebig, wie seit längerem schon, vermerken: »Konséns..., daneben auch Kónsens«. Denn zu schreiben »daneben vielfach *fälschlich* auch Kónsens« – das wird er keineswegs wagen. Denn *werten* will der *Duden,* da er ja *sprachwissenschaftlich* sein will, nicht. So daß derjenige, der erfahren will, wenn ihm das eine wie das andere begegnet, welche Aussprache von den beiden nun wirklich *besser, richtiger* oder *schöner* ist, stets ohne Auskunft bleibt. Und dies ist es, was ich prinzipiell dem *Duden* ein wenig vorwerfe (ein wenig sehr): er teilt den Suchenden nicht mit, prinzipiell, was sie erfahren wollen. Implizit teilt er ihnen vielmehr mit, ihre Frage sei dumm.

Doch zugegeben (rien n'est simple): es wäre rein sprachwissenschaftlich gesehen problematisch, einfach zu sagen, *Kónsens* sei falsch, denn – was heißt unter *dieser* Voraussetzung »falsch«? Die lateinische Herkunft ist hier kein durchschlagendes Argument. Und ganz allgemein gesprochen, ist, wie man weiß, vieles in einer Sprache richtig, das lange genug und von vielen genug *falsch* gesagt wurde. Fehler hören dann auf, solche zu sein. Entscheidend ist in einer Sprache eben der Konsens oder geradezu: eine Sprache *ist* Konsens, und der kann sich, nach und nach und manchmal sogar eher rasch, in bezug auf etwas ergeben, was einmal falsch war. So scheint es auch mit dem schönen Wort *Kónsens* zu gehen.

Vor dreißig Jahren hätte diese Betonung als absolut ungebildet gegolten (da war das Lateinische noch nicht so tot). Das Wort ist ja auch ein Fremdwort. Niemand muß es gebrauchen. Dann darf man, meine ich, aber auch fordern, daß man es, wenn man es schon sagt, richtig sagt. Oder? Wie übrigens steht es mit dem Plural? Soll man da dann auch *Kónsense* und *Dís-sense*, falls sie sich einstellen, durchgehen lassen?

Ähnlich ist es mit dem sich wuchernd ausbreitenden Eigenschaftswort *unverzichtbar* gegangen; diese klar *›falsche‹* und übrigens auch unnötige Bildung – darüber jedoch, es ist die Sache wert, eine eigene Glosse – ist für viele absolut richtig geworden (Fischer und Schröder nicht anders als ihre Gegner gebrauchen sie ständig). Was aber nun *Konsens* angeht – jeder einzelne kann da nur, seinen eigenen Willen artikulierend, für sich sagen: »Ich bleibe bei *Konséns.*« Oder, wenn er aus dem »Beitrittsgebiet« kommt: »Ich übernehme, im Unterschied zu dem, was ich bisher gemacht habe, die offensichtlich richtige – und auch vom *Duden* 1999 klar sanktionierte – Betonung *Konséns* – gerade bei *dem* Wort sollte auch schon in der Betonung kein Disséns sein.«

Das Unschuldigste?

Ist eine Sprache unschuldig? Dies behauptete der kürzlich verstorbene bedeutende deutsche Sprachwissenschaftler Eugenio Coseriu (er stammte aus Rumänien, war aber deutscher als die meisten Deutschen). In einem Vortrag über »Das Phänomen der Sprache« (1966) sagte er: »Die Sprache als solche ist das Unschuldigste, da sie gegenüber ihren Verwendungen im Sprechen völlig unbestimmt ist.« Das ist, meine ich, so keineswegs aufrechtzuerhalten, weil hier die in einer Sprache selbst stekkenden oder in sie hineingebrachten (es läuft ja auf dasselbe hinaus) Unwahrheiten oder Zweideutigkeiten und dann auch ihre quasi objektive Verführungsmacht nicht gesehen, Freud hätte gesagt »nicht gewürdigt« werden.

Coseriu, der einer meiner Lehrer war, pflegte zu sagen (und dies ist ein interessanter Satz): »Kein Fehler ist *nur* Fehler.« Das gilt auch hier, denn richtig ist ohne Zweifel, was er unmittelbar zuvor festgestellt hat: »Auf jeden Fall müssen ... Sprache und Sprechen (oder Sprachgebrauch) unterschieden werden. Das Sprechen kann zwar wahr oder falsch, genau oder ungenau, klar oder unklar sein; es kann Lüge oder Betrug, bloßes Gerede oder leeres Geschwätz sein, nicht aber so die Sprache.« Genau so ist es, und nur der kurze Zusatz am Ende (und das ihm dann Folgende) ist falsch. Es gibt Wahrheit und Unwahrheit schon in der Sprache oder besser in *einer* Sprache selbst.

Aber man muß in der Tat unterscheiden zwischen einer Sprache und den Äußerungen, die mit oder in dieser Sprache gemacht werden: zwischen Sprachbesitz und Sprachäußerungen. Insofern muß man dann auch von den Wahrheiten und Unwahrheiten, die schon in einer Sprache selbst sind, diejenigen trennen, die sich erst in Äußerungen finden können, denn diese sind anderer Art. Wahrheit und Falschheit im strengen und engeren Sinn finden sich doch erst im konkreten Sprechen, als Äußerungen also von *Subjekten.* Dies gilt besonders für die Lüge, die nun wirklich ein Subjekt voraussetzt, das in diesem Falle gegen sein Wissen, das Falsche sagt.

Noch genauer: Wahrheit, Falschheit, Lüge finden sich nur, *können* sich nur finden in einer ganz bestimmten Art von Sprachäußerungen, nämlich in den *aussagenden* Äußerungen oder Sätzen. Die klassische Logik nennt solche Sätze »Urteile«. Dies hat bereits Aristoteles sehr klar herausgestellt: »Jede Rede dient zwar zur Bezeichnung« (das heißt: alles, was gesagt wird, bedeutet etwas, ist also »semantisch«), »aber nicht jede Rede ist ein Urteil, nicht jede sagt etwas aus, sondern nur diejenige, in der die Aussage von Wahrem oder Falschem statthat«. Aristoteles nennt solche Sätze, in denen allein also Wahrheit und Falschheit »statthaben« können, »apophantisch«. So zu Beginn der Abhandlung »Perì hermeneías« oder mit lateinischem Titel »De interpretatione« oder dann deutsch »Lehre vom Satz« – und darum in der Tat handelt es sich, nicht um »Interpretation«. Eine Sprache ist also keineswegs ganz »unschuldig«, aber eigentliche Schuld findet sich doch nur und erst in Äußerungen, genauer und mit dem schönen, auf Aristoteles zurückgehenden Fremdwort: in apophantischen Sätzen.

Drei Arten von Äußerungen

Es gibt, rein formal gesehen, drei Arten von Äußerungen, und zwar unter dem Gesichtspunkt der Absicht des Sprechenden oder Schreibenden, die jeweils damit verbunden ist – ob nun bewußt oder unbewußt mit ihr verbunden, ist – formal gesehen – gleichgültig. Also kommt es zunächst einmal auf diesen Unterschied nicht an. Es gibt deklarative, interrogative und exhortative Äußerungen. Somit, und dies sind drei handliche lateinische Termini: Deklaration, Interrogation und Exhortation.

In einer Deklaration (Aussage) wird etwas über etwas gesagt, also *mitgeteilt*. Hierher gehört übrigens auch der Ausruf, die Exklamation: *Wie schön, daß du da bist!* Auch die Exklamation sagt etwas über etwas aus.

Die Interrogation hingegen sagt nichts aus, sie ist vielmehr eine Aufforderung an den oder an die Hörer zu einer verbalen Handlung, nämlich eben zu einer Deklaration. Man will vom Angeredeten etwas wissen, auch wenn man es unter Umständen – psychologisch gesehen, aber darauf kommt es hier wieder nicht an – schon weiß. Er soll etwas über etwas sagen. Die sogenannte rhetorische Frage unterscheidet sich darin von den übrigen, daß sie nur so tut, als wolle sie etwas wissen, in Wirklichkeit aber weiß der, der sie stellt, schon, was er vorgibt wissen zu wollen. Sie ist insofern ›rhetorisch‹ – somit insofern (nur insofern) unwahrhaftig. Aber – dies ist nun wichtig – *diese* ›Rhetorik‹ gehört schon zur Sprache! Doch kommt es hier wiederum, da die Einteilung rein formal ist, weniger auf das Psychologische an. Was hier vorliegt, ist sozusagen ›formalisierte‹

Psychologie. Das heißt: das Psychologische bleibt formal die Basis. In welcher Weise auch das Logische mit hereinkommt oder sich hier das Logische mit dem Psychologischen berührt, mag dahingestellt bleiben (da gibt es knifflige Probleme).

Und es gibt dann wieder, logisch-psychologisch, zwei Arten von Interrogationen – solche, die mit ›ja‹ oder ›nein‹ zu beantworten sind. Dies ist das ›operationale‹ Kriterium. Es sind die sogenannten Totalfragen: man will da wissen, ob etwas der Fall ist oder nicht *(Kommst du?)*. Dann gibt es die sogenannten Teilfragen, die sich nur auf ein bestimmtes, gleichsam ›adverbielles‹ Element richten und also bereits etwas voraussetzen (*Wann kommst du*?). Da wird das »Daß« des Kommens, zu Recht oder Unrecht, auch darauf kommt es hier nicht an, schon vorausgesetzt.

Die Exhortation schließlich will den oder die Angeredeten dazu bewegen, etwas zu tun oder eben nicht zu tun, also etwas zu unterlassen. Es gibt übrigens nicht nur die ›rhetorische‹ Frage, sondern auch – weniger bekannt – die ›rhetorische‹ Exhortation. Man tut da nur so, als fordere man jemanden zu etwas auf.

Halten wir an dieser Stelle, was das Rhetorische angeht, kurz fest, daß das, was man ›Rhetorik‹ nennt, bereits zur Sprache selbst gehört. In anderen Worten, und so sah es sehr zu Recht und vielleicht als erster der sehr junge Nietzsche in Basel: die schulmäßige ›Rhetorik‹ ist nur eine systematisierend zusammenstellende Bewußtmachung dessen, was an sich schon, *vor* aller Rhetorik (also als Studium, als Schule oder bewußte Beschäftigung mit sprachlichen ›Mitteln‹) in einer Sprache ist. Noch radikaler, und dies meinte er: Sprache *ist* Rhetorik!

Sodann können alle drei, Deklaration, Interrogation und Exhortation, jeweils bejahend (affirmativ) oder verneinend (negierend) sein: *Der Wagen ist sehr groß, Der Wagen ist nicht sehr groß, Kommt sie?, Kommt sie nicht?, Geh jetzt bitte!, Geh jetzt bitte nicht!*

Die Deklaration – dies ist nun sehr bedeutsam, und darauf will ich hinaus – hat eine sehr bemerkenswerte Sonderstellung, und zwar in zweierlei Hinsicht.

Erstens kann sie ganz losgelöst sein von der Situation, in der sie erfolgt – man spricht hier von »Situationsentbindung« (Karl Bühler). Also: sie *kann* losgelöst sein, sie muß es natürlich nicht. Interrogation und Exhortation dagegen bleiben mehr oder weniger fest an die Situation gebunden, in der sie erfolgen, schon weil sie sich ja an den oder die Angeredeten richten – als Frage oder als Aufforderung. Diese Feststellung scheint harmlos zu sein – tatsächlich ist sie sehr weit reichend –, denn ebendies scheint ein kennzeichnender Zug *menschlicher* Sprachäußerung zu sein – offenbar (seien wir vorsichtig!) sind die Äußerungen innerhalb der Signalsysteme der Tiere nur immer auf bestimmte Situationen bezogen, haben also die Möglichkeit der »Situationsentbindung« nicht. Diese haben wir etwa in der so bedeutsamen Situation des Erzählens vor uns: man erzählt, man redet also von Dingen, die zum Hier und Jetzt der Äußerung keinerlei Bezug haben. Dies hieße: Tiere können nicht erzählen. Und: Erzählen ist etwas sehr Menschliches.

Sodann, wie zuvor dargelegt: nur die deklarativen Äußerungen oder Sätze (die Logik nennt sie traditionell ›Urteile‹) können wahr oder falsch sein, denn nur sie *sagen* etwas *über* etwas, und dies ist dann entweder wahr oder falsch. Fragen können *falsch* nur insofern sein, als sie unter Umständen unangemessen sind. Aber dann sind sie nicht falsch im Sinne von ›unwahr‹. Und dann können Fragen, was in der Tat oft der Fall ist, implizit eine Deklaration (etwa in Form einer Voraussetzung, die ja in den ›Teilfragen‹ ohnehin dazugehört) enthalten. Dann ist nicht die Frage selbst unwahr, sondern die in ihr enthaltene Deklaration. Auch die falsche Exhortation ist dies nur, weil sie unangemessen ist oder eine falsche Aussage enthält. Und eine wahre Frage oder eine wahre Aufforderung gibt es eigentlich nicht, es gibt nur wahrhaftige Fragen und Aufforderungen – aber Wahrheit und Wahrhaftigkeit sind ja nun wirklich zwei verschiedene Dinge.

Mit dieser letzteren Sonderstellung der Deklaration – Wahrheitsfähigkeit – sind wir nun wieder bei den »urteilenden« oder »apophantischen« Sätzen des Aristoteles. Nur in der Deklaration gibt es die Möglichkeit von Wahrheit.

Die Logik interessiert sich nun ausschließlich für deklarative Sätze, da ihr Interesse sich gerade insofern auf die Sprache richtet, als sprachliche Äußerungen mit *Wahrheit* zu schaffen haben können. Wahrheit kommt ja nicht irgendwo ›draußen‹, außerhalb der Sprache und des Sprechens vor, sondern sie ist eine *mögliche* Eigenschaft von deklarativen Äußerungen, von »apophantischer« Rede (»lógos apophantikós«). Dasselbe gilt für die Unwahrheit und für die Lüge, also die *bewußte,* die *bewußt* geäußerte Unwahrheit: man sagt bewußt, wissend also, daß es die Unwahrheit ist, die Unwahrheit. Nicht jede Unwahrheit bekanntlich ist auch Lüge. Vielleicht gibt es Wahrheit und Unwahrheit und schließlich auch Lüge auch wieder nur beim Menschen. Oder sind die ›Täuschungen‹ – ›Mimikry‹ etc. – in der Natur auch schon ›Lügen‹? Würde man sie dazurechnen, müßte man jedoch alsbald zwei Arten von Lügen unterscheiden. Ist es da nicht besser, die Lüge von vorneherein auf den Menschen – auf seine »apophantischen« Sätze zu beschränken?

Das Interesse der Sprachkritik (und auch das der Sprachwissenschaft) an Sprechen und Sprache ist breiter als das der Logik, aber eine Sonderstellung haben die deklarativen Sätze zumindest für die Sprachkritik auch. Denn Wahrheit ist eines ihrer wichtigen Kriterien und die Wahrhaftigkeit ebenfalls. Letztere bezieht sich nicht, wie die Wahrheit, bleiben wir einmal bei dieser traditionellen Bestimmung, auf die Übereinstimmung des Gesagten mit dem tatsächlich Vorliegenden – der Satz ›es regnet‹ ist dann wahr, wenn es *tatsächlich* regnet –, sondern auf die zwischen dem Gesagten und dem subjektiv Gemeinten – ›es regnet‹ ist dann wahrhaftig, wenn der Sprechende tatsächlich *meint*, subjektiv davon überzeugt ist, es regne.

Wahre Wörter – und unwahre

Es gibt semantische Siege oder doch großen Vorteil verschaffende verbale Besetzungen, die schon halbe Siege sind. Der militärische Ausdruck ›Besetzung‹ ist hier durchaus angebracht. In Frankreich zum Beispiel – eine sehr bemerkenswerte Wortwahl, zu der man den Urhebern nur gratulieren kann – faßt man die privaten Schulen unter dem Begriff »freier Unterricht« oder »freie Erziehung« zusammen – »enseignement libre«. Nebenbei, denn auch dies ist bemerkenswert: in Frankreich redet man da eher von »Unterricht«, »enseignement«, als von »Erziehung«, »éducation«. Mit »enseignement libre« sind faktisch meist die kirchlichen, also in der Regel die katholischen Schulen gemeint, wobei man von der Sache her wissen sollte, daß all diese Schulen – nicht anders als unsere »privaten« Schulen hier – vom Staat nicht nur kontrolliert (im korrekten, nicht-englischen Sinn von *kontrollieren*), sondern auch sehr erheblich mitfinanziert werden. Ich kritisiere es nicht – man muß es nur wissen ... Insofern trifft also auch bei uns das Adjektiv *privat* (*Privatschule*) keineswegs genau, aber man soll auch keine unbillig überzogenen Forderungen stellen – man kann von einer Bezeichnung nicht verlangen, daß sie eine komplette, zutreffende Beschreibung des Gemeinten biete. Nur sollte sie nicht völlig neben der Sache liegen! »Frei« jedenfalls klingt ungeheuer positiv – ist man, wenn man vom Staat frei ist, schon überhaupt frei?

Doch bleiben wir bei *privat*. Man redet ja hierzulande auch vom *privaten Fernsehen* oder, noch kürzer, mit schöner Substantivierung, von *den Privaten*. Wie dies vom Juristischen her zustande kam – schon höre ich die Juristen sich räuspern –, ist mir ja schon klar: »öffentlich-rechtliche« und dann also, später dazugekommen, im Unterschied zu diesen, »privatrechtliche« Sendeanstalten. Dies wurde dann großzügig zu »privat« abgekürzt. Nun klingt *privat*, nicht anders als *frei*, ungeheuer positiv – es ist ein Wort mit sehr günstiger Konnotation. *Privat* suggeriert vor allem gerade auch »frei«, es ist beinahe ein Synonym zu *frei* – im Sinne eines »Hier bin ich Mensch, hier darf ich's sein«. *Privat* suggeriert »frei«, nämlich gerade vom Staat und seinen »Bevormundungen«. Letzteres ist übrigens auch so ein semantischer Sieg: staatliche Auflagen und Kontrollen, die im Ideal- und Normalfall ja doch im Interesse der Allgemeinheit sind, werden zur Sicherheit gleich einmal *Bevormundungen* genannt, so wie Steuern alsbald zum »Griff in die Tasche der Bürger« oder zum »Abzocken« werden. Die Bezeichnung »privat« verdeckt dann auch im Bewußtsein, daß die anderen, die öffentlich-rechtlichen Sendeanstalten vom Staat und dessen Bevormundungen ja ebenfalls frei sind. Dies gerade ist ja der Sinn der öffentlich-rechtlichen Konstruktion! In Spanien zum Beispiel ist das Fernsehen eine reine Regierungsveranstaltung, und bei jedem Regierungswechsel ändert sich alles. Bei »den Privaten« gibt es also, wird suggeriert, gar keine »Aufsicht«, gar keine »Kontrolle«, da ist alles »privat« und »frei«. Da darf man sich entspannt zurücklehnen, sich ungetrübt wohl fühlen. Wären da nicht die ›endlosen‹ Werbe-Einschübe!

Es ist wirklich ein großer semantischer Sieg. Den haben wir ja auch in dem analog schönen Wort *Privatisierung.* Meine Frage: warum sagt man da nicht »Kommerzialisierung«? Denn dieses entschieden rauhere Wort ist da doch einzig angezeigt. Und dann entsprechend: warum vermeidet man geflissentlich und brav die einzig angemessene redliche Bezeichnung, nämlich *kommerzielles Fernsehen?* Genau dies liegt ja doch mit allem, was dazugehört, vor.

Etwas wird »privatisiert«, also es muß – auch so ein schönes Wort und wieder ein Sieg! – »sich rechnen«, womit ja wirklich nicht gemeint ist, daß Einnahmen und Ausgaben sich decken. Dann nämlich würde die Sache sich längst noch nicht »rechnen«. Und umgekehrt ist dann »Das rechnet sich nicht« der definitiv negative Bescheid. Das kommerzielle Fernsehen also muß sich rechnen. Und das darf auch, wie die Dinge sind, so sein. Die Kommerziellen dürfen und müssen Geld verdienen. Daß die Öffentlich-Rechtlichen, die dies *nicht* müssen, sich gleichwohl den anderen nun schon seit geraumer Zeit so verhängnisvoll erfolgreich anpassen, ist ein Problem, wenngleich nun kein sprachliches mehr. Das ist ein Sieg der Kommerziellen *anderer* Art. Da ist eine Spirale, die Qualitätsspirale, für die sich Frau Noelle-Neumann nie interessiert hat.

In der *Verschwörung des Catilina* (Kapitel 52) legt Sallust dem älteren Cato diese Sätze in den Mund (er läßt sie ihn vor dem Senat sagen): »Leider sind uns schon längst die wahren Wörter der Dinge abhanden gekommen, und eben deshalb, weil fremdes Gut verschenken *Freigebigkeit* heißt und frecher Mut zu schlimmen Streichen *Tapferkeit,* deshalb ist der Staat in Gefahr«, »eo res publica in extremo sita est«. Es gibt auch schon im *Peloponnesischen Krieg* von Thukydides eine ähnliche und stärkere Stelle (3. Buch, Kapitel 82). Darum geht es in der Tat, immer wieder muß man darauf zurückkommen: auf die »wahren Wörter der Dinge«, »vera vocabula rerum«. Auch wenn nicht immer gleich der Staat in Gefahr ist. Somit: *kommerzielles Fernsehen, Kommerzialisierung,* nichts anderes.

Postskriptum:

Es gibt für die Sorge um die »wahren Wörter« ein noch entschieden älteres und auch räumlich weiter entferntes Zeugnis als die beiden genannten. Es ist auch weniger beiläufig und rhetorisch, vielmehr weit radikaler und prinzipieller. Ich zitiere es nur, um darzutun, wie hoch dieses Thema »angesetzt« werden kann oder jedenfalls faktisch wurde, und zwar bei keinem geringeren als Konfuzius. In den *Gesprächen* (Kapitel 13,3) heißt es: »Zi-lu sprach zu Konfuzius: ›Wenn Euch der Herrscher des Staates Wei die Regierung anvertraute – was würdet Ihr zuerst tun?‹ Der Meister antwortete: ›Unbedingt die Namen richtigstellen.‹ Darauf Zi-lu: ›Damit würdet Ihr beginnen? Das ist doch abwegig. Warum eine solche Richtigstellung der Namen?‹ Der Meister entgegnete: ›Wie ungebildet du doch bist, Zi-lu! Der Edle ist vorsichtig und zurückhaltend, wenn es um Dinge geht, die er nicht kennt. Stimmen die Namen und Begriffe nicht, so ist die Sprache konfus. Ist die Sprache konfus, so entstehen Unordnung und Mißerfolg. Gibt es Unordnung und Mißerfolg, so geraten Anstand und gute Sitten in Verfall. Sind Anstand und gute Sitten in Frage gestellt, so gibt es keine gerechten Strafen mehr. Gibt es keine gerechten Strafen mehr, so weiß das Volk nicht, was es tun und was es lassen soll. Darum muß der Edle die Begriffe und Namen korrekt benutzen und auch richtig danach handeln können. Er geht mit seinen Worten niemals leichtfertig um‹« (ich zitiere die Übersetzung von Ralph Moritz, Reclam). Der letzte Satz ist klar. Sonst bedürfte man kundiger Führung (der Kommentar von Moritz reicht nicht ganz). Es ist nicht leicht zu verstehen, wie jene verhängnisvolle »Konfusion« der Sprache zustande kommt und wie sie behoben werden kann. Unbezweifelbar ist, daß auch für Konfuzius die Namen, also die Wörter, die sie sind – als Namen der Dinge, eine Norm enthalten, der entsprochen werden muß.

Unsinniges

Eine Sprache ist voll von Wörtern und Wendungen, festen Zusammenfügungen, die eigentlich – man kann es nicht anders sagen – unsinnig, geradezu doof sind und die allein aus diesem doch wohl zureichenden Grund Sprachbewußte meiden sollten. Einige Beispiele.

»Die überwiegende Mehrheit der Bevölkerung ist der Meinung ...« – was soll dieses sich hier oft und quasi automatisch einstellende Adjektiv? Mehrheit überwiegt, zumindest zahlenmäßig, immer – und hier ist ja wirklich nur die Zahl gemeint. Richtig und natürlich nicht zu beanstanden wäre, wenn dies jeweils gemeint sein sollte: *die große Mehrheit* oder dann *eine knappe Mehrheit.* Auch *die überwältigende* Mehrheit ist natürlich nicht zu beanstanden; die Franzosen reden hübsch auch von der »überwältigenden Minderheit«, »l'immense minorité«, was natürlich meint, daß die Minderheit *qualitativ* besser ist und insofern enorm überwiegt. Da erfährt man immer zusätzlich etwas, was bei der *überwiegenden Mehrheit* nun wirklich nicht geschieht. Sehr merkwürdig ist auch der gängige Ausdruck *die größere Hälfte,* denn die Hälfte ist doch die Hälfte – oder? Rein psychologisch kann man ja gut verstehen, wie es zu dem Ausdruck kam, doch dies macht ihn kaum akzeptabler.

Es ist mir auch, anderes Beispiel, unerfindlich, wie man, ohne mit der Wimper zu zucken, von *unterprivilegiert* reden kann. Als auf lustige Weise unsinnige Scherzbildung kann man das gelten lassen (sie ist ja ein wenig lustig: *privilegiert* und dann *unterprivilegiert*) – aber im Ernst? Wie kann man im Ernst und aus purem sprachlichem Systemzwang jemanden »unterprivilegiert« nennen, der nicht nur nicht privilegiert, sondern – im Gegenteil – benachteiligt ist. Warum also nicht *benachteiligt? Unterprivilegiert* suggeriert unsinnigerweise: jeder hat Privilegien, aber da hat einer oder haben mehrere oder viele zu wenige davon. Dies liegt jedoch nun wirklich nicht vor. Und doch lese ich eben, es macht mich beinahe unsicher, zeigt aber doch auch, daß ich nicht gegen Unbedarfte anschreibe, in einem Aufsatz über Minderheiten in Frankreich einen so vorzüglichen Stilisten wie Wolf Lepenies: »Gegen Unterprivilegierung und drohenden wirtschaftlichen Abstieg setzten sich die Betroffenen auch dadurch zur Wehr, daß sie die kulturellen Differenzen zu ihrer Umwelt verstärken« (*Süddeutsche Zeitung,* 12. 02. 2003, S. 1). Incompréhensible!

Ganz besonders unsinnig ist auch das Adjektiv *lohnenswert* (der *Duden* nennt denn auch nur *einen* Beleg aus *Hörzu*), denn offensichtlich ist ja »lohnend« gemeint, und dies reicht doch auch – also wozu noch, neben diesem Adjektiv, *lohnenswert,* das ja nicht in Analogie zu *lesens-* oder *hörens-* oder *sehenswert* oder dem schönen (und antiquierten) *buchenswert* zu verstehen ist? Also »wert zu lesen« oder »des Lesens wert« etc. Französisch hieße dies, und solche wörtliche Übersetzung macht den Unsinn vollends deutlich: »qui vaut la peine de valoir la peine«. Zu *buchenswert* ein schönes, ja klassisches Beispiel. Der Kellner Mager (er sagt ›Mahcher‹) des Gasthofes »Zum Elephanten« in Thomas Manns *Lotte in Weimar* (es ist der schöne Schlußsatz des Buchs): »Guter Himmel, Frau Hofrätin, ich muß es sagen: Werthers Lotte aus Goethe's Wagen zu helfen, das ist ein Erlebnis – wie soll ich es nennen? Es ist buchenswert.«

Ebenso häufig wie unsinnig – und gravierender – scheint mir auch die Verwendung des Verbs *überschätzen* zu sein. Die häufige Feststellung, dies oder das solle man nicht überschätzen, ist trivial, denn natürlich, darum kann's doch nicht gehen – warum sollte man überhaupt irgend etwas überschätzen?

Nichts und niemanden sollte man überschätzen. Man sollte alles so einschätzen, wie es tatsächlich ist. Dasselbe gilt für die Wendung *sollte man nicht unterschätzen.* Solchen Äußerungen ist nur ein gewisser pragmatischer Wert zuzusprechen. Sie implizieren: »wird vielfach überschätzt« oder dann: »wird vielfach unterschätzt«. Aber auch dies ist trivial, und strenggenommen hat man mit solcher Feststellung so gut wie nichts gesagt. *Günter Grass (Peter Handke, Martin Walser) wird überschätzt* – was ist mit solch nervend allgemeiner Feststellung gesagt? Wirklich unsinnig wird es dann aber mit der negativen Äußerung dies oder jenes, dieser oder jener (diese oder jene) *könne gar nicht überschätzt werden,* wenn man sagen will, daß etwas oder jemand sehr wichtig ist. Dagegen ist klar zu sagen: alles kann man überschätzen, jeden und jede; nichts, keiner ist so bedeutend, dass es oder er nicht doch noch in seiner Bedeutung überschätzt werden könnte. »Die Bedeutung Kants für die Philosophie kann man gar nicht überschätzen.« Doch, man kann sie, man kann sogar *sie* überschätzen!

Ivan Nagel – er beherrscht das Deutsche nun wirklich, aber sein Blick ist von seiner anderen Muttersprache, dem Ungarischen, her geschärft – macht mich auf eine Unsinnigkeit aufmerksam, auf die ich selbst, da ich sie ganz verinnerlicht habe, schwerlich gekommen wäre, nämlich auf das in Zeitungs- oder Radio- oder Fernsehberichten häufige »war vertreten«, also etwa: »Der Bundeskanzler und der Bundesfinanzminister waren ebenfalls vertreten«, wenn gemeint ist – und dies *ist* ja gemeint, *kann* nur gemeint sein –, daß sie tatsächlich selbst da waren. In der Tat: was heißt dann *vertreten?* Das Wort hätte nur Sinn, wenn jemand da war an ihrer Stelle und sie vertrat – dann wären sie wirklich vertreten gewesen. Also etwa: »Der Bundeskanzler war durch den Bundesfinanzminister vertreten.«

Sprachlich und linguistisch

Das Deutsche hat gegenüber dem Englischen, dem Französischen und übrigens allen romanischen Sprachen den Vorteil, daß es zwei Adjektive hat, wenn es um Sprache geht: *sprachlich,* wenn eben die Sprache gemeint ist, und dann *linguistisch*, wenn es um die Linguistik, die Sprachwissenschaft, geht. *Linguistisch* (Synonym für *sprachwissenschaftlich*) ist also ausschließlich das Adjektiv zu *Linguistik,* keinesfalls auch zu *Sprache.*

Aber der Gebrauch von *linguistisch* geht heute in eine andere Richtung: vielfach und zunehmend wird nun *linguistisch* im Sinn von *sprachlich* verwendet. Immer wieder stößt man auf Äußerungen wie »rein linguistisch verhält es sich so« oder »das gilt schon rein linguistisch«, wenn ganz offensichtlich »rein sprachlich« gemeint ist. Hier sollte unbedingt weiterhin differenziert werden: man sollte nicht *linguistisch* sagen, wenn man »sprachlich« meint. Ein Beispiel. Willi Winkler in der *Süddeutschen Zeitung* (18. 9. 1999) über ein Buch von Thomas Pynchon: »Mit unendlicher Liebe zum linguistischen Detail sind die Elisionen wiedergegeben (mismatch'd, fam'd, gaz'd)«. Hier geht es doch nun wirklich nicht um Linguistik! Aus dem jedem präsenten englischen *linguistic* wird hier eben ohne weiteres im Deutschen *linguistisch.* Aber nicht nur literarische Rezensenten, auch sogar Sprachwissenschaftler selbst schreiben dergleichen. So der vorzügliche Helmut Glück in einem eben erschienenen vorzüglichen Buch über *Deutsch als Fremdsprache in Europa vom Mittelalter bis zur Barockzeit* (2002): »Seit Beginn der modernen wissenschaftlichen Sprachforschung im 18. und 19. Jh. ist das Studium linguistischer Austauschprozesse ein selbstverständlicher Bestandteil der Sprachgeschichtsschreibung.« Natürlich geht es hier nicht um linguistische, sondern um *sprachliche* Austauschprozesse, also, traditioneller gesprochen, um ›Einflüsse‹ einer Sprache auf eine andere, zum Beispiel um den – enormen – Einfluß des Französischen auf das »Frühneuhochdeutsche«; das ist die Zeit von 1400 bis 1700 (Peter von Polenz redet vom »älteren Neuhochdeutschen, das er bis 1800 gehen läßt). Da setzt sich, wie auch im 19. Jahrhundert, der, wie Glück vielleicht auch sagen würde, ›linguistische‹ Einfluß des Französischen fort. Ich insistiere etwas, nebenbei, weil Germanisten gerne versichern, dieser französische Einfluß sei viel größer gewesen als der englische heute. Und dann die, wie ich finde, nicht unproblematische, vielmehr sehr gewagte Schlußfolgerung: da das Deutsche dem französischen Ansturm standgehalten habe, werde es mit dem englischen genauso gehen. Doch ist dies eine andere Geschichte. Jetzt geht es mir nur um dieses falsche *linguistisch.*

Es ist ohne Zweifel ein Anglizismus. Das englische *linguistic,* nicht anders das französische *linguistique* können in der Tat *beides* meinen, je nachdem; der Kontext stellt es klar, und natürlich ›funktioniert‹ dies auch – Sprache ist, wenn's trotzdem geht.

Wenn man aber eine Unterscheidung dieser Art zur Verfügung hat, wenn einem die eigene Sprache sie zur Verfügung stellt, sollte man sie keinesfalls aufgeben. Dies könnte, es *sollte* eine allgemeine sprachkritische Regel sein, denn – und darauf kommt es an – hier ist ein geistiger Gewinn. Nie also eine Unterscheidung zwischen zwei Wörtern oder Formen aufgeben, wo sie eine *inhaltliche* Unterscheidung ermöglicht!

Wie gesagt: *linguistisch* im Sinn von »sprachlich« ist auch eine Übertragung vom Englischen oder auch, aber – les choses étant ce qu'elles sont – weniger wahrscheinlich, vom Französischen. Wir haben da somit eine »Lehnbedeutung«, wie die Sprachwissenschaft dergleichen nennt (hierüber eine eigene Glosse). Aber *diese* Entlehnung, diese Lehnbedeutung brauchen wir nicht. Oder vielmehr: sie ist geradezu schädlich, weil sie, durch Eliminierung einer geistigen Differenzierung, tatsächlich eine Verarmung ist. Ein spezifischer Reichtum des Deutschen wird aufgegeben.

Im Französischen hat man sogar, um dieser Armut entgegenzusteuern, in die wir uns nun freiwillig hineinbegeben, ein neues Eigenschaftswort gebildet. Da soll also gerade die Möglichkeit einer Differenzierung geschaffen werden, wie sie im Deutschen vorliegt: das Adjektiv *langagier.* Und neuerdings spricht man französisch nicht mehr etwa von »compétence linguistique«, wenn die »Sprachkompetenz« oder »Sprachfertigkeit« gemeint ist, sondern – und dies ist auch richtiger – von »compétence langagière«. »Kompetenz«, nebenbei, ist ein Fachausdruck der Sprachwissenschaft, der von dem so überaus einflußreichen Nordamerikaner Noam Chomsky herrührt. Saussure hatte, was Chomsky »competence« nannte, mit »la langue« bezeichnet: Sprache als Anlage in uns verstanden, als, wie ich sage, »Sprachbesitz«. Von der »competence« unterschied er die »performance«, was bei Saussure »la parole« hieß. Also: »langue« und »competence« für »Sprachbesitz« und »parole« und »performance« für »Sprachäußerung«.

An sich ist der Ausdruck *Kompetenz,* zumindest im Deutschen, für das Gemeinte gar nicht nötig, denn »Sprachbeherrschung« oder »Sprachfertigkeit« tun es auch. In der Sprachwissenschaft jedoch hat sich »Kompetenz« ziemlich festgesetzt, und nun geht dieser Gebrauch, wie es in solchen Fällen ›gern‹ geschieht, für alles mögliche in die gebildete Allgemeinsprache über: *soziale* oder *emotionale Kompetenz* oder die nunmehr so oft beschworenen *Schlüsselkompetenzen;* besonders witzig Odo Marquards Bestimmung der Philosophie als »Inkompetenzkompensationskompetenz« (so der Titel einer – kurzen – Arbeit von 1974). Aber dies – die Ausweitung von *Kompetenz* – ist eine andere und wiederum eine sprachliche, nicht eine linguistische Geschichte.

Somit – nur darum ging es hier: man sollte keinesfalls *linguistisch* sagen, wenn »sprachlich« gemeint ist. Also nicht: *schon rein linguistisch* verhält es sich so, sondern *schon rein sprachlich.*

Postskriptum: Sprachwissenschaft und Linguistik

Die terminologische Unterscheidung von ›Sprachwissenschaft‹ und ›Linguistik‹ ist längst antiquiert und war eigentlich immer unangemessen. Längere Zeit hindurch hat man aber in der Tat unterschieden, und mit »Linguistik« (norddeutsch, das ist aber unnötig: ›Lingu-istik‹) war die ›neue‹, die ›moderne‹ Sprachwissenschaft gemeint, die nunmehr vor etwas über hundert Jahren begonnen hat. Es ist ja schon merkwürdig, daß man nach so langer Zeit diese Kennzeichnungen weithin noch immer verwendet. Es ist die Sprachwissenschaft, die mit dem biographisch etwas seltsamen Genfer Gelehrten Ferdinand de Saussure begann, genauer: mit dessen nach seinem Tod von zwei seiner Schüler veröffentlichten »Vorlesungen zur allgemeinen Sprachwissenschaft«, »Cours de linguistique générale«. Das war mitten im ersten Krieg: 1916. Dieses Buch, das eine Inkubationszeit hatte, die uns bis ins letzte Jahrzehnt des 19. Jahrhunderts zurückbringt, führte dann, nach dem ersten Krieg, zu den verschiedenen »Strukturalismen« oder strukturalistischen Schulen: Genf, Prag, Kopenhagen, London, dann auch – da war Leonard Bloomfield die überragende Figur – in den Vereinigten Staaten (Chicago, Yale und anderswo), so daß man einen europäischen und einen amerikanischen Strukturalismus unterscheidet. Der Strukturalismus fand dann auch außerhalb der Sprachwissenschaft Anwendung: Soziologie, Anthropologie, Literaturwissenschaft. Es gibt also auch Strukturalisten außerhalb der Sprachwissenschaft. Vor allem der bedeutende und besonders kultivierte Sprachwissenschaftler Roman Jakobson war hier die Brücke.

Für Saussure steht in seiner Heimatstadt Genf seit langem ein großes und schönes Denkmal, das sich aber nicht auf diesen Saussure, sondern auf einen seiner Vorfahren, Horace-Bénédict de Saussure, bezieht, der ein tüchtiger Physiker war und im Jahr 1787 als zweiter, zusammen mit einem anderen, den Mont-Blanc bestieg. Ferdinand de Saussures Vorlesungen zwischen 1907 und 1911, auf denen sein Buch beruht, markieren auch das Ende einer nahezu absoluten Vorherrschaft der deutschen Sprachwissenschaft, von welcher seit ihrem Beginn am Anfang des 19. Jahrhunderts geredet werden darf. Niemand konnte bis in die zwanziger und dreißiger Jahre des vergangenen Jahrhunderts hinein, wo immer in der Welt er war, Sprachwissenschaftler sein, ohne Deutsch zumindest mühelos lesen zu können. Faktisch hatten fast alle bedeutenden nicht-deutschen Sprachwissenschaftler in Deutschland studiert, wo namentlich Leipzig das linguistische Mekka war. Aber dies – Deutsch als Sprache der Wissenschaft – galt ja nicht nur für die Sprachwissenschaft: Max Planck und Sigmund Freud konnten, in den zwanziger Jahren, an amerikanischen Universitäten auf deutsch Vorträge halten. Freilich: die Sprachwissenschaft war doch in besonderer Weise eine deutsche oder deutschsprachige Wissenschaft. Doch um diesen Punkt abzuschließen: ›Sprachwissenschaft‹ und ›Linguistik‹ sind als Bezeichnungen mehr oder weniger austauschbar; wohl den meisten erschiene es heute als ganz unangemessen, zwischen beiden Ausdrücken irgend zu differenzieren.

Nichtsdestotrotz

Sollte nicht klar sein, daß *nichtsdestotrotz* ein scherzhaftes, also in ernstem Zusammenhang keinesfalls zu verwendendes Wort ist? Man findet es aber immer wieder und zunehmend in ebensolchem Zusammenhang.

Eine Bildung dieser Art nennt die Sprachwissenschaft eine *Kontamination*; eine solche besteht darin, daß zwei Wörter zu einem neuen Wort vermischt werden. Übrigens liegt ja in dem Begriff »Kontamination«, denkt man an seine Herkunft, ein deutlicher Tadel: lateinisch *contaminare* heißt »beflecken« oder gar »entweihen«; daher das englische und französische Wort *contamination* – neben dem eigentümlichen *pollution* – für »Verseuchung« oder »Verschmutzung«. Aber man sollte bei der Betrachtung von Wortbedeutungen nicht ›etymologisch‹ denken (darüber in »Die Etymologie-Falle«). Die Sprachwissenschaft natürlich gebraucht den Ausdruck als puren Terminus, ohne jede Bewertung, neutral.

Bei unserem Wort handelt es sich um die Wörter *nichtsdestoweniger* und *trotzdem;* somit: *nichtsdestoweniger + trotzdem = nichtsdestotrotz.* In dieser Bildung, diesem Wort sind also die beiden Wörter – miteinander vermischt – enthalten. Das Verfahren ist nicht selten, besonders übrigens im Englischen, wo man in der Fachsprache von *blending* redet. Zwei bekannte Beispiele, auch im Deutschen als Fremdwörter lebendig, wären *brunch* aus *breakfast* und *lunch* oder *smog* aus *smoke* und *fog oder* das schöne *slithy,* das Lewis Carroll *(Alice's Adventures in Wonderland)* aus *slimy* »schleimig« und *lithe* »geschmeidig« gebildet hat. Ein deutsches Beispiel wäre *jein* aus *ja* und *nein – ja und nein,* das es daneben auch gibt, wäre die nicht scherzende Lösung; man sagt, je nachdem, das eine oder das andere, wenn man sich zwischen ja und nein nicht entscheiden kann oder will. »Frauen mögen Chauvis!« hörte ich einmal, quasi als etwas unsichere Frage eines Mannes an eine Frau, und die nette – etwas zögernde – Antwort lautete: »Jein!« Die Frau hätte auch sagen können »ja und nein!«; es wäre halt weniger ›nett‹ gewesen. Und *jein* behält ja den leicht unernsten, scherzenden Charakter bis heute. Bei *ja und nein* hätte man eher nachfragen können – inwiefern ja, inwiefern nein? *Jein* schließt dies eher aus. Im Falle von *nichtsdestotrotz* sind die beiden zusammengekommenen, vermischten Wörter synonym, und die gleiche Bedeutung *erklärt* die Vermischung. In den anderen genannten Fällen sind die vermischten Wörter nicht synonym. Da spricht also auch von der Sache her etwas für die Wortmischung, denn in solchen Fällen wird deutlich, daß das neue Wort dann auch ein neues, ein drittes Ding meint, das aus den beiden Dingen zusammengesetzt ist, welche die beiden ursprünglichen Wörter meinen. Sehr merkwürdig und eigentlich unsinnig ist, nebenbei, ja auch das Wort *nichtsdestoweniger:* man weiß, was gemeint ist, aber aus diesem eigentümlich zusammengesetzten Wort selbst kann man sich das nicht klarmachen.

Nichtsdestotrotz sollte demnach, wenn der Zusammenhang ernst und etwas wie ein Scherz nicht beabsichtigt ist oder unpassend wäre, nicht verwendet werden. Der *Duden* sagte früher zu dem Wort: »umgangssprachlich, scherzhaft«; und neuerdings, nachgiebig wie leider allzu häufig: »umgangssprachlich, oft scherzhaft«. Tatsächlich findet sich das Wort heute vielfach gar nicht locker umgangssprachlich gemeint, sondern auch in einer als gehoben beabsichtigten, etwa wissenschaftlichen Diktion – besonders häufig in Referaten von Studenten. Rein beschreibend hat also der *Duden* schon recht; immerhin insistiert er noch auf »umgangssprachlich«. Für viele – für die jüngeren

Zeitgenossen (es ist wenig überraschend) ganz besonders – ist *nichtsdestotrotz* ein völlig normales Wort geworden. Sprachliche Sensibilität sollte uns aber dringend dazu anhalten, den Unfug zu unterlassen und *nichtsdestotrotz,* das irgendein Witzbold einmal lanciert hat, nur dann zu verwenden, wenn der scherzende Akzent, der – für Sensible, für Sprachbewußte – noch immer in der Bildung liegt, angemessen ist. Also nicht etwa: »Die Ärzte haben getan, was sie konnten. Nichtsdestotrotz ist er gestorben.«

Übrigens liegt für mich das Wort *selbstredend,* das weniger witzig ist, auf derselben Linie. Offensichtlich eine Nebenbildung zu *selbstverständlich.* Heute findet sie sich nicht selten in wissenschaftlichen Texten. Sie sollte ebenfalls nicht ernsthaft verwendet werden. Und für *in keinster Weise* gilt dies auch: man kann es schon mal sagen; aber eben nur zum Spaß. Man darf mit der Sprache spielen – vielfältig, ja unerschöpflich bietet sie sich dazu an. Die Sprache scheint mit sich selbst zu spielen, es sind aber immer die Sprechenden, die dies tun. Der Sprachsensible jedoch weiß, wann jenes ludische oder autoludische Element hervortreten darf und wann nicht. Und er weiß auch zu unterscheiden zwischen gutem und schlechtem – und letzteres heißt nicht selten: der Situation unangemessenem – Witz.

Unverzichtbar?

Warum sollte man das Wort *unverzichtbar* nicht gebrauchen? Eigenschaftswörter auf *-bar* sind solche, die von einem transitiven Verb abgeleitet worden sind, von einem Verb also, das einen Akkusativ nach sich hat. Das so gebildete Eigenschaftswort meint dann diejenige Eigenschaft, die darin besteht, daß das durch das jeweilige Verb Bezeichnete gemacht werden kann. Also: *eßbar* von *essen* (nämlich etwas), somit: »kann gegessen werden«; davon dann die Verneinung *uneßbar* oder *nicht eßbar.* Bei diesen Bildungen sind übrigens die Verneinungen besonders häufig, weil nämlich die verneinten Formen *pragmatisch,* von der Praxis her, wichtiger sind. Weitere Beispiele: *überbietbar, heilbar, vermeidbar, verwundbar, greifbar, sagbar, erregbar, sprechbar, lösbar;* dazu die entsprechenden – und eigentlich häufigeren – Verneinungen.

Eine bemerkenswerte Ausnahme macht *zahlbar,* denn dieses Eigenschaftswort meint bekanntlich ja nicht, daß gezahlt werden *kann*, sondern daß bezahlt werden *muß* (»zahlbar innerhalb von 14 Tagen«). Aber diese Ausnahme ist leicht zu erklären – es handelt sich doch wohl – jedenfalls zunächst – um etwas wie einen Euphemismus: man tut so, als wolle man lediglich auf die *Möglichkeit* der Bezahlung hinweisen, während man faktisch die Verpflichtung meint. Jedenfalls dürfte solch ein Euphemismus am Anfang gestanden haben – jetzt ist er nicht mehr fühlbar.

Mit dem zuvor Gesagten ist auch schon gesagt, weshalb *verzichtbar* und das ungleich häufigere *unverzichtbar* unmöglich sind: man verzichtet nicht etwas, sondern *auf* etwas. Es ist evident, daß *verzichtbar* und *unverzichtbar* einem Bildungsmuster, einem Ableitungsprogramm der deutschen Sprache eindeutig widerstreiten. Richtig und wichtig ist, worauf zum Beispiel Peter Eisenberg in seinem *Grundriß der deutschen Grammatik* (1998) hinweist, daß es auch eine Reihe von intransitiven Verben gibt, von denen *bar*-Adjektive gebildet worden sind. Er nennt: *brennbar,* auch das eigentümliche, mir unbekannte *faulbar,* schließlich *fehlbar, gerinnbar, sinkbar, streitbar, verjährbar, versiegbar.* Auf das so überaus häufige *unverzichtbar* geht Eisenberg nicht ein. Klar ist jedenfalls: *verzichtbar* und seine Verneinung stehen völlig isoliert da. Und diese Isoliertheit ist ein wichtiger Punkt, denn prinzipiell ist es so: wenn es auch nur zwei oder drei oder dann gar mehrere oder schließlich eine ganze Reihe von Fällen gibt, haben wir gleich so etwas wie eine Regel. Bei *unverzichtbar* ist dies somit nicht so.

Dies ist der erste Grund, weshalb die Bildung abgelehnt werden muß. Der zweite, schwächere, ist der, daß auf *unverzichtbar* leicht verzichtet werden kann. Man braucht das Wort gar nicht. Es gibt *unabdingbar* und *unaufgebbar.* Außerdem kann man sich ja auch verbal ausdrücken, wenn man auf das Zeitwort *verzichten* nicht verzichten will: Wir *wollen* oder wir *können darauf nicht verzichten.* Hier sehen wir gleich einen Nachteil (der freilich auch als Vorteil betrachtet werden kann) der Formulierung mit dem Verb: da muß man zwischen *wollen* und *können* wählen, man muß sich da entscheiden, während *unverzichtbar* dies offenläßt, und vielleicht – es ist meine Unterstellung – liegt eben darin, in diesem Offenhalten, diesem Sich-nicht-Entscheiden die Verführungskraft von *unverzichtbar.*

Mir persönlich, zugegeben, aber dies ist nun Erinnerung, mißfällt an *unverzichtbar* auch der Anklang an Vertriebenenverbände und so weiter. Da waren immer Dinge »unverzichtbar«, auf die eben verzichtet werden mußte, über die die – von den Deutschen selbst in Gang gesetzte – Geschichte längst hinweggegangen war. Zum Beispiel waren »unverzichtbar« von den frühen fünfziger Jahren an – ich bin damit groß geworden – die »Grenzen von 37« . Da hieß es dann immer: »Wir haben ja, bitteschön, noch keinen Friedensvertrag.« Und ich meinte immer: Wären den Deutschen die Grenzen von 37 so wichtig gewesen, dann hätten sie sich 37 (und danach) mit ebendiesen Grenzen begnügen müssen und nicht viel, viel mehr haben wollen. Als dann alles ganz anders kam, *mußte* dann eben leider auf diese »unverzichtbaren« Grenzen verzichtet werden. Aber auch dies ist ja noch falsch gesagt – es mußte ja auf sie gar nicht mehr verzichtet werden, sie waren einfach weg, gleichgültig, wie man sich dazu verhielt. Das Wort gehörte in der Tat und gehört für mich noch immer in bestimmte Kontexte hinein, die – jedenfalls ich – nicht mag. Hier trifft das in »Eine dritte Ebene?« kurz Angerissene zu – diese neutrale Ebene habe ich auch da nun mal nicht.

Unverzichtbar ist jetzt aber dermaßen häufig geworden, daß es, zugegeben, solche Kontexte verlassen hat. Überall ist für irgend jemanden irgend etwas unverzichtbar. In einer Fernsehsendung über Malaysien hörte ich kürzlich: »Ahnenkult ist unverzichtbar« – eine nun wirklich auch unsinnige Feststellung. Natürlich kann man auf Ahnenkult verzichten, und diejenigen, die ihn pflegen, etwa in Malaysien, tun dies ja nicht, weil sie nicht auf ihn verzichten wollen oder können. Sie pflegen ihn, weil er nun einmal zu ihrer Kultur gehört und – für sie – einfach seit jeher da ist und die Frage eines Verzichts auf ihn sich für sie gar nicht stellt.

Manche, darauf angesprochen, erklären einem: für mich ist *unverzichtbar* ein ganz normales Wort geworden. Es fragt sich freilich, ob sie nicht damit ungewollt eine Aussage über die Stumpfheit ihres Sprachbewußtseins machen. Die Bildung ist in der Tat schon so häufig geworden, daß man beinahe den Mut verliert, etwas gegen sie zu sagen. Man sollte es aber trotzdem tun – energisch. Vielleicht ist es doch noch nicht zu spät. Oder jedenfalls: für den *einzelnen* Sprachempfindlichen, dem es nicht egal ist, wie er redet und schreibt, ist es dann wieder egal, ob es für den allgemeinen Sprachgebrauch zu spät ist oder nicht.

Zusammenfassend: *Unverzichtbar* ist ein unnötiges Wort, das der Grammatik des Deutschen, genauer ihren Wortbildungsmustern, widerspricht. Und es ist auch ein denkfaules und irgendwo unredliches Wort, weil es vermeidet klarzulegen, ob man nicht verzichten *kann* oder nicht verzichten *will.* Zwischen Nicht-Wollen und Nicht-Können ist ein großer Unterschied. Aber wer nicht will, tut gerne so, als könne er nicht. Auf *unverzichtbar* sollte verzichtet werden.

Nicht vergleichbar

Eigentlich müßte dieser Ausdruck meinen, daß zwei (oder mehr) Dinge so verschieden sind, daß man sie nicht miteinander vergleichen kann, daß es also gedanklich sinnlos wäre, sie zu vergleichen, und ›vergleichen‹ heißt hier – und dies meint das Wort ja eigentlich – »nebeneinanderhalten, geistig oder konkret, um zwischen zwei (oder mehr) Dingen Unterschiede auf der Grundlage von Gemeinsamem zu erkennen«. Oder auch einfach: »Gemeinsamkeiten und Verschiedenheiten zwischen zwei oder mehr Dingen erkennen«. Ganz gewiß ist dies eine grundlegende Operation für die Erkenntnis überhaupt, auch schon die alltägliche. Erkennen heißt wesentlich: unterscheiden, Unterschiede erkennen zwischen Dingen, also überhaupt Dingverschiedenheit erfassen, sehen, daß da, wo sie wirklich verschieden sind, verschiedene Dinge sind. Vergleich setzt, jeder weiß es, ein »Drittes«, ein »tertium«, also eben etwas Gemeinsames voraus, im Blick auf welches das Vergleichen dann erfolgt, genauer: überhaupt nur, sinnvollerweise, erfolgen kann. »Comparaison n'est pas raison«, sagt uns ein witziges und unübersetzbares französisches Wortspiel: wenn man vergleicht, soll man richtig, also vernünftig vergleichen. Vergleich ist nicht schon in sich selbst etwas Gutes. Nun aber verwenden wir faktisch die Ausdrücke »nicht vergleichbar« oder das so häufige Sätzchen »Das kann man nicht vergleichen« ganz anders. Wir merken es jedoch nicht – und darin liegt das Übel –, weil es halt dasselbe Wort ist. Wir meinen faktisch oft – und wohl gar meistens – ganz schlicht, daß die Dinge, die wir gerade im Auge haben, ganz verschieden sind. Aber wenn wir dies, *nur dies* meinen, sollten wir auch nur sagen, daß sie »verschieden« sind und nicht »nicht vergleichbar«. Wir sagen »vergleichen« und meinen »gleichsetzen«. Psychologisch ist der Übergang von einem zum andern leicht zu begreifen. Gedanklich aber ist Gleichsetzen etwas völlig anderes als Vergleichen. Und wenn man etwas anderes meint – noch dazu etwas völlig anderes –, sollte man auch etwas anderes sagen.

Im Rückblick muß man konstatieren, daß ein guter Teil des nunmehr historischen »Historikerstreits« der Nichtbeachtung dieses sprachlichen Unterschieds entsprang und durch sie fortwährend genährt wurde. Natürlich sind Nationalsozialismus und Kommunismus als Regime und auch als Gedankengebäude vergleichbar. Man kann, ja man sollte sie vergleichen – etwa, denn darum ging's, im Blick auf die in den beiden Regimen jeweils begangenen Verbrechen (das ist in der Tat ein mögliches ›tertium‹). Und wenn man hier vergleicht, dann werden Unterschiede sichtbar. Wir brauchen die Diskussion dazu gar nicht zu wiederholen, denn soviel ist evident: Nationalsozialismus und Kommunismus sind vergleichbar, man muß sie vergleichen, eben wegen der zahlreichen und gewichtigen Gemeinsamkeiten; sie sind aber nicht einfach gleichzusetzen, denn der Vergleich – auch gerade der im Blick auf die Verbrechen – zeigt einige Unterschiede. Wobei allerdings – das ist aber nun nicht mehr sprachlich – eine Kleinigkeit, wie ich finde, stets übersehen wurde (da fehlt nämlich doch das tertium): Hitler konnte nur einen kleinen Teil der Verbrechen begehen, die er begangen hätte und begehen wollte, hätte man ihn nicht zur Strecke gebracht, Stalin dagegen konnte in Ruhe und nahezu ungestört, jedenfalls in seinem weiten Bereich, tun, was er wollte. Insofern sind beide so negativen Figuren im strengen Sinn doch nicht vergleichbar. Man müßte von dem ausgehen, was Hitler als Sieger – ein kaum ausdenkbarer Fall – getan hätte.

Fazit: wenn wir meinen, daß zwei Dinge verschieden sind,

sollten wir sagen, sie seien »nicht gleich« oder »nicht gleichzusetzen« oder halt, sie seien »verschieden«; wir sollten dann nicht sagen – was wir sehr häufig tun –, sie seien »nicht vergleichbar«. Übrigens ist dies keine deutsche Spezialität. Die Vermischung, da sie mit unscharfem Denken und mit Psychologie zu tun hat, geschieht auch in anderen Sprachen.

Examensprüfung?

»Die Professoren klagen über die große Zahl an Examensprüfungen«. So las man es, nicht irgendwo, sondern sogar – »ein schrilles Alarmzeichen«, wie Helmut Kohl zu sagen pflegte – in der *Frankfurter Allgemeinen*. Immer häufiger begegnet einem jetzt diese arge Zusammensetzung. Muß man wirklich sagen, weshalb sie unzulässig ist? *Examen* heißt bereits »Prüfung«, und zwar nicht nur lateinisch, sondern auch deutsch (lateinisch hatte das Wort auch noch andere Bedeutungen, die hier nichts zur Sache tun). Offenbar – Schwund des Lateinischen – weiß man dies nicht mehr, hat es nicht mehr unmittelbar präsent. Sonst wäre die Bildung ja unmöglich, oder die Korrektur müßte einsetzen, sobald einem das Unwort zur Hälfte herausgerutscht ist.

Dies heißt aber in der Tat: *Examensprüfung* ist unmöglich. So, wie das Wort ist, entspricht es dem alten *Waschlavoir* (gesprochen ›Waschlafohr‹), das in den fünfziger Jahren in den Studentenbuden (jedenfalls in Tübingen) bedeutsam war – eine Waschschüssel somit, und damals wußte man noch allgemein, daher fand man den volkstümlichen, bei ›einfachen Leuten‹ vorkommenden Ausdruck lustig, daß *se laver* »sich waschen« heißt.

Übrigens ist psychologisch und sprachwissenschaftlich (Sprachwissenschaft impliziert auch Psychologie) leicht zu erklären, wie es zur *Examensprüfung* kommt. Es gibt in den akademischen Fächern mehrere Prüfungen: Doktorprüfungen, Magisterprüfungen, Diplomprüfungen, neuerdings Bachelorprüfungen, Zwischenprüfungen und – Staatsexamina (Prüfungen, die eigentlich der Staat, bei uns das jeweilige Land, mit

Hilfe der Universität, abhält), und da stellt sich dann leicht – Zwang der Serie – die *Staatsexamensprüfung* ein, aus der dann, durch Verkürzung, die *Examensprüfung* wird. Aber allerspätestens hier müßte etwas wie ein humanistischer Reflex sich einstellen, eine Hemmschwelle – halt, halt! – müßte sich da augenblicklich erheben. Eine Korrektur müßte einsetzen – und eigentlich schon bei *Staatsexamensprüfung*. Tut sie aber oft nicht, nicht einmal mehr beim Schreiben, wo wir mehr Zeit haben und zudem, was beim Sprechen leider nicht geht, doch so tun können, als *hätten* wir uns gar nicht korrigiert, wenn wir uns korrigiert haben (die so bedeutende »Korrekturverwischungsmöglichkeit« im Schriftlichen, von der schon die Rede war) – »O tempora!«.

Wenn wir so weitermachen, dann ist auch gegen *Schutzprotektion* oder *bedeutungssemantisch* oder *Melancholietrauer* oder *Proliferationsverbreitung* nichts zu sagen. Den *Servicedienst* gibt's ja schon. Über die *Volksdemokratie* der DDR wurde seinerzeit reichlich gelacht (*Demokratie* heißt etymologisch schon »Volksherrschaft«, *dḗmos* »Volk«). Neuerdings haben wir ja auch in den Stadien die *Olawelle* (spanisch *ola* heißt »Welle«): »Wir machten eine Olawelle.«

Bereits Leibniz, in seiner schönen, ja großartigen Schrift »Unvorgreifliche Gedanken betreffend die Ausübung und die Verbesserung der deutschen Sprache«, empfahl, was ein guter Ratschlag war, Fremdwörter, wie er sich ausdrückte, »versetzt« zu gebrauchen, nämlich so, daß unmittelbar nacheinander das Fremdwort und das entsprechende *deutsche* Wort gebraucht werden – es trage dazu bei, meinte er, die Fremdwörter verständlich zu machen, denn dies, er war ja kein Deutschtümler, störte ihn an den Fremdwörtern vor allem, nicht daß sie fremd waren, sondern daß sie »die Rede unvernehmlich« machten. Der Typus *Examensprüfung* ist aber eine solche »versetzte« Verwendung keineswegs, denn diese Bildung suggeriert dem Unkundigen, entsprechend den Regeln für Zusammensetzungen im Deutschen: es gibt *mehrere* Prüfungen, *eine* davon liegt hier vor – die »Examensprüfung«. Und die verbindet der normale Sprecher irgendwie mit dem Bereich des Akademischen: das ist etwas an einer Universität, so eine Art Abschluß. Jedenfalls findet sich, ein Alarmzeichen ohne Zweifel, das Wort *Examensprüfung* und dann, kaum weniger zu kritisieren, *Staatsexamensprüfung* nicht nur im Munde und in den Fingern der Studenten, sondern auch schon im Mund und in den Fingern ihrer Lehrer, der Professoren. Ich will hier Beispiele nicht nennen. Wie gesagt: psychologisch leicht zu erklären, es waltet hier wieder einmal das in einer Sprache so mächtige Prinzip der Analogie. Aber humanistisch und überhaupt ist die Bildung nicht zu vertreten – wirklich nicht.

Ein leicht ähnlicher Fall, um im Universitätsbereich zu bleiben, ist übrigens *Abschlußklausur,* weil *Klausur* etymologisch schon »Abschluß« enthält. Aber es gibt in der Tat auch Klausuren, die keine Abschlußklausuren sind, und dann kann man das Element »Abschluß« in »Klausur« ja auch auf den sozusagen geschlossenen Raum beziehen, in dem die Klausur geschrieben wird. So ist *Abschlußklausur* weniger zu beanstanden.

Lücken 1

Es gibt in einer Sprache Lücken. Es gibt sie im Wortschatz, aber nicht nur im Wortschatz. Zum Beispiel fehlen uns im Deutschen bei nicht wenigen abstrakten Wörtern die Plurale. Richtig verstanden sind übrigens alle Wörter abstrakt, weil jeder Wortinhalt abstrahiert; jeder ist das Produkt einer Abstraktion – es wird abgesehen von etwas. Mit »abstrakt« meinen wir faktisch, umgangssprachlich, Wörter, die etwas Unsinnliches, etwas nicht mit den Sinnen direkt Erfahrbares bezeichnen. Aber an sich ist *Baum* genauso abstrakt wie, sagen wir, *Freiheit* oder *Metaphysik* oder *Demokratie*.

Also, wir haben zum Beispiel keinen Plural von *Liebe* oder von *Ehrgeiz: zwei* oder *drei Lieben, zwei Ehrgeize* – so etwas Einfaches und eigentlich sachlich und also auch sprachlich oft Notwendiges, ja Unvermeidliches kann man deutsch nicht sagen. Das heißt: man könnte es sagen; rein grammatisch stünde dem Plural nichts im Wege, man sagt es halt nicht, und weil man es nicht sagt, *kann* man es nicht sagen. So ist das mit einer Sprache … Diese Lücke bei *Liebe* ist ein Problem für diejenigen, die ins Deutsche übersetzen. »J'ai eu dans ma vie trois grandes amours« – nichts ist im Französischen und eigentlich doch überhaupt, sollte man meinen, einfacher und normaler und lebenswirklicher als eine solche Formulierung. Dieses Substantiv *amour* – in Gedichten reimt es sich gern mit *toujours* – ist im Plural weiblich, im Singular männlich – *deux grandes amours,* aber *un grand amour;* früher war *amour* überhaupt weiblich – der weibliche Plural ist davon, historisch gesehen, ein Rest; da haben wir wieder einmal eine jener »Narben der Geschichte«, an denen jede Sprache, weil jede geschichtlich wurde, so reich ist. Ja, aber *Liebschaften* oder *Affairen* wird man einwenden. Doch halt: *Liebschaften* oder *Affairen* sind keine guten Übersetzungen von *amours*, jedenfalls nicht immer: c'est pas la même chose.

Von Thomas Hardy gibt es eine Erzählung (vormals in Deutschland vielfach Schullektüre – eine kurze »Ganzschrift«, wie dies didaktisch heißt) mit dem klaren Titel *A tragedy of two ambitions.* Auch hier wieder: was könnte normaler sein – *ein Ehrgeiz, zwei Ehrgeize* oder auch *drei* oder *vier?* Wer hat schon bloß (es ist ähnlich wie mit der Liebe) einen Ehrgeiz, einen einzigen? Und wieder blockiert uns das Deutsche. Irgendwie, natürlich, kann man es auch im Deutschen sagen; aber irgendwie, auch dies muß man wissen, geht immer alles. Es kommt aber, gerade auch bei einer guten Übersetzung, darauf an, daß es nicht bloß »irgendwie« geht.

Bleiben wir aber bei der Liebe. Da nämlich ist im Deutschen eine noch schlimmere Lücke. Unsere Sprache bietet uns keinen sozusagen normalen Ausdruck für den Geschlechtsakt (was ist schon dieses für ein widerwärtiges Wort!). Wir haben dafür nur vulgäre (ich sage nicht: obszöne) Wörter oder dann juristische oder medizinische. »Ja, kam es zum Verkehr?« muß ein Richter nicht allzu selten fragen und *kann* es eigentlich fast nur so fragen. Spanisch hieße dies vielleicht: *¿Han llegado a las últimas?* Also wörtlich, allzu wörtlich: »Sind Sie zu den letzten Dingen gekommen?« Wieder somit ein kräftiges Übersetzungsproblem, hier für *faire l'amour* oder *to make love.* Übrigens ging englisch *to make love* nicht von jeher – wir haben da wieder, historisch gesehen und ziemlich versteckt, etwas Französisches im Englischen; diese Wendung hat sich im Englischen erst im 20. Jahrhundert vom Französischen her durchgesetzt. Beide Wendungen aber – das ist jetzt mein Punkt – kann man immer gebrauchen, wenn man überhaupt *davon* reden kann. So erklärte einmal der Schriftsteller Michel Tournier im französischen Fernsehen im Blick auf seinen Roman *Goldtropfen, Goutte d'or,* die Nordafrikaner hätten die Meinung, ein blondes Kind (das gebe es gelegentlich auch bei ihnen) komme zustande, »quand on fait l'amour en plein soleil«. Wie hätte er (er spricht vorzüglich Deutsch) das auf deutsch – bei dieser Gelegenheit – sagen sollen oder können? Ich will hier keine Vorschläge machen.

Hemmungen habe ich bei *Liebe machen* auch, vielleicht liegt die Hemmung darin, daß *Liebe* und *machen* nicht so zusammen passen wie *love* und *make* oder *faire* und *amour*. Oder: unser *machen* ist *make* und *faire* nicht gleich (auch, was unseren Punkt angeht, nicht italienisch *fare* oder spanisch *hacer* – *fare l'amore* und *hacer el amor*). Noch größer sind meine Hemmungen (und gewiß nicht nur meine) bei *sich lieben* (›dann liebten sie sich‹, auch etwa gar – ich las es im *Spiegel* in einem Zitat aus Adorno! – ›sich von hinten lieben‹). *Miteinander schlafen* ist doch zumindest ziemlich ungenau, weil ja das Schlafen weder notwendige noch gar hinreichende Bedingung ist – wie nützlich klärend ist diese scholastische Unterscheidung zwischen diesen beiden Arten von Bedingungen doch immer wieder! *Es miteinander treiben* ist doch wohl bereits einigermaßen vulgär. Also: que faire? Manche Autoren, auch gute Autoren, verwenden mehr und mehr *Liebe machen*. Der *Duden* weiß zu dieser Wendung: »umgangssprachlich; *koitieren*« (da haben wir's!). »Lehnübersetzung von englisch *to make love*«. Ein Beispiel nennt er, 1999, noch nicht (es gibt aber welche). In der Tat: vielleicht kann man, vielleicht könnte man sich doch daran gewöhnen. Denn was ich zu dem Unterschied zwischen *machen* und *faire* oder *make* sagte, ist nicht zwingend. Irgend etwas Normales sollte man ja doch, finde ich, sagen können.

Übrigens hat Julien Green in einem späten Tagebuch sprachkritisch festgestellt: *faire l'amour,* das gehe nun wirklich nicht, eben weil sich *Liebe* und *machen* nicht vertrügen. Aber so wörtlich darf man eine Sprache eben nicht nehmen – oder nur manchmal. Sonst würde man auf Schritt und Tritt auf derlei stoßen und dann daran hängenbleiben. Was also *Liebe machen* angeht, könnte ich rein sprachlich – und in diesem Fall auch rein linguistisch – nur sagen: warum eigentlich nicht? Im Englischen, wie gesagt, ging's ja lange Zeit auch nicht, und jetzt – und seit längerem schon – geht es. Und wie! Und *Sinn machen* (hierüber in der Glosse »Lehnbedeutungen«) hat sich ja nun ebenfalls fast ganz durchgesetzt.

Das Gebiet des Sexuellen hat auch sprachlich viel Eigentümliches. Einen Punkt hebt schon Cicero verwundert und wie kopfschüttelnd (man glaubt, es zu sehen) hervor: »Es zu tun ist nicht verwerflich, darüber zu reden schmutzig«, »Facere non turpe est, dicere obscoenum.«

Postskriptum:

Neben den Lücken gibt es in einer Sprache aber auch, was Mario Wandruszka »die glücklichen Funde« nannte. Als Beispiele für das Deutsche führt er an: *Erlebnis, Stimmung, Gemüt, Gemütlichkeit, Tüchtigkeit.* Und er zitiert Simone de Beauvoir (»la grande Sartreuse« – ein gewaltiges Wortspiel), die im Jahr 1934 ihren Freund in Berlin besuchte, der dort Phänomenologie studierte; in *La force de l'âge* berichtet sie: »Ich trank Bier in gewaltigen Bierhäusern. Eines bestand aus einer ganzen Flucht von Sälen, und drei Orchester spielten gleichzeitig. Um elf Uhr morgens waren alle Tische besetzt. Die Leute hakten sich unter und bewegten sich sitzend hin und her. ›Das ist Stimmung‹, erklärte mir Sartre«, »A onze heures du matin, toutes les tables étaient occupées, les gens se donnaient le bras et se balançaient en chantant: ›C'est la stimmung‹, m'expliqua Sartre«. In der Übersetzung geht der Witz verloren, eben weil Sartre (und

Beauvoir) das *deutsche* Wort mit der Unterstellung, es sei unübersetzbar, verwendeten. Übrigens fehlt, wie die Stelle zeigt, dem Französischen, da die Sache selbst fehlt, auch ein Wort für Schunkeln, weshalb die Autorin die Sache einigermaßen umständlich beschreibt – da geht nun wieder etwas verloren, wenn man einfach »die Leute schunkelten singend« übersetzte. Wie gesagt: es war in Berlin 1934 – Sartre ist da sonst nahezu nichts aufgefallen. Er studierte damals ja auch Husserl (der freilich durfte zu dieser Zeit die Universitätsbibliothek in Freiburg schon nicht mehr betreten).

Ein sehr deutsches Wort und durchaus etwas wie ein ›Fund‹ ist merkwürdigerweise auch *Temperament* und dann *temperamentvoll.* In dieser positiv bewertenden Bedeutung gibt es dieses Wort in den benachbarten Sprachen, in denen es neutral die Veranlagung meint, nämlich nicht. Da kann man das Gemeinte dann nicht so schnell und schlagend sagen. Oder eigentlich: dieses Gemeinte gibt's dann gleichsam gar nicht! Man kann also – französisch, englisch, spanisch – nicht sagen: ›Elle a du tempérament‹ oder ›beaucoup de tempérament‹ oder ›She has much temperament‹ oder ›Tiene mucho temperamento‹.

Lücken 2

Manchmal fehlt einer Sprache ein nützlicher Ausdruck oder eine nützliche Unterscheidung, die eine andere zur Verfügung hat. Und weil diese andere diesen Ausdruck *hat* (Wort oder Ausdruck ist ja immer auch Unterscheidung), sieht sie dann auch manches unwillkürlich genauer. Oder vielmehr, denn eine Sprache ist kein Subjekt: die in und mit ihr Sprechenden tun dies. Weil sie zwei oder drei Wörter haben statt nur einem einzigen, sehen sie genauer. Es kann jedenfalls so sein.

So gibt es im Französischen die gute, weil überaus angebrachte und nützliche Unterscheidung zwischen dem *pays réel* und dem *pays légal:* dem Land also, wie es wirklich, in seinen Menschen nämlich, ist, und dem Land, wie es sich in seinen (politischen) Institutionen und Exponenten präsentiert. Daß diese beiden Länder oft erheblich auseinandergehen, daß sich ein einzelnes Land tatsächlich oft als zwei verschiedene Länder zeigen kann, ist bekannt, und Beispiele ließen sich leicht finden. Denken wir nur an die sogenannte Ausländerfeindlichkeit, an das, was dieses Stichwort mit gutem Grund anvisiert. Oder an die Todesstrafe. Oder, in den europäischen Ländern, an das Verhalten zu »Europa«. Beunruhigend ist es ja schon, daß das *pays légal* oft, wie in diesen Fällen, besser ist als das *pays réel* – es gibt aber auch den umgekehrten Fall, sogar in Demokratien.

Man muß sich also klarmachen, *welches* Land man eigentlich meint, wenn man von Deutschland oder Frankreich oder England oder Spanien redet. Natürlich kann man diese Unterscheidung auch im Deutschen gedanklich machen; darum geht es nicht. Im Französischen jedoch, vielleicht auch anderswo, ist nun aber einmal (und darum geht es) diese recht geläufige handliche und erkenntnisfördernde knappe Unterscheidung da, die uns leider fehlt.

Hinzuzufügen ist, daß sie in Frankreich ursprünglich aus der rechten Ecke kommt und meinte, daß die Institutionen sich entfernt haben vom Volk, daß das Volk ganz anders sei, anders denke und fühle als die Regierung und die ›Offiziellen‹ – eine Art Delegitimierung der Demokratie. Doch ist die Unterscheidung nun, wie es scheint, gleichsam entgiftet und wird neutral und rein sachlich gebraucht. Und in der Tat: auch wenn sozusagen alles in Ordnung ist und die Demokratie nicht angezweifelt wird, ist die Unterscheidung *le pays légal* und *le pays réel* gut und wichtig, weil sie auf einem tatsächlichen Unterschied, mit dem immer zu rechnen ist, beruht.

Von der Herstellung einer Niederlage – sprachlich

Man kann, wie man weiß, mit Sprache, allein schon mit *ihr,* also mit den bereitliegenden ›Mitteln‹ einer Sprache einiges machen. Und es ist schon erstaunlich, wie viele dies ganz vorzüglich, nahezu unbewußt, ohne es gelernt zu haben, tun. Das heißt: irgendwie müssen sie es natürlich schon gelernt haben, wenn auch ohne Lehrer.

So kann man zum Beispiel auf einfachem Weg jemandem eine argumentative Niederlage bereiten, man kann sie – fast rein sprachlich – *herstellen.* Einige Wendungen irritieren mich in dieser Hinsicht – besonders wegen ihrer nicht leicht auffallenden und durchschaubaren Billigkeit.

So etwa die: *mußte sich sagen lassen.* Die Wendung ist ja in politischen und auch wissenschaftlichen Auseinandersetzungen beliebt. »X mußte sich von Y sagen lassen« – das genügt schon, um X und seine Darlegungen als inferior zu kennzeichnen. Da geschah, so kommt es unzweideutig heraus, eine verdiente Abstrafung! Und dabei ist Y noch nicht einmal besonders positiv herausgestellt. Denn die Wendung kann ja umgekehrt – und ist dann noch wirkungsvoller – gerade implizieren, daß X dies *sogar* durch Y geschah, der nun wirklich nicht als speziell profund oder als wissenschaftlich auf der Höhe stehend zu charakterisieren ist...

Dann jene andere: »Wo er recht hat (also der Y), hat er recht.« Auch so ein Satz. Er gehört aber in eine leicht verschiedene Rubrik – mit ihm kann man ungestraft auch einem in jeder Hinsicht unmöglichen Zeitgenossen recht geben, wobei das Problem oder die Tatsache, die das Problem bildet, natürlich ist, daß niemand in schlechthin *allem,* was er äußert, unrecht haben kann. Diese Tatsache berücksichtigt sozusagen diese Wendung. »Ich bin wirklich kein Freund von Jörg Haider, aber: wo er recht hat, hat er recht.«

Sehr ähnlich verhält es sich mit: »X mußte es sich gefallen lassen, daß ...« Das ist schon beinahe ehrenrührig – es kam so weit mit X, daß er, ohne sich auch nur noch wehren zu können, diese Ohrfeige zu Recht und eigentlich fast schon mit eigener Billigung erhielt.

Im Grunde liegt aber ja doch, wie sachliche Betrachtung zeigt, in beiden Fällen (*mußte sich sagen lassen ..., mußte es sich gefallen lassen, daß ...*) wirklich nur dies vor: Y hat X dies oder das gesagt; X geschah (verbal) durch Y dies und das – das ist alles. Es ist aber ein Unterschied – und der liegt nur am Sprachlichen, und darin liegt ein Stück subtiler Gemeinheit, die irritieren kann – ob man sagt: »Meier betonte gegenüber Müller...« oder etwa auch »Müller wurde von Meier entgegengehalten...« oder aber dann: »Müller mußte sich von Meier sagen lassen ...« und »Müller mußte es sich gefallen lassen, daß ihm Meier ...«. Fies kann sie schon sein, die Sprache.

Deutsche Juden?

Die »jüdische Schriftstellerin« Hilde Domin, hieß es kürzlich in einer süddeutschen Zeitung (also nicht in der *Süddeutschen*), habe einen Preis bekommen. Abgesehen davon, daß in diesem Fall wohl doch »Dichterin« angemessener wäre – warum mußte hier »jüdisch« gesagt werden? Auf meine irritierte Anfrage teilte mir die Redaktion sogleich einlenkend mit, dies sei schon von der Agentur in dieser Form gemeldet worden, und leider habe man es dann »im abendlichen Streß nicht mehr hinterfragt«.

Also: Hilde Domin ist eine deutsche Dichterin – punktum. Etwas von Antisemitismus, ein wenig von ihm, ihn jedenfalls Förderndes liegt, finde ich, schon darin, daß bei jeder Gelegenheit, auch dann, wenn es rein gar nichts zur Sache tut (oder zur Person), mitgeteilt wird, dieser oder jener (diese oder jene) sei Jude oder Jüdin. Man sollte dies, meine ich sehr entschieden, unterlassen. Also es wirklich nur dann tun, wenn der Zusammenhang es erfordert. In einem Gedenkartikel auf Gustav Gründgens berichtete Joachim Kaiser, der »jüdische Star-Kritiker« Alfred Kerr habe seinerzeit, als Gründgens 1932 mit dem »Mephisto« hervortrat, höchst beeindruckt geschrieben: »Doch er ist, ist, ist einer von den Unsren.« Da natürlich mußte, was Kerr angeht, »jüdisch« gesagt werden, weil sonst zumindest diejenigen, die es nicht wußten, den Satz gar nicht verstanden hätten. Übrigens ist Kerrs Äußerung bemerkenswert, und es wäre interessant, genauer zu ermitteln, was er mit ihr meinte. Was erschien ihm an dem jungen Gründgens als jüdisch? Er redet von »ironischem Geist« und dann von »einem Schimmer von – beinah Sehnsucht, die nicht vortritt« (schön gesagt, herrlicher Journalismus, aber zwei Jahre später hätte er es nicht mehr gesagt oder anders). Also: was soll diese ständige und nervende Herausstellung, diese Identifizierung des Juden oder gar »Jüdischen«? Als ich kürzlich einem hohen Beamten a. D. von Steven Pinker erzählte (über Pinker in »Der Gesang des Buckelwals«), sagte der mir alsbald – und so, als müßte ich ihm für die Mitteilung dankbar sein –, dies sei in Amerika ein »klassisch jüdischer Name«. Womit für mich das Gespräch, vielleicht war ich ungerecht, beendet war.

Der Fall ist ja der, daß die deutschen Juden ganz vorwiegend zunächst einmal *Deutsche* waren, was für die französischen, die englischen und so weiter wohl ebenso galt. Sie waren weithin *überhaupt* nur Deutsche. Sie waren ja längst »assimiliert«, was auch wieder ein hier sehr problematisches Verbum ist. Von »Assimilanten« sprach unüberhörbar nicht ohne – völlig unangebrachte – Verachtung Gershom Scholem. »Ich verbitte mir diesen Ausdruck!« sagte in einem Gespräch (es war 1982, wir waren beide, übrigens von Ernst Nolte, zu einem Abendessen eingeladen) Richard (»Rix«) Löwenthal ziemlich verärgert zu mir, beruhigte sich aber sogleich, als ich, mich quasi entschuldigend, hinzusetzte, ich hätte den Ausdruck von Scholem. »Ja, das kann ich mir denken!« Die Nennung dieses Namens war in diesem unerwartet kritischen Augenblick für mich wie ein Blitzableiter.

Also: die übergroße Mehrheit der deutschen Juden waren Deutsche – punktum. Und vielfach waren sie, wie die anderen Deutschen auch, zunächst Preußen oder Schwaben oder Franken oder dann Berliner oder Frankfurter. Und ›national‹ bis nationalistisch – es ist ja auch nur eine Nuance – dachten sie zuallermeist auch. Es gilt zum Beispiel für Victor Klemperer, und von Edmund Husserl soll man zuletzt, er starb – gerade noch rechtzeitig – 1938, noch diesen Satz gehört haben (es ist zum

Weinen): »Und das mir, wo in meinem Hause immer national gedacht wurde.« Und es gilt sogar für den Fall, daß sich diese Deutschen in einem religiösen oder konfessionellen Sinn wirklich ›noch‹ als Juden verstanden oder dies einfach noch waren. Sie empfanden sich dann eben quasi als der dritten Konfession, neben evangelisch und katholisch, zugehörig. Man redet ja auch nicht von »deutschen Katholiken« oder tut dies nur etwa dann, wenn man die deutschen Katholiken von den übrigen, etwa den italienischen oder englischen, unterscheiden will.

Auch hier geht es – und hier ist sie eminent wichtig – um sprachliche Sensibilisierung. Wir reden von den Juden so, als gehörten sie eigentlich nicht oder nicht eigentlich zu uns, was allerdings auch außerhalb Deutschlands geschieht (und nicht bloß in Österreich). Als vor einer Reihe von Jahren der Präsident Israels auf Staatsbesuch in Deutschland war, sagte, wie man hörte, ein Politiker, der etwas Nettes sagen wollte, zu Ignaz Bubis, der dergleichen gewohnt war: »Ihr Präsident macht aber einen sehr guten Eindruck!« Auch so etwas ist Folge solchen Sprachgebrauchs oder: in diesem Sprachgebrauch drückt sie sich aus.

Mein Vorschlag wäre also erstens, auf die Kennzeichnung »jüdisch« oder »Jude«, wenn immer es nicht unabdingbar ist, zu verzichten, sie zu unterlassen, und zweitens, wenn schon davon geredet werden muß, nicht von »deutschen Juden« zu sprechen, sondern von »jüdischen Deutschen«, abgesehen von bestimmten Zusammenhängen natürlich – wenn etwa, analog zu »deutschen Katholiken«, die *deutschen* Juden unterschieden werden sollen von den französischen oder englischen oder nordamerikanischen und so fort. Aber der Normalfall der Verwendung ist dies ja nicht. »Jude« und »Jüdin«, »deutscher Jude« und »deutsche Jüdin« sollte man nur den oder die nennen, die dies ausdrücklich wollen, die sich also zunächst und primär so verstehen. Das ist gewiß zu respektieren. Obwohl es mir – aus guten Gründen – mißfällt. Man beachte hier auch die offizielle und nun natürlich auch schon wieder ›alte‹ Bezeichnung »Zentralrat der Juden in Deutschland«, die die Alternative einigermaßen vermeidet. Aber glücklich ist auch sie nicht.

Und sonst? Man kennt die hübsche Definition »ex negativo«, für die vieles spricht: »Ein Christ ist jemand, der nicht in die Kirche, ein Jude jemand, der nicht in die Synagoge geht« (und ein Protestant, ließe sich wohl hinzusetzen, ist einer, der nicht katholisch ist). Bei jenem Gespräch sagte Richard Löwenthal schließlich auch (Nolte, den diese Frage fesselte, hatte ihn direkt nach seiner jüdischen Identität gefragt): »Sie wollen also wissen, warum ich Jude bin. Ja, warum bin ich es? Sehen Sie: ich weiß es nicht. Mein Vater hat nur noch bezahlt. Meine Schwester und ich, wir sind mit vierzehn ausgetreten. Wir hatten damit nichts mehr zu tun« (er sagte »nischt mehr«). »Also, warum bin ich Jude? Ich kann eigentlich nur sagen – ich bin es, weil man es mir gelegentlich sagt.« So untypisch dürfte dieser Fall nicht sein. Natürlich: es gibt oder gab das ›jüdische Schicksal‹; dieser Ausdruck – Golo Mann gebrauchte ihn gern – leuchtet nun wirklich ein...

Ich selbst als nicht-jüdischer Deutscher (und vielleicht bin ich da doch nicht der einzige, der dies findet) finde die Bezeichnungen ›deutsche Juden‹ und auch ›Juden in Deutschland‹, wie angedeutet, leicht irritierend. Zunächst sind sie ausgrenzend – von den Nicht-Juden her gesehen. Dann aber ist es auch nicht ohne Schwierigkeit, wenn eine Gruppe einerseits alle normalen Bürgerrechte und -pflichten beansprucht, andererseits aber direkt und indirekt – und bereits sprachlich – unausgesetzt signalisiert: Moment, wir sind aber etwas ganz anderes als ihr! Deshalb sollten, auch und gerade die ›Juden in Deutschland‹ selbst, immer mal wieder und immer öfter von ›jüdischen Deutschen‹ reden – zumindest aus dem Mund von Michel Friedman, im Fernsehen habe ich es auch schon gehört.

September 2001 war in der *Frankfurter Allgemeinen* ein Bericht über ein Gala-Diner im Berliner »Jüdischen Museum« (dieser Ausdruck ist nun wirklich angemessen), in dem es hieß, daß die »Neutralisierungsmaschine von Markt und Showbetrieb ... dem Verhältnis von Deutschen und Juden eine glückliche Stunde bereitete«. Diese Entgegensetzung *Deutsche* und *Juden* halte ich für denkbar ungut. Dergleichen sollte ganz und gar aufhören! Übrigens kommt, es ist ein Skandal, Victor Klemperer in diesem Museum nicht vor – vielleicht, insofern gehört es zum Thema, weil er so deutsch dachte und so hoffnungslos deutsch war? Weil er ein »Assimilant« war? So sitzt dieser Mann, dem übrigens die Bombardierung Dresdens, wie einer Reihe anderer jüdischen Deutschen auch, zur Rettung wurde, auch noch postum »zwischen allen Stühlen«.

Das Thema ist heikel und vielschichtig, ich weiß. Aber es kommt hier vor allem darauf an, daß man nicht gleichsam bewußtlos redet, sondern sich Rechenschaft darüber gibt. In letzterem Falle könnte das Ergebnis auch anders sein als mein Vorschlag. Aber – und dies war mein erster Punkt – der ständige, unmotivierte Hinweis ›Jude‹ oder ›jüdisch‹ ist auf jeden Fall von Übel, oder er ist die Fortsetzung, die fortdauernde Kultivierung eines Übels.

Die Etymologie-Falle

Diese Glosse wird etwas schwierig. Gerade die Sprachfreunde hängen an der Etymologie, können von ihr nicht lassen. Was stört mich an ihr? Sie selbst keineswegs, wohl aber – zum Teil – ihre Anwendung.

Da gibt es nämlich, unausrottbar, zwei erhebliche Fehler. Erstens ist da die Verwechslung von *ursprünglich* und *eigentlich*. Man meint, beide Adjektive meinten dasselbe, meint also, denn darauf läuft es hinaus, die ursprüngliche Bedeutung eines Worts sei auch seine eigentliche und wahre. Und dies – ursprünglich und eigentlich – sind doch ›eigentlich‹ zwei sehr verschiedene Dinge! Wieder einmal wird hier die Geschichtlichkeit einer Sprache, die Geschichtlichkeit *alles* Sprachlichen, nicht gesehen. Zweitens gibt es hier den merkwürdigen und letztlich doch absurden Gedanken, der sich meist der genannten Verwechslung von *ursprünglich* und *eigentlich* hinzugesellt, nämlich: eine Sache sei ›eigentlich‹, also ihrem ›Wesen‹ nach, was das Wort, das diese Sache bezeichnet, *ursprünglich* bedeutet hat und also – erster Fehler – ›eigentlich‹ bedeutet. Man braucht den Gedanken nur zu Ende zu denken, um sich seiner Absurdität alsbald innezuwerden – warum sollte ein Ding seinem ›Wesen‹ nach sein, was das Wort, das es bezeichnet, ursprünglich bedeutet hat? Da setzt man träumerisch voraus – und wirklich: es ist ein Traum –: ursprünglich, in ihrem Anfang, trafen die Wörter das Gemeinte genau; also muß man nur dahin zurück, dann hat man die richtigen Bedeutungen und die richtige Auffassungen des von ihnen Gemeinten.

Was ist Etymologie? Sie ist die Kunde oder Lehre erstens von den ›Etyma‹ – *das Etymon, die Etyma.* Die Etyma sind die Wörter oder Wortwurzeln, die den Wörtern historisch zugrunde liegen, auf die sie also historisch (wie anders?) zurückgehen; zweitens ist die Etymologie nach neuerer Auffassung nicht nur dies, sondern auch die Erforschung, die Aufdeckung der Geschichte eines Worts durch die Zeiten hindurch, und dabei geht es nicht nur um die materielle Gestalt oder Form des Worts, sondern auch um seine Bedeutung. Das ›Etymon‹ ist also das ursprüngliche Wort.

Ein Beispiel. Das englische Adjektiv *gentle* geht auf altfranzösisch *gentil* zurück und dieses auf das lateinische *gentilis,* das zunächst einfach bedeutete »zu einer oder zu derselben ›gens‹ gehörend«, und *gens* meinte zunächst eine Sippe, ein Geschlecht, und zwar ursprünglich von Patriziern. Es gab im alten Rom Leute, nicht wenige, die man »sine gente« nannte, also gleichsam als »ohne Familie« ansah, praktisch meinte man aber »von niederem Rang«. Es gibt ja auch bei uns noch den positiv gewendeten quasi entsprechenden Ausdruck »er (sie) ist von Familie«, was ja eigentlich dasselbe aussagt und, denkt man es zu Ende (aber eben: dies tut man ja nicht), impliziert, daß die anderen, diejenigen also, die nicht »von Familie« sind, überhaupt keine Familie haben. Eigentlich doch eine Unverschämtheit. Aber eben – dies gehört nun gleich zu unserem Problem: *›ursprünglich‹* hieß die Wendung »von Familie« dies, *›eigentlich‹* aber, nämlich von *heute* aus gesehen, meint sie dies keineswegs. Heute meint man mit ihr einfach (und der Ausdruck ist ja auch bereits ziemlich altertümlich): »er (sie) gehört zu einer adligen Familie, ist adlig«.

Doch zurück zu lateinisch *gens.* Dieses Substantiv hängt dann wieder mit dem Verb *gignere (genui, genitus)* zusammen, das ›zeugen‹ und ›gebären‹ heißt – diese beiden doch einigermaßen verschiedenen Dinge oder Vorgänge oder Handlungen werden in diesem Verb großzügig zusammengenommen (es kommt ja auch auf den Unterschied nicht immer an). Lateinisch *gignere* hängt nun wieder mit griechisch *gígnomai* zusammen, das übrigens mit unserem *Kind* verwandt oder, wie man in diesem Falle sagt, »urverwandt« ist (verwandt also von der indogermanischen Ursprache her). Die Geschichte dieses Worts *gentilis* vom alten Lateinischen bis zum neuen Englischen und Französischen (und Italienischen und Spanischen und Portugiesischen) hin zu verfolgen wäre eine interessante Unternehmung, die viel Sozial- und Geistesgeschichte zu berücksichtigen hätte. Es ist ja, wie angedeutet, ein Schlüsselwort für das Lateinische, für das Französische (da gilt es besonders für das Mittelalter, also für die altfranzösische Zeit), für das Englische und für die übrigen genannten Sprachen auch.

Doch, »hier stock' ich schon« – ist es eigentlich jeweils ›dasselbe‹ Wort? Identisch ist doch eigentlich nur die materielle Form, der dann aber wechselnde Inhalte, Bedeutungen zugeordnet sind. So hätten wir *eigentlich* hier immer wieder von verschiedenen, von neuen oder anderen Wörtern zu reden. Nehmen wir den recht normalen französischen Satz »Tu es gentille, ma petite!« oder etwa den empörten, jeden Einwand niederschmetternden Ausruf eines Mannes, versteht sich, wenn gegen eine freundliche, ihm sympathische Bedienung eines Lokals etwas gesagt wurde (es ist auf netteste Art machistisch): »Mai taistoi – elle est gentille, la petite!« Dies hat nun wirklich gar nichts mit lateinisch *gentilis* oder auch mit englisch *gentle* zu tun. Dies sind doch drei verschiedene Wörter. Nur etymologisch und vom Materiellen her gesehen sind sie ›dasselbe‹ Wort. Also: man kann das sagen – ›dasselbe Wort‹: man muß nur wissen, daß es eigentlich nicht stimmt. Man muß wissen, was man meint, dann kann man auch etwas ›eigentlich‹ Falsches sagen. »Salem!« aber und »Schalom!« – anderes Beispiel – sind tatsächlich dasselbe Wort, denn beide gehen auf dasselbe Wort zurück und meinen dasselbe. Den Beteiligten hilft dies aber leider nicht.

Nebenbei: die englische Form oder, wie sprachwissenschaftliche Laien sagen, die Aussprache *'dschentl* mit stimmhaftem oder, wie Laien sagen, ›weichem‹ *sch* beweist geradezu, daß man im Französischen bis 1066 zumindest, als das Wort auf die Insel kam, noch diesen d-Vorschlag vor dem ›weichen‹ *sch* hatte, der ja auch im Italienischen *gentile* ist und der sich französisch nach 1066 verloren hat oder, da er ja nicht mehr da ist (so einfach ist das), sich verloren haben *muß*. So erlaubt uns dieses historisch feststehende Datum – Hastings, Wilhelm der Eroberer, die französisch sprechenden Normannen in England – und der heutige englische und französische Befund sogar eine Datierung im Sinne eine »Datums, *nach* welchem«, »terminus post quem« oder auch »*vor* welchem *nicht*«, »ante quem non«. Also konkret: erst nach 1066 kann im Französischen der d-Vorschlag vor dem weichen *sch* geschwunden sein, vorher *kann* er noch nicht geschwunden sein, denn sonst wäre er ja im Englischen nicht bis heute da; im Englischen ist das Wort in *dieser* Hinsicht also lautlich geblieben, wie es, als es auf die Insel kam, war.

Um zum Problem der Etymologie zurückzukehren: neufranzösisch *gentil* und englisch *gentle* meinen somit nicht *eigentlich* »zu einer Patrizierfamilie gehörend« – das ist nur die *ursprüngliche* Bedeutung der Lautformen von französisch *gentil* und von englisch *gentle*. Dies nicht zu sehen wäre also der erste Fehler. Und der zweite wäre der, nicht zu sehen, daß dasjenige, was die beiden Eigenschaftswörter meinen, keineswegs ›eigentlich‹ etwas irgend Patrizierhaftes oder Adliges ist. Genausowenig ist etwa ein Boulevard ›eigentlich‹, seinem ›Wesen‹ nach ein Bollwerk, denn etymologisch geht das Wort auf niederländisch *bolwerc* zurück, das dergleichen meinte. Wogegen sollten der Boulevard Saint-Michel oder der Boulevard Haussmann ein Bollwerk sein?

Zum ersten Fehler. Ein Wort ist so etwas wie ein Kontrakt, den eine Sprachgemeinschaft mit einer bestimmten Lautform in bezug auf ein bestimmtes ›Ding‹ geschlossen hat (es kann auch, wenn es um ein Adjektiv geht, eine Eigenschaft oder, wenn ein Verb im Spiel ist, etwas Handlungs- oder Geschehenshaftes sein). Ein Kontrakt wohlverstanden – wieder die Geschichtlichkeit – auf Zeit! Das heißt: er kann verändert, sogar völlig verändert oder gelöst werden.

So wurde, was jedenfalls mich noch außerordentlich stört, für die deutsche Lautform *kontrollieren* der alte Kontrakt geändert oder genauer, in diesem Falle, *erweitert*: das Verb meint nun nicht mehr nur, was es ja noch immer meint, nämlich »überprüfen« (»Der Schaffner kontrolliert die Fahrscheine« oder »Jede Stunde kommt eine Schwester und kontrolliert seinen Blutdruck«), sondern auch und mehr und mehr im Sinne von englisch *to control* »beherrschen« (»Das ganze Gebiet wird seit Jahren von den Guerrillas kontrolliert«) – das sind doch zwei recht verschiedene Arten von »kontrollieren«, die kontinentale sozusagen und die britische. Das zuständige Langenscheidt-Wörterbuch (Neubearbeitung H. Messinger 1996) gibt *control* als Verb bereits so wieder (soweit sind wir also schon): »1. beherrschen, die Herrschaft oder Kontrolle haben über ..., etwas in der Hand haben oder kontrollieren ... 2. verwalten, beaufsichtigen, überwachen; *Preise etc.* kontrollieren, nachprüfen«. Die alte, kontinental zunächst ausschließliche Bedeutung ist also auch im Englischen da.

Zum zweiten Fehler. Hier ist die Sache komplizierter. Er liegt darin, daß er dem Wort etwas zutraut, was es nicht leistet, nicht leisten *kann*. Wenn man wissen will, was das *ist*, was französisch *gentil* und englisch *gentle* bezeichnet, dann muß man, vom jeweiligen Wort geleitet – aber vom jeweiligen Wort, das es *heute* ist –, über die jeweilige Sache selbst, also über das hier zu Beobachtende nachdenken. Man braucht das Wort zu solch beobachtendem Sammeln und Nachdenken, um das ›Ding‹ erst einmal zu orten. Aber man kann es doch nur als Ausgang oder

Einstieg gebrauchen, und die inhaltlich benachbarten Wörter – bei *gentil* etwa *sympathique* oder *aimable* oder *chic* – braucht man auch. Dieser zweite Fehler verdoppelt also den ersten. Er verdinglicht ein Wort zu einer übergeschichtlichen Größe. Die Bedeutungen »gentil« und »gentle« bleiben für diesen Fehler einfach »gentilis«. Genauer: »gentilis« bleibt für ihn die *eigentliche* Bedeutung, während es doch nur die ursprüngliche und längst vergangene ist. Sodann aber springt er zu allem hin, so als reiche dies noch nicht, von der ursprünglichen (für ihn eigentlichen) Bedeutung der Lautform des Worts zur gemeinten Sache selbst über und setzt so – eine absurde Identität – aktuelles Wort, Etymon und gemeinte Sache gleich.

Martin Heidegger argumentiert im Blick auf einen Begriff wie »Wahrheit« tatsächlich so. Das griechische Wort für »Wahrheit« ist *alétheia*. Es bedeutet, stellt er fest, ›eigentlich‹ (erster Fehler) »Unverborgenheit« (»a-létheia«). ›Ursprünglich‹ hätte er sagen müssen, aber eben – er macht ja da keinen Unterschied. Also, schließt er und geht nun (zweiter Fehler) zur Sache selbst über, *ist* Wahrheit ›eigentlich‹, ihrem Wesen nach, »Unverborgenheit« oder »Entborgenheit« oder später dann, was zum denkerischen ›Lokal‹ Todtnauberg besser paßt, »Lichtung«. Natürlich klingt dies alles – halbreligiös, halbtheologisch – ein wenig in Richtung »Offenbarung«. Und natürlich ist damit – dies ist nun sehr wichtig –, was Heidegger zu »Unverborgenheit« sagt, keineswegs widerlegt. Nur muß ihm die Legitimation dann anderswoher kommen – nicht von dem Wort *alétheia*. Wahrheit könnte trotz dieser Fehler tatsächlich in ihrem ›Wesen‹ »Unverborgenheit«, »Entborgenheit« oder »Lichtung« sein. Ich lasse offen, weil dies meine Möglichkeiten überstiege (es wäre auch nicht mehr Sprachkritik), ob Heidegger eine *andere* Legitimation für seine Gleichsetzung hat als die sprachliche. Die sprachliche jedenfalls trägt gar nicht.

Übrigens, da ist ein weiteres Problem, kann Heidegger nicht

wissen – das ist die crux bei Texten in alten Sprachen –, ob die griechischen Philosophen, auf die er rekurriert, tatsächlich bei *alétheia* noch etwas wie »Unverborgenheit« präsent hatten. Man könnte dies nur behaupten, wenn die Kontexte des Worts so wären oder zumindest einer jener Philosophen es selbst explizit gesagt hätte. Ich nehme an, daß es da keinen gibt, sonst hätte Heidegger ihn gewiß zitiert. Es wäre zumindest für seine Interpretation des Wahrheitsbegriffs bei den *Griechen* ein starkes Argument.

Die Problematik solch etymologisierenden Sprachdenkens ist den meisten Sprachkritikern leider nicht ›heimzubringen‹ (ein Anglizismus, aber er gefällt mir). Da sind sie sprachgläubig und haben doch, weil Glauben etwas anderes ist als Wissen, etwas sehr Elementares nicht verstanden.

Übrigens reden auch Sprachwissenschaftler gelegentlich so. Aber sie wissen dann schon, wie es ›eigentlich‹ ist, und sie springen danach auch nicht, schon weil sie dies nicht interessiert, zur Sache hinüber, wie etwa die Philosophen dies tun, sie machen also nicht, was bereits die Scholastiker schulmäßig (darum sind sie Scholastiker) als gravierenden Fehler herausstellten, nämlich den unberechtigten gedanklichen »Übertritt zur Sache«, »transitus ad rem«. So sagt zum Beispiel der große Hermann Paul zu dem deutschen Wort *fertig:* »Es bedeutet eigentlich (!), wie die Etymologie (!) zeigt, ›in einem zu einer Fahrt (d. h. auch einem Ritt, einem Gange) geeigneten Zustande, ›zu einer Fahrt gerüstet, bereit‹.« Fertig wäre also im Grunde ›fährtig‹. Es ist ja auch, rein etymologisch gesehen, nicht uninteressant. Und die meisten werden überrascht sein, es zu erfahren. Paul sagt also ›eigentlich‹, aber es ist schon klar, daß er ›ursprünglich‹ meint. Von ›fährtig‹ kommen wir denn auch schwerlich zu den heutigen Bedeutungen von *fertig,* wenn etwa jemand sagt: »Ich bin total fertig« oder »Sie hat ihn fertig gemacht«. Da ist doch alles andere als »fahrtbereit« gemeint.

Eher das Gegenteil. Es sei denn, es gehe um eine ganz andere, definitive Fahrt.

Nachzutragen bleibt, daß bereits das Wort *Etymologie* nicht etymologisch verstanden werden darf. Man ginge sonst auch hier in die Irre, denn griechisch *tò étymon* heißt tatsächlich »das Wahre«. Etymologie wäre somit etymologisch die Lehre oder Rede *(lógos)* vom Wahren. Also nicht nur: von der wahren Wortbedeutung, was sie auch nicht ist, sondern gar: vom Wahren überhaupt. Was sie erst recht nicht ist. So stecken also beide Fehler schon in der Etymologie von *Etymologie*.

Postskriptum:

Es gibt einen Dialog von Karl Valentin, einen der bekanntesten, der quasi etymologisch ist. Da geht es um das Wort *Semmelknödel* oder, wie Karl Valentin hervorhebt, da es ja um mehrere Knödel und um mehrere Semmeln gehe: *Semmelnknödeln*. Darauf einigen sich Karl Valentin und seine Partnerin zunächst. Aber Liesl Karlstadt sagt schließlich: »Richtig muß es eigentlich Sémmelnknödeln heißen, die Semmel muß man betonen, weil die Knödel aus *Semmeln* gemacht sind – überhaupt« (und hier nun der komplette Widerspruch zum eben Gesagten) »das Wichtigste ist der Knödel – Semmel*knödeln* müßt es eigentlich ursprünglich heißen.« Somit – es ist genial und ein Stück impliziter ›kritischer‹ Sprachkritik – die synonymische Verwendung, die der Verwechslung von *eigentlich* und *ursprünglich* entspricht: »müßt es eigentlich ursprünglich heißen«.

Holocaust?

Ist eigentlich *Holocaust* ein angemessenes Wort? Ich meine ja nicht, wie zuvor gezeigt, daß das Etymon, also die etymologische Wurzel, das ursprüngliche Wort mit seiner ursprünglichen Bedeutung, immer zu dem passen muß, was ein Wort *heute* bedeutet. Dies geht auch gar nicht, denn Wörter – Geschichtlichkeit der Sprache – entfernen sich nun einmal, auch semantisch, von ihrem Etymon und manchmal außerordentlich weit.

Zum Beispiel: was heute *brav* heißt, also etwa im nun deutlich antiquierten »braven Kind« oder in (das Wort ist ja etwas ironisch geworden) »eine brave Arbeit«, hieß einmal – speziell auf Männer bezogen – »tapfer«. So sagt Valentin, Gretchens Bruder, im *Faust I* von Mephisto tödlich getroffen: »Ich gehe durch den Todesschlaf/ Zu Gott als ein Soldat und brav« (Verse 3774–4775). Frauen sind, wenn sie es sind, in anderer Weise »tapfer«: »eine tapfere kleine Frau« – was liegt in solch quasi fester Wendung nicht alles, eine ganze Welt! Dann hieß das Wort auch (und heißt es ja noch immer) »tüchtig«, was ja auch in dem – aus dem Italienischen kommenden – Ruf »Bravo!« liegt, den die Italiener übrigens an das Geschlecht anpassen, so daß sie etwa bei einer Sängerin »Brava!« (und keinesfalls »Bravo!«) rufen; zuvor hieß das Wort aber gar »wild«, was sich in der spanischen *Costa Brava*, der »Wilden«, nämlich felsigen, »Küste« also, noch zeigt und auch im *toro bravo*, wie er auf den Stierkampfplakaten – allerdings fast nur noch dort – erscheint; und das Etymon, der etymologische Ausgangspunkt, also, ist ja auch das lateinisch-griechische Wort *barbarus*. Von hier, von *diesem* Anfang aus, also geradezu ins Gegenteil bis hin zum »braven«, also denkbar unwilden Kind! Ein Beispiel für die semantische Beweglichkeit von Wörtern in ihrer Geschichte. Die Bedeutung des Etymons ist heute und schon lange ganz weg.

Im Fall von *Holocaust* kann ich mich aber nicht so leicht abfinden mit der semantischen Entfernung vom Etymon. Da müßte aus naheliegenden Gründen und vor allem auch, weil die Namensgebung ja ganz jung ist und noch in die Lebenszeit vieler heute Lebender gehört, das Wort auch etymologisch passen. Dies tut es aber ganz und gar nicht. Zur Bedeutung heute bleibe ich beim *Großen Duden;* er definiert: »a) (zur Zeit der nationalsozialistischen Herrschaft) Verfolgung, Ghettoisierung und insbesondere Massenvernichtung der Juden in Deutschland und in Europa, b) Massenvernichtung menschlichen Lebens«. Die Bedeutung ›b)‹ erscheint hier als eine Art Ausweitung oder Übertragung der von ›a)‹. So ist es aber historisch nicht. Übrigens ist die Bedeutung »a)« im *Duden* ungeschickt wiedergegeben: ein Unbedarfter oder sehr Junger, dem also Unbedarftheit nicht zum Vorwurf gemacht werden kann, könnte aufgrund dessen, was dasteht, meinen, diese Bedeutung habe das Wort »zur Zeit der nationalsozialistischen Herrschaft« schon gehabt oder doch seit dieser Zeit.

Viele bei uns sind ja der Meinung, *Holocaust* sei ein englisches Wort, was in gewissem Sinn auch stimmt. Tatsächlich ist es aber ein Wort aus der Bibel, genauer: aus dem, was in christlicher Sicht, nicht natürlich in der jüdischen, das »Alte Testament« heißt (es ist gelegentlich nützlich, daran zu erinnern). Das Wort lautet griechisch, also in der Übersetzung des »Alten Testaments« ins Griechische, der »Septuaginta«, *holokaútoma* oder *holokaústoma* oder *holókauston*, darin stecken *hólos,* »ganz«, und *kaíein,* »brennen«. Es handelt sich hier also um die Übersetzung, die Lehnübersetzung eines hebräischen Worts ins Griechische.

Dieses Wort war nun ein liturgisches Wort. Ins Deutsche wäre es zu übersetzen mit »Ganzopfer« (auch »Brandopfer«).

Dahinter steht ein einfacher Tatbestand. Wenn etwa ein Lamm oder ein Stier dem Herrn geopfert wurde, wurden nur Teile davon verbrannt, die anderen Teile wurden verspeist. Aber auch, nach bestimmten Regeln, das *ganze* Tier konnte geopfert, also verbrannt werden, und dies war dann folgerichtig ein »Ganzopfer«. Das griechische Wort *holókauston* in der »Septuaginta« ergab lateinisch, also in der »Vulgata«, der Übersetzung des Hieronymus, *holocaustum,* dann nach lateinischer Regel auf dem *au* betont, was eine bloße Adaptierung ans Lateinische ist, eines der vielen griechischen Fremdwörter im Lateinischen. Aus dem lateinischen Wort wurde altfranzösisch *holocauste,* das dann englisch als *holocaust* erscheint. Der Weg also ging – ein klassisch abendländischer Weg – vom Hebräischen über das Griechische und das Lateinische und (vermutlich) dann übers Französische (hier das Altfranzösische) ins Englische und in andere europäische Sprachen natürlich auch.

Es war offensichtlich Elie Wiesel, der dieses Wort auf die Vernichtung der Juden anwandte und es also in der heute dominierenden Bedeutung eingeführt hat. Wiesel aber übernahm das *englische* Wort, und insofern ist das Wort bei uns heute tatsächlich ein Fremdwort aus dem Englischen, denn im Englischen hatte dieses Wort, das anderswo wohl nur einigen Theologen oder intensiven Bibellesern bekannt war, eine weitere und eigentlich völlig andere Bedeutung angenommen. Englisch heißt *holocaust,* oder es hieß *vor* dieser Übernahme durch Wiesel erstens »Massenvernichtung« und speziell »Brandkatastrophe« und dann zweitens – und dies war natürlich die ältere Bedeutung – eben, in Anlehnung an den Gebrauch des »Alten Testaments«, »Ganzopfer«. Und dieses englische Wort mit seiner Ausweitung des Begriffs, die ja, noch einmal, mehr und anderes war als eine Ausweitung, nämlich eine völlige Veränderung, ja Umkehrung, lag Wiesel vor, von ihm ging er bereits aus, als er die Übertragung vornahm. Sie *erklärt* die Übertragung. Aber rechtfertigt sie sie auch? Sollte Wiesel – es ist doch eher unwahrscheinlich – die ursprüngliche Bedeutung nicht gekannt haben?

Es ist hier also im Englischen etwas geschehen, was in dieser Sprache mit lateinischen Wörtern nicht selten geschieht – eine starke semantische Veränderung gegenüber dem Etymon. Man denke nur an *sensible,* das ja keineswegs »sensibel« bedeutet, sondern »vernünftig«; auch ist *evidence* nicht »Evidenz«, sondern »Beweis«, *emergency* nicht »Emergenz«, also das »Auftauchen« von etwas, sondern »Notfall«, *familiar* ist nicht »familiär«, sondern »wohlbekannt« (das wunderschöne Heine-Wortspiel nach seinem Besuch bei Rothschild – »ganz famillionär« sei er gewesen – geht also englisch gar nicht), dann *profane* nicht »profan«, sondern »unflätig« (was ja nun wirklich nicht dasselbe ist), *a pathetic excuse* ist eine kümmerliche, nicht eine pathetische Entschuldigung, und *a fatal accident* ist ein »tödlicher« Unfall und nur insofern in der Tat dann auch »fatal«.

So ging es also auch, wie gesagt, und es ist wichtig, schon *vor* Wiesel, mit dem biblischen *holocaust.* Präsident Kennedy etwa verwendete seinerzeit das Wort im Blick auf die atomare Bedrohung: zu befürchten sei ein »nuklearer Holocaust«. Man möchte meinen, dies gehe heute nicht mehr, nachdem der Begriff sich für die Vernichtung der Juden festgesetzt hat. Dem ist aber nicht so. Das Wort wird noch immer so verwendet. Der Historiker Hayden White schreibt in der *Frankfurter Allgemeinen* (12. 02. 2003, ein Übersetzer wird inkorrekterweise nicht genannt): »Derzeit werden wir von einem ›Schurkenstaat‹ (den Vereinigten Staaten) bedrängt, der einen Traum imperialer Größe aus einer früheren Epoche ausleben will, die Welt an den Rand eines nuklearen Krieges bringt und zur Verteidigung eines Wirtschaftssystems, das die Zügelung durch Vernunft und Moral gleichermaßen zurückweist, das Risiko eines solchen Holcaust« (hier fehlt das notwendige o!) »einzugehen bereit ist.«

Man wird zugeben, daß *Holocaust* für den Holocaust etymologisch nun wirklich ganz und gar nicht paßt. Aus einem liturgisch rituellen Begriff, der sich zudem nur auf *Tiere* bezog (hier liegt für mich der stärkere etymologische Skandal), aus einem Wort für eine fromme, gottgefällige Opferhandlung wurde eines für etwas völlig anderes: das Wort für das prototypisch Böse. Vielleicht, sicher kommt, was den ›Erfolg‹ des Wortes angeht, die suggestive lautliche Beschaffenheit hinzu: die drei gleichermaßen geschlossenen o-Laute hintereinander, die im französischen *holocauste* noch reiner erscheinen – ein gleichsam schon lautlich bedrohliches, ein suggestiv herausgehobenes Wort. Ich will das nicht weiter verfolgen, will auch nicht rechten mit Elie Wiesel. Immerhin ist es bemerkenswert, wenn es sich so verhält, daß ein *einzelner*, kommen die Umstände hinzu, so prägend wirken kann.

Man wird aber feststellen müssen, daß dieser Begriff schon bedenklich ist in seiner Anwendung von der semantischen Grundlage im Englischen her: »Brandkatastrophe«! Darum ging es nun doch wirklich ganz und gar nicht. Vor allem aber spricht er der ursprünglichen – und ja noch immer lebendigen – Bedeutung Hohn.

Es gibt bekanntlich einen anderen Begriff – *Schoah* (oder in englischer Sprache – aber deutsch ist diese Schreibung ganz unangebracht – *Shoah*). Hier handelt es sich um ein hebräisches Wort, das »Sturm« und dann, davon herkommend, etwas wie »plötzlicher Untergang« bedeutet. Auch dieser neuhebräische Begriff wurde also auf das übertragen, was den Juden geschah. Da handelt es sich nun, sprachwissenschaftlich gesehen, um eine Metapher. Ist dieses Wort besser, also angemessener? Die Antwort kann nur ›ja‹ lauten. Aber man wird das andere Wort bei uns, besonders nachdem sich das enorme und zu Recht umstrittene Denkmal im neuen Berlin mit diesem Wort fest verbunden hat, was ja mit anderen Denkmälern anderswo, etwa in den Vereinigten Staaten, ebenfalls geschah, nicht mehr zum Verschwinden bringen. Leider.

Übrigens kann man sich – nun sprachkritisch – fragen, ob man ein Wort – ein einziges – dafür überhaupt braucht. Ob es nicht besser wäre, etwas länger und beschreibend, von der Ermordung der europäischen Juden zu sprechen. Liegt nicht bereits in einem solchen alles zusammenfassenden Wort, wie immer hergeleitet, etwas wie ein beruhigendes Wegschieben? Ein sprachlich erleichtertes Wegsehen? Das namenlose Verbrechen hat nun einen Namen, ist insofern ein Stück weit – schon durch die pure Einordnung – ›bewältigt‹: ›Ach so, ja, der Holokaust!‹

Aber beide Wörter *Holocaust* und *Schoah* – sind nun einmal da. Und es gibt, um auch dies noch zu sagen, keinen Grund, das erstere Wort, wenn man schon nicht auf das letztere ausweichen will, mit langem offenem o wie im Englischen zu sprechen; man sollte es *deutsch* sprechen, was auch hier heißt (das ist aber nicht immer so), wie man es *schreibt*. Ist es nicht besonders unangemessen, gerade *dieses* Wort englisch (oder halbenglisch) zu sprechen? Übrigens wäre deshalb auch die Schreibung mit ›k‹ angemessener.

Postskriptum:

Ein Beispiel für den noch neutestamentlichen Gebrauch des Worts (hier in einem Jesus-Wort) ist Markus 12,33: »und ihn (den Herrn) mit ganzem Herzen, ganzem Verstand und ganzer Kraft zu lieben und den Nächsten zu lieben wie sich selbst, ist weit mehr als alle Brandopfer und anderen Opfer«, griechisch: »pánton ton holokautomáton kai thusión« und lateinisch: »maius est omnibus holocautomatibus, et sacrificiis«. In dem Erbauungsbuch *Weg, Camino* (1939) von Josémaría Escrivá de Balaguer lautet die Nr. 186: »Man muß sich ganz hingeben, muß sich ganz verneinen: es ist nötig, daß das Opfer ein Holokaust sei«, »Hay que darse del todo, hay que negarse del todo: es preciso que el sacrificio sea holocausto«.

Spagat

Es war vor einigen Jahren in Weimar am 21. März, am Vorabend also von Goethes Todestag, an dem, jedes Jahr, das Goethe-Institut feierlich die Goethe-Medaillen verleiht. Der Oberbürgermeister empfängt im Rathaus die Preisträger und ihre Familien, dann die Jury und andere, die irgendwie dazugehören. Das Buffet steht bereit, nach einer melancholisch-witzigen Ansprache Peter Wapnewskis mit genial erfundenen Goethezitaten, redet, wie es sich gehört, der Gastgeber, der Oberbürgermeister. Er redet über die Situation seiner Stadt, dabei ein befriedigter Rückblick auf das Jahr, in dem Weimar »Europäische Kulturhauptstadt« war. Sehr, sehr viele Besucher seien gekommen und hätten die entsprechenden Häuser besucht: Goethe, Schiller, Herder und Wieland. Auch Liszt wird genannt (Nietzsche bleibt noch immer unerwähnt). Ja und dann, richtig, Buchenwald: es gebe leider, wie bekannt, ganz in der Nähe Buchenwald. Man habe aber, sagte das Stadtoberhaupt alsbald wieder munter und nun wörtlich, »den schwierigen Spagat Weimar – Buchenwald gut geschafft«.

Eine eher furchtbare Formulierung – *Spagat,* diese Journalisten- und Politiker-Metapher für schwer Zusammenzuhaltendes, paßt für diese beiden Orte – genauer: für einen von ihnen – nun wirklich nicht. Die Formulierung scheint auch nahezulegen, daß die Sache – man muß auch schon zögern bei diesem Wort *Sache* – hier als etwas vorwiegend technisch Administratives gesehen wird.

Aber – beweist sie dies wirklich? Was eigentlich beweist dergleichen? Unschwer sich auszumalen, wie Karl Kraus reagiert hätte. Oder auch Dolf Sternberger und Gerhard Storz und Wilhelm Emanuel Süßkind, die Autoren also von *Aus dem Wörterbuch des Unmenschen,* ein vormals berühmtes, vieldiskutiertes Buch – eine der frühesten Auseinandersetzungen, danach, mit der Nazi-Herrschaft, eine Sammlung von Sprachglossen, die – von 1945 an – zunächst in der neuen Zeitschrift *Die Wandlung* erschienen (als Buch kam die Sammlung zuletzt 1984 noch einmal heraus). Ich denke aber, man sollte hier ein wenig zögern – zögern mit Schlüssen, die ins *Moralische* gehen. In diesem Punkt waren die genannten, äußerst respektablen Herren, Sternberger, Storz und Süßkind, verständlich aus dem Augenblick heraus, aus dem sie schrieben, allzu streng. Mit der Moral, der »Moralkeule« – aber dieser Ausdruck ist nun fast schon definitiv ›besetzt‹, waren sie allzu schnell bei der Hand. Für den maßlos selbstgerechten Kraus, ein Genie geradezu der Selbstgerechtigkeit, gilt es ohnehin. Selbstgerecht waren die anderen drei, auch sonst von Kraus sehr verschieden, kaum – ein bißchen selbstgerecht sind wir ja alle, denn unvermeidlich ist der Blick schärfer, wenn er sich auf andere richtet. Dies gilt auch für das Sprachliche. Jedenfalls ist festzuhalten: Sprachkritik ist eines, Moralkritik ein anderes, wobei es allerdings Zusammenhänge gibt. In diesem Fall zum Beispiel – »Spagat Weimar-Buchenwald« – genügt es zu sagen, daß dieses Wort in *dieser* Anwendung furchtbar, daß *diese* Anwendung unmöglich ist.

Humanitätsduselei

Das russische Parlament, berichtete die *Frankfurter Allgemeine* am 18. Februar 2002, habe zum ersten Mal dem Präsidenten Putin widersprochen. Der nämlich habe die Absicht, die Todesstrafe abzuschaffen, wogegen das Parlament sehr viel für sie übrig habe. Dann lese ich, bleibe augenreibend hängen – es kann doch nicht sein, daß ich richtig lese –: »Putin steht nicht in Verdacht, ein humanitätsduseliger Liberaler zu sein.«

Sollte es möglich sein, daß dieses Nazi-Wort par excellence, ein Kenn- und Leitwort der Mentalität, die die Nazis beherrschte und ihre Mitläufer vergiftete, wieder gebrauchsfähig wird, und sei es nur in solch indirekter und abwehrender Weise? So, wie er dasteht, impliziert der Satz: es gibt eine Haltung, die ganz zu Recht mit ebendiesem Wort bezeichnet wird.

Gerade mit diesem Wort – *Humanitätsduselei* – wurde seinerzeit quasi mechanisch der notwendige und mögliche *moralische* und der notwendige und mögliche (es ist ja nicht dasselbe) *menschliche* Einwand, also auch die pure und beinahe animalische Mitleidsregung, wenn es um Verbrechen ging, abgewiesen. Das moralische und das, sagen wir, animalisch menschliche Gewissen wurden mit diesem Wort zum Schweigen gebracht, genauer: dies war der Sinn dieses Worts. Gegen, zum Beispiel, die Tötung »lebensunwerten Lebens«, gegen die schlichte Ermordung psychisch Kranker zu sein, gegen die »Euthanasie« in diesem Nazi-Sinne des Worts, der ja mit seiner wahren Bedeutung rein gar nichts zu tun hat – das wurde mit jenem bösen Wort höhnisch und wirksam abgewiesen. Man mußte ja, um des großen Zieles willen, hart sein. Daß dies schwer ist, daß es schwer ist, der »Humanitätsduselei« nicht zu verfallen, das eben meinte Heinrich Himmler in seiner berühmten ›nach innen‹ an seine Leute gerichteten wahrhaft schauerlichen Rede, die vielleicht gar – sehr indirekt – einen Rest von Gewissen dokumentiert (es gibt von ihr eine Aufzeichnung). Sinngemäß sagte er da: Ihr habt viel mitgemacht, das nicht leicht zu ertragen war, all diese Toten zu sehen – zehn zu sehen ist schon schlimm, aber hundert oder gar tausend, das muß man erst einmal aushalten – ihr aber habt es ausgehalten, seid hart geblieben oder seid es dabei geworden, die Nachwelt wird es euch dereinst danken... In anderen Worten: »Humanitätsduselei« – hier von Himmler als ständige Gefahr herausgestellt – konnte man diesen Männern nicht vorwerfen.

Dieses Wort ist wiederum – als zusammengesetztes – ein, wie ich sage, ›durchsichtiges‹ Wort. Das heißt: es ist ein ›Satzwort‹, weil es bereits etwas sagt. Es ist, schon in sich selbst, der pure »Appell an den inneren Schweinehund«, von dem schon die Rede war. Das Wort, das sich wahrscheinlich schon *vor* den Nazis belegen läßt – es ist der übliche törichte Einwand, und ein Studienrat oder Professor findet sich immer, der ihn macht – ist jedenfalls *durch* sie definitiv zum Unwort geworden. Ich wüßte nicht, welches andere schlimmer wäre. Die Nazis haben ja wenig erfunden und hatten dies auch nicht nötig – in der Sprache selbst, in ihren Trägern war und ist ja immer alles schon da.

Es ist viel Zeit vergangen seit 1945. Woher sollen die Schreiber heute, die erst Jahrzehnte später geboren wurden, dies wissen? Dagegen ist nun aber – bei aller gebührenden Rücksicht auf sie – zu sagen, daß doch wohl, für die Journalisten, gerade die jüngeren unter ihnen, die Verpflichtung besteht, sich auch hinter die eigene Lebenszeit zurück zu informieren. Sie dürfen nicht schreiben wie die ersten Menschen.

Aber zugegeben: das mit dem Alter ist ein Problem. Vor rund zwanzig Jahren wurde in Freiburg in der Lorettostraße an dem Haus, in dem Edmund Husserl gewohnt hatte, eine Gedenktafel angebracht. Der Philosoph Werner Marx sagte bei der Gelegenheit in einer kurzen Ansprache unter anderem, Husserls Tod im Jahre 1938 habe ihn vor dem Schlimmsten bewahrt. Ein Student von mir, heute ein bekannter Journalist, wandte sich danach kopfschüttelnd an mich: so einen Unsinn habe er selten gehört, der Tod sei doch immer das Schlimmste. Es fiel mir dann nicht schwer, ihn darüber aufzuklären, was da mit »vor dem Schlimmsten bewahrt« gemeint war.

Und dann ist *Humanitätsduselei* ja auch, ganz unabhängig von den Nazis, rein aus dem Wort selbst heraus, unmöglich, indiskutabel in jeder Hinsicht. »Humanität«, ausgerechnet sie, zusammenzubringen mit einer Art von doofer Gefühligkeit, sie eigentlich, denn dies tut dieses Wort tatsächlich, *gleichzusetzen* mit ihr – Humanität, das wird hier unterstellt, *ist* nichts anderes als Duselei. Das Wort ist unmenschlich schon in sich, ein moralischer Skandal. Es hätte nie entstehen dürfen. Vor allem: es müßte, durch die Nazis definitiv vergiftet, zum Tabuwort geworden sein.

Und wieder sage ich nun nicht – wie muß es in jemandem aussehen, der solch ein Wort gebraucht? Es kann dort nämlich auch einigermaßen gut aussehen! Sprachkritik sollte, noch einmal, nicht zum Moralisieren verkommen; sie sollte sich darüber im klaren sein, daß das Sprechen und auch das Schreiben, das freilich erheblich strengeren Kriterien unterliegt, *eines* sind und die Moral ein *anderes*. Es gibt die Entschuldigung des Nichtwissens, auch die der Gedankenlosigkeit. Man braucht nicht immer hochkonzentriert zu sein, und sogar Auschwitz – siehe jener übrigens sehr sympathische Student – muß nicht ständig präsent sein. Es reicht, wenn es ›latent‹ – welch schönes Wort – vorhanden ist.

Übrigens habe ich *Humanitätsduselei* nach dem Krieg von den damals Älteren, die heute nicht mehr leben, immer wieder gehört. Das war nun klar *nach* 1945 (da war ich neun). Es ist ein Wort, an das ich mich gut und unangenehm erinnere. Ein Totschlagwort auch da noch. Wie etwa das mit dem »eisernen Besen«, mit dem eben, in bestimmten Situationen »ausgekehrt« werden müsse. So sei es etwa, gegen Ende des Krieges, leider unumgänglich gewesen, alle Fälle von Desertion mit sofortiger ›Hinrichtung‹ zu beantworten... Dann habe ich das Wort jahrzehntelang nicht mehr gehört, habe es vergessen. Es lebt aber doch weiter, auch in mir, offensichtlich. Es gehört in die Tabu-Liste wie »lebensunwertes Leben« (wenn es um fremdes Leben geht) oder »unnütze Esser«.

Politisch korrekt?

Eines hat Sprachkritik mit dem Politischen gemeinsam: in beiden Bereichen geht es um ein Wollen, um das, was man will, oder/und vor allem um das, was man nicht will. Es geht nicht primär – oder besser nicht *zuletzt* – um das Erkennen. In beiden Bereichen haben wir Wirklichkeit als Vorgegebenes – wo aber andererseits haben wir dies nicht? Daher gehört dann doch sowohl zum Politischen als auch zur Sprachkritik die vorausgehende möglichst vollständige und korrekte Analyse dessen, was *ist* – erst dann findet das jeweilige Wollen den richtigen Ansatz, seinen realen Bezug. Manchmal ist ja, bekanntlich, wie die schöne Wendung lautet, ›nichts zu wollen‹. Erkennen ist also auch hier alles andere als unwichtig. Ferdinand von Lassalle hat es für seinen Bereich treffend gesagt: »Jede erfolgreiche politische Aktion beginnt mit dem Aussprechen dessen, was ist.« Wobei er – da zeigt sich der Politikus – gleich vom »Aussprechen« redet.

Danach aber gehen Politik und Sprachkritik auseinander, denn im Bereich des Politischen gibt es außer dem Wirklichen nichts Vorgegebenes, es sei denn, in einer Demokratie oder einer konstitutionellen Monarchie, die Verfassung, im deutschen Falle das Grundgesetz (sehen wir hier einmal von dem seltsamen Sonderfall England ab). Das Politische spielt sich erst *innerhalb* dieses Rahmens ab, *darf* sich nur hier abspielen, und innerhalb dieses Rahmens kann oder darf prinzipiell – darauf will ich hinaus – eigentlich alles so oder so oder so sein. Dies gehört (schon Aristoteles hat es herausgestellt) zum Bereich des Politischen prinzipiell. In anderen Worten: es kann da gar nicht das von vorneherein Richtige, das *Korrekte* geben. Insofern ist – rein sprachlich und unter Hereinnahme dieses bedeutsamen Tatbestands – der zögerlich auch bei uns sehr gängig gewordene Ausdruck *politisch korrekt* nichts anderes als ein eklatanter Selbstwiderspruch. Es gibt im Bereich des Politischen keine Korrektheit. Oder deutlicher: es darf sie dort gar nicht geben.

Korrektheit gibt es jedoch im Sprachlichen; die grammatische oder – breiter – die idiomatische Korrektheit zum Beispiel ist ohne Zweifel ein Stück Realität, die zu einer Sprache selbst gehört. Was nicht heißt, daß das idiomatisch Korrekte in jedem Fall klar abgegrenzt werden könnte vom Inkorrekten. Diese Randunsicherheit – ist es noch korrekt oder schon inkorrekt? – hebt aber die Berechtigung des Begriffs »korrekt« in seiner Anwendung auf Sprachliches nicht auf. Im Gegenteil. Die Rede vom idiomatisch Korrekten ist also sinnvoll, ja notwendig.

Korrektheit gibt es dann auch, natürlich mit Problemen der Abgrenzung im einzelnen, im Kodex des gesellschaftlichen Benehmens, also in der (mit gewissen Opfern) ›Lebensqualität‹ schaffenden sogenannten Höflichkeit (hierzu »Savoir-vivre«), dann in den Formen des Umgangs allgemein, auch wenn diese sich wandeln, schließlich auch und ganz besonders in der Moral. Aber in der Politik gibt es sie nicht.

Allenfalls innerhalb der politischen Linie einer Partei könnte, etwa von deren Anhängern gesagt, von dergleichen geredet werden – »korrekt« dann im Sinne der allgemeinen Parteilinie, des jeweiligen »Grundsatzprogramms« zum Beispiel – eine CDU-Korrektheit, eine SPD- oder Grünen- oder FDP-Korrekheit mag es in Grenzen geben. Aber dann müßte hinzugesagt oder hinzugedacht werden: politisch korrekt für *uns*, die wir nicht (das wäre die stillschweigende Unterstellung, die dies erträglich machte) *das Ganze* sind. Dieser Gedanke steckt ja bemerkenswerterweise schon etymologisch im Begriff der »Partei« – lateinisch *pars,* »der Teil«, und etwas davon, daß also eine

Partei immer Teil ist, sollte in ihrem Begriff erhalten bleiben. Schon deshalb, nebenbei, habe ich Bedenken gegen »Union«, weil da im Ansatz bereits etwas für eine Partei Entscheidendes negiert zu werden scheint – aber ich weiß: so ist das, man soll korrekt interpretieren, nicht gemeint. Etymologisch – rein etymologisch – steckt also im Begriff der Partei: wir sind nur ein Teil, nicht das Ganze. Der Ausdruck *politisch korrekt,* der uns aus den Vereinigten Staaten kommt und dort eine komplexe Geschichte hat (offenbar war er dort zunächst ironisch gemeint), eine Geschichte, die hier nicht zu interessieren braucht, hat aber absolut nicht etwas wie ›Parteilinie‹ im Auge, was sich ja in den Vereinigten Staaten ohnehin nicht nahelegt.

Sprachkritisch ist also dezidiert zu sagen: es ist geradezu inkorrekt, im Blick auf *Politisches* von Korrektheit überhaupt zu reden. Es gibt hier nur das Verfassungskorrekte, das (bei uns) mit dem »Grundgesetz« Übereinstimmende. Und dies gibt es übrigens auch dann, wenn es nicht immer eindeutig zu ermitteln ist.

Hier übrigens stoßen wir auf einen anderen äußerst wichtigen Tatbestand, über den eigentlich gesondert zu reden wäre, daß nämlich Texte – und also auch etwa das Grundgesetz – prinzipiell *auslegungsfähig* sind. Darum gibt es für das Grundgesetz und Gesetze überhaupt, vom Grundgesetz selbst installiert, ein Gericht mit Auslegungsmonopol, was freilich nur heißt, daß seine Auslegungen *gelten* (nicht daß sie richtig sind).

Texte – die Sprachwissenschaft kann dies konkret zeigen – sind prinzipiell auslegungsfähig. Eine bestimmte, nicht vorhersagbare Deutungs-Offenheit ist die prinzipielle und also unvermeidbare Schwäche *alles* Geschriebenen, weil es nämlich eigentümlich situationslos ist oder rasch werden kann. Auch die römische Kirche kennt ja ein Interpretationsmonopol oder einen Interpretationsmonopolisten. Mit dem reinen »nur die Schrift«, »sola scriptura«, ist es ja auch wirklich nicht getan, eben weil Geschriebenes sich nicht selbst interpretiert, sondern bei Befragen, wie schon Plato feststellte »immer nur wieder dasselbe wiederholt«. Kein Geschriebenes ist also, und ebendies war (im Dialog »Phaidros«) schon Platons Einwand gegen die Schrift, vor Interpretation, somit vor Mißverständnis definitiv geschützt. Es gilt, wie gesagt, sogar für Verfassungen und Gesetze und Verordnungen, die ja mit besonderer Sorgfalt abgefaßt werden, weil da, im Unterschied etwa zur Literatur und deren Interpretation, »der Spaß aufhört«, womit ich nur meine, was aber schon wichtig ist, daß es bei der Interpretation solcher Texte *mehr* auf deren Ergebnis ankommt als bei der Interpretation einer Storm-Novelle, einer Beethoven-Sonate oder der eines Gemäldes von Cézanne. Selbst an scheinbar festen Gesetzestexten kann der geschulte ›Rechtsdeuter‹ arbeiten. Dafür gibt es sogar bei Mozart und seinem genialen Librettisten Da Ponte einen schönen Beleg: »Durch ein Synonym, durch eine Mehrdeutigkeit, wird irgendein Durcheinander« (aus dem die gesuchte juristische ›Lösung‹ sich dann ergibt) »sich schon finden lassen«, »Per un sinonimo, per un equivoco,/ Qualche garbuglio si troverá«, so der listige Advokat – »Immer kritisch und politisch« –, der Dottor Bartolo, gleich zu Beginn in seiner herrlich siegessicheren Arie im »Figaro«.

Zurück aber zu unserem Punkt. Das politisch Korrekte gibt es nicht und *darf* es nicht geben. Wer davon redet, verkennt das Wesen des Politischen und stranguliert es auch. Der Ausdruck ist nur in ironisch scherzhaftem Sinne verwendet nicht kritisierbar. Im übrigen kritisiert man ihn ja nicht unbedingt gerne, weil sich mit ihm sehr unterstützenswerte Forderungen verbinden. Da sind ja die als »Gutmenschen« Verhöhnten versammelt am Werk! Bei aller Sympathie aber für die gute oder schöne Absicht muß doch gesagt werden: »politisch korrekt« – das ist Unsinn, gedanklich inkorrekter Unsinn.

Jm deutschen Namen

»Es sind hier im deutschen Namen Verbrechen begangen worden.« Man hörte die Wendung *im deutschen Namen* besonders oft – in feierlichen Zusammenhängen – aus dem Mund Helmut Kohls. Sie erschien aber auch sonst und erscheint noch immer. Was ist an ihr auszusetzen? Wohl vor allem dies, daß sie ein Euphemismus ist und ein unredlicher, jedenfalls unwahrer dazu: ein ›Glimpfwort‹, wie die Puristen sagen, oder also, in diesem Fall, eine ›Glimpfwendung‹. Sie schiebt die Dinge eigentümlich ins Indirekte. In ihr oder mit ihr kommt es so heraus, als seien da irgendwelche Menschen irgendwo erschienen und hätten »im deutschen Namen«, ohne sonst viel mit Deutschland zu tun gehabt zu haben, dies und das getan. In Wirklichkeit waren es doch direkt Deutsche selbst und, nebenbei, Österreicher, welch letztere damals – »erstes Opfer des Faschismus« – Deutsche waren. Deutsche waren es, die hier – neben anderem, das unter den gegebenen Umständen ›normal‹ war – Verbrechen begingen – zum Teil im Auftrag ihrer (ebenfalls deutschen) Vorgesetzten und letzten Endes im Auftrag Hitlers selbst, zum Teil aber auch, mehr oder weniger, aus eigenem Antrieb und immer gedeckt – dies ist entscheidend – durch das Wissen, daß niemand sie zur Rechenschaft ziehen würde, getrieben dann sicher auch – umgekehrt – durch die Furcht, man würde sie gerade dann zur Rechenschaft ziehen, wenn sie, was sie taten, nicht tun würden. Man braucht dies alles gar nicht zu vertiefen, um einfach festzustellen, daß die Wendung *im deutschen Namen* ungut ist und vermieden werden sollte.

Gewiß könnte man argumentieren, darauf brachte mich

Wilhelm Hennis, diese Wendung gebe dem Ganzen eine rechtliche Dimension, indem sie klarstelle, daß jene Verbrechen wirklich im Auftrag und eben im *Namen* der das deutsche Volk repräsentierenden Reichsregierung, also insofern Deutschlands selbst – und eben nicht als bloß private – begangen wurden. So schrieb eben Hennis (*FAZ,* 4. 10. 2003) über seine (und auch schon meine) Generation – nach 1945: »Man war erschrocken über das, was im deutschen Namen geschehen war, aber nun suchte man die Kräfte zu sammeln ...« Ich verschließe mich dieser Argumentation nicht – es kommt eben immer darauf an. Ich finde es, nebenbei, auch richtig, daß Hennis hier betont, dieser Schrecken habe auch bereits die »Gründergeneration der Bundesrepublik« bestimmt, denn so habe ich es auch in Erinnerung – gegen die heute verbreitete Meinung, erst die sogenannten Achtundsechziger (dies wird ja als eines ihrer ›historischen‹ Verdienste gepriesen) hätten das Thema aufgeworfen. Das Thema hat auch schon meine ganze Jugend bestimmt (ich war 1945 neun), und es war bei jedem Auslandsbesuch, in Frankreich, in England, in Italien, in Spanien, äußerst präsent.

Trotzdem denke ich, um zu der Wendung zurückzukehren, daß es besser ist, in solchem Zusammenhang direkt zu sagen, Deutsche hätten hier Verbrechen begangen. *Im deutschen Namen* ist zu indirekt, und mich erinnert sie zu sehr an das mir sehr früh vertraute Argument, das seien doch ›die Nazis‹ gewesen. Wogegen Golo Mann zu sagen pflegte: »Nun, mit seinem Spazierstock konnte der Hitler dies alles doch nicht machen!« Auch nicht, sollte man hinzusetzen, mit einer Handvoll ›Nazis‹.

Bürgerliche Parteien?

Der Sprachgebrauch ist ziemlich festgefahren und, wie die Achtundsechziger zu sagen pflegten, ›unhinterfragt‹. Übrigens ist *hinterfragen* gar kein so schlechtes, weil sehr anschauliches Wort – es findet sich, aber dies wußten die Achtundsechziger nicht, und es hätte sie wohl auch geärgert, bereits bei Nietzsche. Womit es doch wohl definitiv gerechtfertigt ist! Also: man spricht, festgefahren und unhinterfragt, von den ›bürgerlichen Parteien‹ und meint damit die CDU und die FDP. Nach der Hessen-Wahl im Februar 2003 erklärte Ministerpräsident Roland Koch, das Ergebnis sei »ein klarer Sieg der bürgerlichen Parteien«. Man redet auch geradezu und schon seit langem (und früher eher noch mehr) vom »Bürgerblock«, der etwa eine Regierung bilde, somit schwarz-gelb. Auf der anderen, der nichtbürgerlichen Seite somit, sind natürlich zunächst die SPD, dann, seit es sie gab, die PDS und die Grünen. Bei den letzteren mag die Zuordnung nicht oder nicht mehr so eindeutig sein, aber eine ›bürgerliche‹ Partei sind die Grünen oder ›Bündnis-Grünen‹ doch wohl eigentlich auch nicht oder noch nicht. Freilich: gerade sie propagieren die »Bürgerversicherung« (gegen diese sind nun aber gerade wieder die »bürgerlichen Parteien«; für die FDP, hören wir – die Klage beim Bundesverfassungsgericht wurde vorsorglich angekündigt –, widerspräche sie geradezu dem Grundgesetz).

Bei der Rede von den ›bürgerlichen Parteien‹ wundert mich ein Doppeltes, und ich meine, daß auch andere sich darüber wundern sollten. Erstens wundere ich mich darüber, weshalb hier so völlig ungeniert ausgrenzend, denn dieser Ausdruck grenzt aus, von den ›bürgerlichen Parteien‹ geredet wird. Dies bedeutet doch: die anderen sind nicht ›bürgerlich‹, und unterschwellig wird da auch suggeriert: das sind eigentlich gar keine Bürger, jedenfalls keine richtigen.

Zweitens wundert mich, nun nach der anderen Seite hin, daß man sich dies, etwa und vor allem bei der SPD, gefallen läßt, daß man sich dort nicht nur über diesen Sprachgebrauch nicht ärgert, sondern diese Zweiteilung der ›Parteienlandschaft‹ und die Zuweisung zur nicht-bürgerlichen Seite auch noch, freilich eher stillschweigend, begrüßt. In anderen Worten: mich wundert, daß in dieser Partei noch immer – es erinnert an ihre Anfänge – ein negatives Bild vom ›Bürger‹ lebendig ist. Denn sonst würde sie sich doch wehren gegen diese eigentümliche Zuordnung oder, denn dies ist sie ja doch auch, diese unverschämte Ausgrenzung. Ich weiß, daß dies alles historisch ist. Aber irgendwann ist so etwas doch auch wirklich *nur noch* historisch und also überlebt. Da wird von den Anfängen, unmittelbar vom alten Marx her, etwas mitgeschleppt, ein Element »Klassenkampf«, das heute wirklich nicht mehr in die Landschaft gehört.

›Bürger‹, meine ich, sollte ein uneingeschränkt positiver Begriff sein – für alle. Er ist auch für alle da. Und die SPD sollte ihn – in ihrem Interesse – nicht ausschließlich der CDU und der FDP überlassen. Und diese sollten ihn nicht ausschließlich für sich selbst beanspruchen.

Es gibt ja auch das schöne, etwa von Ralph Dahrendorf (mit dem Lord habe ich Schwierigkeiten) propagierte Wort ›Bürgergesellschaft‹. Es ist, sagt er, die Gesellschaft, die wir brauchen. Und er kritisiert Ulrich Beck, weil der nun lieber, nach der Vorlage von ›civil society‹ oder ›société civile‹ von einer ›Zivilgesellschaft‹ rede. Es gibt ja auch Kants umständlich schönen Titel »Idee zu einer allgemeinen Geschichte in weltbürgerlicher Absicht«. Also da, bei Dahrendorf und bei Kant, auf den sich

Dahrendorf beruft, ist ›Bürger‹ ein hell strahlender Begriff. Etwas Strahlenderes als den ›Bürger‹ gibt es gar nicht.

Für die negativen Seiten, die sich bei der Vorstellung ›Bürger‹ einstellen können, haben wir dann Zusätze. Wir haben den *Spießbürger* oder kurz den *Spießer,* vormals gab es auch den *Pfahlbürger*, womit dasselbe wie mit *Spießbürger* gemeint war, nicht zu vergessen den zunächst zur Sprache der Studenten gehörenden und nun längst nur noch historischen *Philister,* aus dem Nietzsche den schönen *Bildungsphilister* machte: »Sie« – nämlich die stolzen, nun im Beruf stehenden Burschen von einst – »zogen mit gesenktem Blick/ In das Philisterland zurück.« So hieß es in dem seinerzeit, als es entstand, ja eher ›progressiv‹ gemeinten Studentenlied von der »Alten Burschenherrlichkeit« (»O jerum, jerum, jerum!/ O quae mutatio rerum!«). Dann gab und gibt es den *Kleinbürger;* den *Großbürger* darf man hier in gewisser Hinsicht auch nennen, weil da Negatives sicher nicht fehlt. Und vor allem haben wir, wie Marx zu sagen pflegte, den *Bourgeois*. Er ist nun freilich etwas veraltet, aber gelegentlich ist er doch noch brauchbar. Marx fand ihn im Französischen schon sehr negativ vor, und das Französische war für ihn – wie für jedermann damals – die Sprache der Bildung, aus der man entlehnte. Nebenbei: das Englische, aus dem man heute und seit langem schon entlehnt, ist für uns – da ist ein Unterschied – nicht die Sprache der Bildung, wie dies seinerzeit das Französische war; das Englische gehört heute halt, weil man es braucht, auch weil es einem gefällt, dazu.

Der *Duden* zu *Bourgeois:* »bildungssprachlich abwertend *Angehöriger der Bourgeoisie*« und zu *Bourgeoisie:* »bildungssprachlich veraltet *wohlhabendes Bürgertum*«. Wohl richtig beobachtet: Klar veraltet ist nur *Bourgeoisie;* der *Bourgeois* noch nicht oder jedenfalls weniger. Und dann gibt es ja auch noch – sehr positiv – den *Staatsbürger*, dessen Existenzrecht ich nicht richtig einsehe, es sei denn, das Wort werde nur als Synonym für *Staatsangehöriger* verwandt: »Er ist amerikanischer Staatsbürger«. Es gibt sogar den *Staatsbürger in Uniform*. Offensichtlich ist mit dem Wort, nicht ohne Pathos, etwas wie eine Steigerung von *Bürger* gemeint: der verantwortungsbewußte, auf den, auf ›seinen‹ Staat hin orientierte Bürger. Was soll neben dem einfachen Bürger noch der Staatsbürger? »Civis romanus sum«, sagte damals schlicht, wenn er es direkt so gesagt hat, der Apostel Paulus (Apostelgeschichte, 22), um sich zu schützen. Heute würde er, deutsch redend, sagen: »Ich bin römischer Staatsbürger.« Im überlieferten Wortlaut sprach er aber schlichter von sich als einem »römischen Mann«, »homo Romanus«, »ánthropos Romaíos«.

Im Französischen gibt es ja die uns leider fehlende – wieder eine deutsche Lücke – schöne Zweiteilung *le bourgeois* und *le citoyen*, und der letztere erstrahlt seit der Revolution rein positiv, und so, denke ich, sollte auch unser *Bürger,* wird das Wort ohne Zusatz und rein für sich selbst genommen, erstrahlen. Daß auch *bourgeois* übrigens nicht immer negativ ist, zeigte einst in Paris unter dem großen Schild »Restaurant Ouvrier«, »Arbeiterrestaurant«, das über dem Eingang zu einer gewerkschaftlich geführten Gaststätte angebracht war, der etwas kleiner gehaltene schön präzisierende Hinweis: »Cuisine bourgeoise«. Positiveres in der Tat als *cuisine bourgeoise* gibt es nicht. Bei uns traut man auch hier der Sache nicht und setzt *gut* zu *bürgerlich* hinzu: *Gutbürgerliche Küche,* eine *bürgerliche* haben wir nicht. Unsere *gutbürgerliche* ist aber gewiß nicht besser als – ganz ohne Zusatz – *la cuisine bourgeoise.*

Postskriptum:

Zu reden wäre auch einmal von der Rede – analog zu der von den beiden ›Volkskirchen‹ – von den beiden ›Volksparteien‹. Gibt es neben CDU und SPD keine ›Volksparteien‹?

Kann das Prädikat ›Volk‹ nur von der Größe, also der Zahl der Wähler abhängen? Dann wäre übrigens die SPD in Bayern längst keine ›Volkspartei‹ mehr. Gehören die FDP-Wähler oder die der Grünen oder die der PDS nicht zum Volk? Und wieder haben wir hier den bemerkenswerten Fall, daß diese Ausschließung von den Ausgeschlossenen anscheinend mühelos akzeptiert wird. Insbesondere die FDP hat wohl wirklich kein Interesse daran – nie habe ich jedenfalls etwas in dieser Richtung gehört –, als ›Volkspartei‹ wahrgenommen zu werden. ›Volk‹ ist ja auch ein ziemlich ambivalenter Begriff. Deshalb wird ja jetzt von der ›Volksschule‹ nicht mehr geredet – das heißt: es ist der Ausdruck, der vielen Älteren noch immer wie von selbst herausrutscht, und so ganz unsinnig war und ist das Wort ja auch nicht, denn in diese Schule gingen zunächst einmal alle. Es gibt von Karl Valentin die schöne Szenenanweisung am Ende eines seiner Stücke: »Menschen, Publikum, Passanten, Volk«.

Die ›grande nation‹ – ein grober Unfug

Was ist der Tatbestand? Erstens. Wenn immer ein Deutscher von Frankreich redet, glaubt er sich berechtigt, auch »die grande nation« sagen zu dürfen, und glaubt damit, einem Bildungswissen zu genügen oder an ein solches zu appellieren – »grande nation«, mit oder ohne große Buchstaben, gilt als kultiviertes Synonym für Frankreich. Zweitens: in Frankreich ist diese Redeweise unbekannt – nicht nur gebraucht sie dort niemand, sie ist auch niemandem, außer solchen, die mit Deutschen Kontakt haben, bekannt. Drittens. Irgendwoher muß die Wendung kommen – woher also kommt sie? Viertens. Wie konnte sich diese Wendung, unter diesen bemerkenswerten Umständen, in zäher Lebendigkeit unausrottbar bis heute erhalten?

Ich will jedoch gleich hinzusetzen, daß sie sich nicht nur in Deutschland, sondern im ganzen deutschen Sprachraum findet – »So weit die deutsche Zunge klingt/ und Gott im Himmel Lieder singt ...«, wie es hieß in einem vormals überaus bekannten Gedicht des unseligen Ernst Moritz Arndt ... Die »grande nation« findet sich also auch in der (alemannischen) Schweiz und in Österreich. Eben lese ich im Sportteil der *Neuen Zürcher Zeitung* (13./14. 9. 2003): » ... hier versammelt sich gerade die französische Basketball-Nationalmannschaft ... – die ›Grande Nation‹ freilich greift erst dann wieder ein, wenn es am Samstag gegen Litauen wieder richtig Ernst wird.« Sogar – aber dies ist nun außerhalb deutscher Zunge – in England wurde sie schon geortet – »L'Angleterre«, wie ein früherer französischer Botschafter in Deutschland, Francois Scheer, einmal witzig sagte, »c'est-à-dire notre ennemi héréditaire«.

Daß die von mir inkriminierte Redeweise bei uns, vor allem wenn geschrieben wird, omnipräsent ist, bedarf kaum einer Darlegung. Den kräftigsten Beleg erhielt ich aus dem Bundespräsidialamt noch unter Roman Herzog. Ich hatte an ziemlich versteckter Stelle über (oder gegen) die »grande nation« geschrieben und erhielt dann, einige Monate danach, von jenem Amt einen freundlichen Brief, in dem mir knapp gesagt wurde: »Leider haben wir Ihre Darlegungen zu spät erhalten!« Und es lag das Bulletin der Bundesregierung (5. 11. 1996) mit dem Text der Rede bei, die Bundespräsident Herzog am 16. Oktober bei feierlichstem Anlaß, nämlich beim »Staatsbankett« im Élysée-Palast, vorzutragen hatte. Da hatte man ihm unsere Wendung gar in sein Manuskript hineingeschrieben (und er hatte sie darin stehenlassen), denn er beendete seine Ansprache so: »Erlauben Sie, Herr Präsident, daß ich mein Glas auf das Wohl der Grande Nation und auf den Geist der deutsch-französischen Freundschaft erhebe.« Das erheiternd Fatale ist oder war hier ja, daß der Bundespräsident, im Fall Roman Herzogs ja nun wirklich ein hochgebildeter Mann, etwas Freundliches sagen wollte. Er glaubte, hier sprachlich, denn er sagte es ja *französisch,* Frankreich und seinem Präsidenten freundschaftlich entgegenzugehen, also gleichsam: »Ja, ich sehe das auch so, ihr Franzosen versteht euch als ›große‹, als ›*die* große Nation‹« (was ja noch einen erheblichen Schritt weitergeht) »und wirklich: das seid ihr!«

Natürlich wirkt sich, was die Häufigkeit der Wendung angeht, besonders bei den Journalisten, der stilistisch gegebene oder als solcher gefühlte Zwang zur Abwechslung aus. Man kann ja nicht einfach immer, so das an sich törichte Gefühl, »Frankreich« sagen, und also wechselt man ab, so wie man statt »Österreich« gerne immer mal wieder »die Alpenrepublik« sagt oder statt »die Schweizer« »die Eidgenossen« (was letztere übrigens ziemlich nervt, denn es klingt ihnen gönnerhaft – sie selbst nennen sich kaum je so; ähnlich geht es ihnen mit »Fränkli«, dieses Wort verwenden sie nicht im Diminutiv). Und »Alpenrepublik« würde ja ebensogut auf die Schweiz passen!

In Frankreich also, zweiter Punkt, ist die Wendung unbekannt. Das Ärgerliche ist aber, daß wir, indem wir sie gerade in *französischer* Sprache verwenden, dadurch jedem Deutschsprachigen suggerieren: so verstehen sich die Franzosen selbst, so sagen sie selbst zu sich selbst! Mühelos pflanzt sie sich so immer wieder fort. Wer sie zum ersten Mal hört, glaubt, etwas Wichtiges gelernt zu haben. Der frühere sympathische und kenntnisreiche Kulturattaché der Französischen Botschaft, Monsieur Stanley Hilton (so heißt er wirklich), sagte, als ich ihn danach fragte, er habe die Wendung überhaupt erst in Deutschland gehört, »ce n'est qu'en Allemagne que j'ai appris ça!«. Und auch der genannte François Scheer stimmte brieflich lebhaft zu und diagnostizierte im Blick auf unsere Wendung nicht ohne Grund, nicht nur leicht gönnerhafte Ironie – die kann jedenfalls dabeisein –, sondern auch etwas wie Neid, »un peu d'envie«, sagte er. Und in der Tat, es kommt ja oft genug zur Sprache: wir beneiden die Franzosen wegen ihres ziemlich ungebrochenen Nationalgefühls, der sozusagen fröhlichen Selbstverständlichkeit, mit der die republikanische, die nationale Selbstdarstellung, etwa bei offiziellen Anlässen, in Frankreich erfolgt. Und daraus ergibt sich dann die auch etwas neidgenährte Ironie.

In einem Artikel in der *Welt* schrieb vor einigen Jahren Jean-Paul Picaper, der (sehr konservative) Deutschlandkorrespondent des (sehr konservativen) *Figaro:* »Kein Franzose kann sich aus der Formel ›la Grande Nation‹ einen Reim machen. Sie ist in der modernen französischen Sprache völlig ungebräuchlich, und niemand konnte mir sagen, in welche verflossene Kultur sie paßte: 18. oder 19. Jahrhundert? Aber mancher halbgebildete Deutsche bildet sich ein, wenn er diesen antiquierten und grotesken Ausdruck verwendet, französisch zu parlieren.« Richtig – doch was Picapers Neugier angeht – »dem Manne kann geholfen werden«; davon sogleich.

Für die Abwesenheit der »grande nation« im Bewußtsein der Franzosen nenne ich einen weiteren starken und sozusagen sprachwissenschaftlich-philologischen Beleg. Es gibt nämlich ein enormes Wörterbuch, das bei uns, trotz des – ebenfalls enormen, aber anders ausgerichteten – *Grimm* keine Entsprechung hat. Es ist der sogenannte *Grand Robert,* das von Paul Robert, übrigens einem sprachwissenschaftlichen Laien, initiierte Wörterbuch der Sprache des zwanzigsten Jahrhunderts. Nun, im *Grand Robert* findet sich, weder unter »grand« noch unter »nation«, ein Eintrag »grande nation«, und dies ist nun wirklich durchschlagend, denn im *Grand Robert* – es gibt auch den *Petit Robert* und sogar den *Micro-Robert* – steht einfach alles.

In einer der früher jedem Franzosen und jeder Französin vertrauten Klassiker-Schulausgaben des Hauses Larousse fand ich nun aber tatsächlich, per Zufall, die »grande nation«, und zwar in der Novelle *Colomba* von Prosper Mérimée (es muß ja nicht immer *Carmen* sein). Da geht es um die Korsen, und ein irritierter Präfekt erklärt an einer Stelle ironisch seinem korsischen Gesprächspartner, der allerdings durch langen Dienst in der Armee ›französiert‹ worden war und seine Herkunft vergessen hatte: »Man schmeichelt den Korsen nicht übermäßig, wenn man sie daran erinnert, daß sie zur großen Nation gehören«, »qu'ils appartiennent à la grande nation«. So steht es da – ohne Anführungszeichen. Wichtig ist nun, daß der Ausdruck durch den Herausgeber erläutert wird, was beweist, daß er nicht voraussetzt, die Schüler *heute* (oder überhaupt die Leser) könnten es wissen: »périphrase désignant la France au XIXe siècle«. Dies ist nun zwar auch nicht ganz richtig, aber diese Mérimée-Stelle zeigt, daß es die »grande nation« als feste Wendung tatsächlich gab, denn der übrigens sehr gelehrte Autor setzte ganz offensichtlich für seine zeitgenössischen Leser ihre Kenntnis voraus. So führt mich dies zu meinem dritten Punkt. Woher kommt der Ausdruck, und was ist mit ihm geschehen?

Hier half mir ein französischer Historiker weiter: Jacques Godechot mit seinem Buch von 1983 *La Grande Nation – L'Expansion révolutionnaire de la France dans le monde de 1789 à 1799* – die Ausbreitung, also, des revolutionären Gedankens draußen, in der Welt zwischen 1789 und 1799; dann half mir auch ein Schüler von mir weiter, Heiko Glückher, der sich des Themas in einer sogenannten Zulassungsarbeit (zum Staatsexamen) erfolgreich annahm – nun mit Internet-Fahndung und zu demselben Ergebnis kommend wie ich (er konnte mich im einzelnen auch interessant korrigieren). Das Ergebnis ist nun, zusammengefaßt, dies.

Der Ausdruck kam von außen, er wurde von außen, von Anhängern und Bewunderern der Revolution, an Frankreich herangetragen. Und er meinte zunächst tatsächlich etwas wie die moralische Größe des Landes, in dem die Revolution war. Es ist ja sehr bekannt, daß die Revolution, ganz besonders in Deutschland, als eine gewaltige Menschheitshoffnung aufgenommen wurde. So findet sich »Große Nation«, auf Frankreich angewandt, bei unserem guten Christoph Martin Wieland. Dieser schreibt schon 1790, ein Jahr erst danach: »... aber daß eine große Nation« – hier also noch, was etwas ganz anderes ist, mit dem *unbestimmten* Artikel –, »die sich in die Notwendigkeit versetzt sieht, das Recht des Stärkeren gegen ihre Unterdrücker geltend zu machen, ihre Stärke mit solcher Weisheit gebrauche ..., dies hat die Welt noch nie gesehen, und der Ruhm, ein solches Beispiel zu geben, scheint der französischen Nation aufbehalten zu sein.« Die Franzosen damals, die Exponenten der Revolution, haben den Ausdruck nun sehr zustimmend aufgenommen, fanden sich in ihm wieder. Wir stoßen auf ihn auch nicht selten im Umkreis des jungen Bonaparte in den letzten neunziger Jahren des 18. Jahrhunderts. Da hatte er eine schmale Fortüne. Er wird danach uminterpretiert, anders verstanden, und zwar in dem Sinne, wie wir ihn soeben bei Mérimée fanden. Frankreich – als eine große und nun *einheitliche* Nation, nicht mehr das eher lose Konglomerat von »Provinzen«, das die Könige beherrscht hatten.

So gehört »grande nation« schließlich in den spezifisch republikanischen Kontext des Kampfs, von Paris aus, gegen die anderen Sprachen auf französischem Boden und gegen die Dialekte: man faßte dann beides, Sprachen und französische Dialekte, zusammen unter dem Wort, das eine strenge Einordnung ist, unter *patois* – ein Wort, für das wir deutsch gar keine Entsprechung haben, denn es ist ja ein herabziehendes Wort für den Dialekt. Und *patoiser,* »Dialekt reden«, gibt es auch – und es gibt kaum Schlimmeres für das Ohr des gebildeten Franzosen, dessen unbedingtes Ideal, ich sagte es an anderer Stelle, es ist – bis heute –, gleichsam ortlos zu sprechen, so also, daß seine Herkunft unerkennbar ist. Ein Mann, der so französisch redete wie Helmut Kohl deutsch, könnte in Frankreich schwerlich, sagen wir, Schulleiter werden. *Patois* meinte nun aber, für die Anführer der Revolution und darüber hinaus für die Republikaner des 19. Jahrhunderts, nicht nur französische Dialekte wie etwa das Burgundische, *le bourguignon,* sondern auch das Bretonische oder das Baskische oder das Elsässische (so heißt bis heute im Elsaß das Deutsche). Noch heute unterscheiden die Franzosen da nicht immer genau.

Die »grande nation«, als feste Wendung, lungert sozusagen dann im 19. Jahrhundert noch ein wenig herum – es finden sich, etwa bei Victor Hugo, also wirklich nicht bei irgendjemandem, durchaus einzelne Belege, dann aber – dies ist nun wieder recht merkwürdig – verschwindet die Wendung, diese Selbstkennzeichnung aus dem kollektiven Bewußtsein, die Franzosen vergessen sie ziemlich schnell, vergessen sie nach 1870 ganz und gar – nach 1870, jenem so verhängnisvollen Jahr für die Beziehungen zu Deutschland (noch immer nennen die Franzosen diesen Krieg den »franko-preußischen«), denn bis dahin war das Bild Deutschlands in Frankreich außerordentlich positiv. Es war das verklärte Bild von Germaine de Staëls berühmtem Buch *De l'Allemagne* von 1810 – das stürzte dann über Nacht und für immer.

Somit: die Bezeichnung kam bewundernd von außen, wurde im Land zustimmend aufgenommen, wurde dann uminterpretiert im Sinne der »République une et indivisible« und verschwand bald und definitiv und quasi restlos aus dem Bewußtsein. Aber draußen, in Deutschland besonders, angefeuert durch den Nationalismus der Napoleonzeit, der sogenannten »Freiheitskriege«, denn es ging ja gar nicht um innere, um zivile Freiheit, sondern um Unabhängigkeit, um das Recht, deutsch sein zu dürfen – in Deutschland also lebte sie spezifisch auf, lebte ungebrochen weiter und nun ziemlich bald sehr eindeutig negativ.

Und hier, im deutschen Sprachraum – es war mein vierter Punkt – hielt sich die Wendung ungebrochen (es ist erstaunlich) bis heute – durch latenten Neid, durch Bildungsprätention, vor allem aber durch Unkenntnis und ein wenig, denke ich, auch deshalb, weil die Franzosen sich kaum oder gar nicht gegen sie wehren. Und heute verwenden wir sie ambivalent, bald positiv, nett sein wollend (was schon ein wenig herablassend ist), bald offen herablassend ironisch: »Die ›grande nation‹ hat einmal wieder ...« Übrigens sagte mir Peter Wapnewski (es läßt sich vertreten), es spreche eigentlich *für* und nicht *gegen* die Deutschen, daß sie Frankreich so nennen.

Mit welchem Recht jedoch legen wir Frankreich fest, bis heute, auf die zehn Jahre zwischen 1789 und 1799, auf eine Zeitspanne also, die nun über zweihundert Jahre zurückliegt?

In jener Zeit immerhin hat der Ausdruck seine Rolle gehabt, wenn auch ganz anders gerichtet, als wir ihm dies jetzt halb bewußt unterstellen.

Im Grunde meinte er doch ja etwas ganz Analoges wie »Deutschland« in dem viel späteren »Lied der Deutschen«, das Heinrich Hoffmann von Fallersleben (am 26. August 1841) auf Helgoland dichtete und aus dessen dritter Strophe seinerzeit – nach 1949, nach einiger Diskussion zwischen Theodor Heuss, der eine ganz neue Hymne wollte und auch vorgeschlagen hatte, und Konrad Adenauer – unsere neue (aber mindestens *musikalisch* alte) Nationalhymne wurde; damals, als jedermann die *erste* Strophe und eigentlich nur diese im Ohr hatte, witzelte man: »Die Kapelle spielt die dritte Strophe des Deutschlandlieds.« In der berühmt-berüchtigten *ersten* heißt es ja sehr bekanntlich: »Deutschland, Deutschland über alles«. Diese Apostrophierung meinte ursprünglich etwas der revolutionären »grande nation« sehr Analoges. Also etwa: nicht Preußen, nicht Hessen, nicht Baden oder Bayern, sondern Deutschland, nur oder doch vor allem, vor allem übrigen Deutschland als eine (und *nur* eine) *große* Nation – ein für Frankreich (also etwa: nicht la Bretagne, la Provence, la Normandie, l'Alsace etc., sondern la France) nun wirklich äußerst normaler Gedanke! In Deutschland war nun aber die Situation und war infolgedessen der Weg genau umgekehrt. In Frankreich war zuerst der Staat da, der sich in der Revolution als einheitlicher und republikanischer Begriff halbwegs verwirklichte und sich nun, nicht ohne große Mühen, besonders im Lauf des 19. Jahrhunderts mit Hilfe des enseignement und vor allem des *instituteur,* des ›Volksschullehrers‹, der in jedem Dorf der Provinz etwas wie ein bevollmächtigter Botschafter, um nicht zu sagen Kommissar der Hauptstadt war und ist, eine einheitliche Sprache schuf. Wichtig war hier besonders ein Politiker, den in Frankreich fast jeder, in Deutschland fast niemand kennt: Jules Ferry – bezeichnenderweise kam er von der Peripherie, aus den Vogesen (sehr viele Schulen heißen nach ihm). In Deutschland gab es, als der brave Hoffmann so dichtete, ja eigentlich nur die einigermaßen einheitliche, die vielen Dialekte »überdachende« deutsche Hochsprache und dann einen gewissen Willen, durch die Napoleonischen Kriege erneut gestärkt, staatlich zusammenzukommen.

Auch hier also war der Begriff »Deutschland« nur auf ein Innen gerichtet, das es freilich als politisch staatliche Realität noch gar nicht gab und vielleicht nie geben würde (und die großdeutsche Lösung »von der Maas bis an die Memel« etc. gab es ja auch nie – die alemannische Schweiz jedenfalls war nie dabei). Übrigens wurde dann auch schon bald das mit dem »über alles« draußen und vor allem von den Deutschen selbst in dem klassisch nationalistischen Sinne verstanden, daß nämlich Deutschland *über* den anderen Völkern stehe, was ja dem Wortlaut nach schon rein grammatisch nicht geht, denn sonst müßte der Vers ja lauten: »Deutschland, Deutschland über *allen*« oder unter Umständen auch »über *allem*«. Zu ergänzen ist also, denn so war es gemeint (aber dies wurde bald vergessen): *mir* oder *uns* geht Deutschland über alles (nämlich »in der Welt«) – somit nicht Hessen, nicht Preußen etc., sondern Deutschland oder »Teutschland«, wie man damals – gerade mit nationaler Emphase – vielfach auch sagte oder schrieb. Dies tat zum Beispiel der keineswegs unbedeutende Bayernkönig Ludwig I., der schon nationalistisch dachte und die Franzosen haßte, bevor es in Deutschland üblich wurde – da war der fleißige Lyriker und Italienfreund (richtig wohl fühlte er sich eigentlich nur in Rom) prophetisch. Kaum war die deutsche Einheit da, erlag die Grammatik der Wendung ihrer suggestiven *Semantik* (in der Tat ist die Semantik meist die stärkere). Und was uns hier vor allem interessiert: es war zwischen dem ursprünglichen Begriff der »grande nation« und dem Begriff »Deutschland«, der dem bekanntlich eher ›linken‹ – nämlich progressiven und demokratischen – Hoffmann von Fallersleben vorschwebte, eine bemerkenswerte Analogie...

Wir sind demnach sprachlich, wenn wir noch immer von der »grande nation« reden, in der Metternich-Zeit und in der der »Freiheitskriege« stehengeblieben – in der Zeit und auf dem eher schlichten Niveau Ernst Moritz Arndts und Theodor Körners, denn, es ist ja bemerkenswert, keiner unserer »Großen«, Kant, Goethe, Schiller, Hegel, Beethoven etc. etc., dachte so, keiner dachte ›national‹, außer vielleicht Fichte mit seinen »Reden an die deutsche Nation«, und der unglückliche Kleist tat dies im Grunde auch nicht. Der Ausdruck fügt sich also ein in eine antifranzösische Tradition, die längst erloschen ist (von einem Glimmen unter der Asche, etwa im *Spiegel,* abgesehen, aber da war es wohl doch nur bei Rudolf Augstein selbst).

Übrigens wird offenbar – auch dem wäre einmal nachzugehen – in einigen Ländern Osteuropas uns Deutschen auf analoge, gleichsam redensartliche Weise unterstellt (und zwar, es ist wichtig, offensichtlich in *deutscher* Sprache), wir verstünden uns selbst als solche, die prinzipiell nach ihrer Richtung hin ausgreifen wollen, so als wären wir noch immer bestimmt, ja besessen vom »Drang nach Osten« oder, schöner noch, von der quasi genetisch programmierten Notwendigkeit in uns eines »Ritts gen Osten«. Marek Edelmann, letzter lebender Führer des Ghetto-Aufstands in Warschau, nannte den Plan, in Berlin ein »Zentrum gegen Vertreibungen« zu errichten, schlicht »eine getarnte Rückkehr des deutschen Drangs nach Osten« (*Süddeutsche Zeitung,* 23./24. 8. 2003).

Daß die Franzosen, soweit sie mit der Wendung »grande nation« überhaupt in Berührung kommen – »Qu'est-ce que c'est que ce truc avec la ›grande nation‹«, sagte mir der französische Generalkonsul in Stuttgart, Etienne Simon, habe er sich nach seiner Ankunft in Deutschland gefragt –, sich gegen sie nicht wehren, ist mir auch etwas rätselhaft. Es ist aber zu konzedieren, daß es Wichtigeres für sie gibt, heute, als die skurril beharrliche deutsche Rede von der »grande nation«. Ein mir unbekannter Franzose aus dem schönen Pau in den Pyrenäen schrieb vor einigen Jahren dazu einen Leserbrief in der *Frankfurter Allgemeinen,* der aber sogar in dieser Zeitung fruchtlos blieb: »Wir Franzosen mögen zwar viele Fehler haben, aber eines haben wir schon« – und dies schrieb er nun französisch – »nous avons tout de même le sens du ridicule.«

Eben. Und hier kommt ein weiteres Element herein, das definitiv dazu veranlassen sollte, den Ausdruck aufzugeben, ihn ersatzlos aus unserem Reden und Schreiben zu streichen. Er hat auch etwas Verletzendes und gar Beleidigendes. Man sollte den Leuten, dies gilt auch unter Völkern, nicht Selbsteinschätzungen unterstellen, die erstens abwegig sind und die sie zweitens gar nicht haben. Ich denke nicht, daß ich hier bloß philologisch pingelig bin (Philologen müssen pingelig sein). Immerhin: es geht, obwohl sie französisch ist, um eine wichtige idiomatisch feste Wendung unserer deutschen Sprache. Es geht um Sprachkritik und die Destruktion eines mehr als ärgerlichen Clichés! Es ist heute, »à l'heure qu'il est«, wie die Franzosen in solchen Fällen sagen, dringend geboten, den groben sprachlichen Unfug mit der »grande nation« einzustellen und ihn zu verfolgen, wo immer er sich zeigt. Wer Frankreich meint, sollte »Frankreich« sagen – un point, c'est tout.

Postskriptum:

Ein pingeliger Nachtrag: wenn man es sagt – aber: man sollte es nicht sagen –, sollte man das ›d‹ aussprechen; allzuhäufig hört man da am Ende von ›grande‹ einen vage nasalierten a-Laut; so fügt man dem semantisch-politischen Fehler einen lautlichen – und grammatischen – hinzu.

Savoir-vivre

Wir wollen, da wir schon dabei sind, gleich noch eine pseudofranzösische Wendung im Deutschen entlarven, die unfranzösisch ist und die wiederum Kultivierte ständig im Munde führen. Kultiviert heißt ja bei uns immer noch – ein wenig – Frankophilie. Es ist merkwürdig, daß es lange Zeit hindurch bei uns Deutschen beides gleichzeitig und oft in einer Person gab: das Gefühl und ›Wissen‹ vom »Erbfeind« und dann Frankophilie. Die Rede vom »Erbfeind« stammt in ihrer Anwendung auf Frankreich offenbar von dem ja nicht unbedeutenden Bayernkönig Ludwig I., der die Franzosen schon haßte, bevor es in Deutschland Mode wurde; die Schweizer übrigens verwendeten den Ausdruck schon vorher, aber für das Haus Habsburg. Der längst verstorbene Hans Paeschke, ein Intellektueller eleganten und in der Tat etwas französischen Stils, Mitbegründer des *Merkur,* der, so der schöne Untertitel bis heute, »Deutschen Zeitschrift für europäisches Denken«, sagte mir einmal über seine Zeit in Frankreich, als er zur deutschen Besatzung gehörte: »Ich kann Ihnen sagen: wir haben dieses Land behandelt wie eine Geliebte!« Nun, das hat das Land nicht immer gemerkt – was aber die *erste* Zeit der deutschen Besatzung anging, die Zeit der, wie die Franzosen sagen, »armée régulière«, würden sicher nicht alle der nunmehr sehr alten Franzosen, die sie bereits bewußt erlebt haben, unbedingt widersprechen. Die Sache – kulturelle Frankophilie – hat mit dem Ausdruck, den ich nun meine, zu tun.

Als vor vielen Jahren Helmut Schmidt als Bundeskanzler ins französische Fernsehen eingeladen wurde, und zwar zu der berühmten Sendung (sie ist eine Art Gesamtprüfung) »Die Stunde der Wahrheit«, »L'heure de la vérité«, benahm er sich äußerst locker, so wie er dies im deutschen Fernsehen nie getan hätte. Er aber – begnadeter Politschauspieler – wußte, aber vielleicht ahnte er es auch nur: nun muß ich mich so zeigen, wie es die Franzosen keinesfalls von einem Deutschen erwarten, ich muß in meinem Auftreten dem Cliché vom steifen Deutschen widersprechen und den Franzosen klarmachen: ich jedenfalls, der deutsche Bundeskanzler, bin *nicht* so. Am Ende (er hatte alles, in bequemster Haltung und die Zigarette ständig in der Hand, glänzend absolviert) wurde er noch gefragt, was ihn an Frankreich besonders anziehe. Da überlegte er, zur Decke blickend, einige gedankenschwere Sekunden und sagte schließlich leise und mit Nostalgie: »Le savoir-vivre«. Da gab es spontanen Beifall für diese den Franzosen schmeichelnde – und gewiß auch schmeicheln wollende – knappe Äußerung, die ein letztes Kabinettstück war. Nur war da ein Fehler.

Gewiß meinte Helmut Schmidt, wie alle kultivierten Deutschen, *le savoir vivre* heiße, den beiden Wörtern entsprechend, etwas wie »Lebenskunst«: es verstehen *(savoir)*, angenehm – mit gesundem und also vernünftigem Hedonismus – zu leben. Leider meint die Wendung etwas deutlich anderes, nämlich (so definiert der *Petit Larousse*): »Connaissance et pratique des usages du monde«. Dies wäre also die Kenntnis und auch die Praxis (somit dies, daß man sie auch praktiziert) der Üblichkeiten in der (gesellschaftlich-geselligen) Welt. »Welt« also in diesem spezifisch französischen Sinn, der sich ja auch unserem Wort *Welt* mitgeteilt hat – »ein Mann von Welt«. Thomas Mann zitierte einmal als Parodie auf eine allzusehr an das Original angelehnte Übersetzung: »›Sie lieben also nicht die Welt, mein Fräulein?‹ – ›Was wollen Sie, mein Herr, ich langweile mich in ihr‹«. Es ist dies übrigens der berühmte Beginn der *Renée Mauperin* der Brüder Goncourt, 1864, Vorbild offenbar für den

Medias-in-res-Eingang von *Buddenbrooks.* Genauer als der *Petit Larousse* unterrichtet uns über *le savoir-vivre* der *Petit Robert:* das zusammengesetzte Wort ist seit 1674 belegt und hieß zunächst, aber diese Bedeutung ist heute veraltet: »Kunst, sein Leben wohl zu führen«, »Art de bien diriger sa vie«, dann die ›moderne‹ Bedeutung, und die entspricht nun der Angabe des *Petit Larousse* genau: »Qualité d'une personne qui connaît bien et sait appliquer les règles de la politesse«. Und es folgt ein Zitat aus Maupassant, aus dem sofort klar wird (so müssen Lexikon-Beispiele sein!), was gemeint ist, und Maupassant ist ja nun übrigens auch schon lange her: »les hommes d'aujourd'hui ont si peu d'égard et de savoir-vivre ...«, »Die Menschen von heute nehmen so wenig Rücksicht und sind so unhöflich«. Und, unter *vivre*, besonders schön, hinreißend geradezu die Äußerung des großen Literaturkenners und Kritikers Sainte-Beuve über jemanden: »Enfin il est mort en homme qui sait vivre« – da wird das Wort, subtil und schlagend, re-etymologisierend an seinen Ausgangspunkt zurückgebracht, ohne daß ihm die neue Bedeutung genommen würde: »Kurz, er starb höflich, als Mann, der zu leben versteht.«

Die Wendung oder besser das Wort ist also heute und seit langem schlicht ein Synonym für *la politesse,* »Höflichkeit« (das ist nun also nicht »die Politesse«, von der der *Duden* meint, sie sei sprachlich eine Kontamination aus *Polizei* und *Hostess*). »C'est tout de même un manque de savoir-vivre!« hört man in Frankreich sehr häufig, und es ist eine vernichtende Feststellung. »Da fehlt es einfach an Höflichkeit! » *Savoir-vivre* meint also: »Anstand«, »gutes Benehmen«, »gute Kinderstube«, »Höflichkeit«.

Insofern versteht man auch den Beifall des französischen Publikums für Helmut Schmidt: die Leute dachten an etwas anderes als der Kanzler, aber auf das *savoir-vivre* in ihrem Sinne sind sie ebenfalls stolz, und selbstverständlich ist *la politesse* – auch für die Franzosen selbst – ein Schlüsselwort. Und es gibt da auch das schöne und bemerkenswerte Synoynm *la courtoisie,* das wir ja auch wieder als nunmehr freilich seltener gewordenes Fremdwort haben. *La courtoisie* meint eine höhere, edlere Höflichkeit als die *la politesse* oder eben im Deutschen *Höflichkeit.*

Natürlich ist es psychologisch interessant, daß ein Wort für »Lebenskunst« sich zu »Höflichkeit« verschiebt: es impliziert gewiß, daß letztere als ein *Teil,* und zwar als ein *wichtiger,* der Lebenskunst gesehen wird, was zugleich auch zeigt, daß diese von vorneherein als eine gesellige, somit ›undiogenesische‹ aufgefaßt wird. Kein Rückzug aus der ›Welt‹! Kein »Laß, o Welt, o laß mich sein ...« (so Eduard Mörike), sondern Höflichkeit, Lebenskunst als gesellige Tugenden. Was auch wieder bemerkenswert oder, wie Goethe gesagt hätte, ›merkwürdig‹ ist (er meinte mit dem Wort noch ganz positiv »würdig, daß man es sich merkt«). Vielleicht übrigens, wahrscheinlich ist die alte und so überaus sprachgebundene französische Höflichkeit in der Provinz lebendiger geblieben als heute in Paris: »Je vous en prie, Madame ...«, »Enchantée, Monsieur ...«, »Ah, Madame, je suis désolé ...« oder »Madame est servie«. Von letzterem Satz, von einem Dienstmädchen in einem Theaterstück gesprochen, sagte der große Romanist Leo Spitzer, da sei mit einem Schlag, augenblicklich, der ganze Zauber französischen Lebens – mitsamt dem savoir-vivre – in ihm lebendig geworden.

Wer also französisch sagen will, was er im Deutschen mit *savoir-vivre* meint, muß sagen *art de vivre* – das gibt es natürlich schon auch. Was historisch vorliegt, ist wohl dies – dafür gibt es nicht wenige Beispiele –, daß im Fremdwort *savoir-vivre* eine Bedeutung konserviert ist, die in der Sprache, aus der das Wort stammt, inzwischen zu einer anderen verschoben wurde, so daß dort nun ein anderes Wort für das steht, was bei uns das Fremdwort bezeichnet. Mein Großvater sagte noch – deutsch redend – *Coupé* für »Abteil« und *Perron* für »Bahnsteig«, jeweils mit Betonung auf der ersten Silbe, obwohl dies im Französischen längst nicht mehr so hieß, sondern *le compartiment* und *le quai* (die Schweizer sagen noch immer *perron*). Und natürlich ist *Frisör* oder *Friseur* bei uns ein weiteres Beispiel. Ein Elsässer erzählte mir, daß es als besonders lustig oder albern empfunden wurde, als seinerzeit unter den Deutschen ab 1940 das Schild »Coiffeur« durch ein anderes mit »Friseur« darauf ersetzt werden mußte. Den alten *friseur,* den »Kräusler«, gab es ja im Französischen längst nicht mehr…

Lehnbedeutungen

Es gibt Lehnwörter; es gibt aber auch Lehnübersetzungen, dann gibt es Lehnwendungen oder auch Lehnkollokationen, schließlich gibt es Lehnbedeutungen.

Ein Witzbold hat einmal gesagt, daß der Ausdruck ›Lehnwort‹ ohnehin Unfug sei, weil ja hier nie, was in ›Entlehnung‹ doch stecke, etwas wieder zurückgegeben werde. Also gut, darum geht es nicht – es beweist aber, wieder einmal, in der Tat, daß man derlei Ausdrücke nicht ›pressen‹ darf – sonst zeigt sich der inhärente Unsinn. Etymologisch stimmt es übrigens eher, denn *lehnen* heißt ja auch *(die Lehne!)* sich stützen auf.

Also, was ein Lehnwort ist, weiß jeder: ein Wort aus einer anderen Sprache, ein ›Fremdwort‹, wie man auch sagt, das mehr oder weniger heimisch geworden ist in der betreffenden Sprache. Ist es ganz und gar heimisch geworden, sollte man auch nicht mehr von ›Fremdwort‹ reden: *Post, Frisur, Frisör, Telephon, Büro, Bank, Girokonto* und so weiter sind keine ›Fremdwörter‹ mehr. Das Kriterium könnte oder müßte da eigentlich sein, daß es ein anderes gleichbedeutendes ›einheimisches‹ Wort entweder gar nicht gibt (wie dies bei *Post* der Fall ist) oder dann nur künstliche und gerade nicht volkstümlich gewordene Verdeutschungen wie *Fernsprecher* oder *Haartracht* statt *Telephon* oder *Frisur*. Man sollte also den überzogenen (ich vermeide *exzessiv*, das ich zunächst schreiben wollte) etymologisierenden Begriff von ›Fremdwort‹ meiden. Sonst sind auch *Fenster* und *Mauer* und *Keller* ›Fremdwörter‹. Diese Wörter sind – historisch (etymologisch) gesehen – Lehnwörter, keine Fremdwörter. ›Fremdwort‹ ist also ein auf die oder eine Gegenwart bezogener Begriff und meint ein Wort aus einer anderen Sprache, das noch immer ganz als solches lebendig ist, und zwar – wo sonst? – im Bewußtsein der Sprechenden.

Ist ein früheres ›Fremdwort‹, ein ›Ex-Fremdwort‹ ganz heimisch geworden, ist es kein ›Barbarismus‹ mehr, wie dies in der alten, klassischen Grammatik hieß, wenn also in einem Text Wörter gebraucht wurden, die gar nicht zu der betreffenden Sprache gehören – übrigens wurde dies als der schlimmste aller denkbaren Fehler angesehen.

Das Fremdwort ist ein großes Thema der Sprachkritik – der deutschen und neuerdings auch der französischen; allerdings gab es in Frankreich eine Kritik an den Anglizismen schon im 18. Jahrhundert, als nicht wenige englische Wörter ins Französische aufgenommen wurden. Damals entstand schon das Wort »anglomanie«. In Deutschland richtete sich die Kritik zunächst natürlich gegen die französischen Wörter, und zwar schon vom 17. Jahrhundert an. Das ging dann weiter, wurde Teil des Kampfs gegen den »Erbfeind«, und neuerdings geht es gegen die Anglizismen. Darüber wäre einiges zu sagen. Lassen wir das Thema ›Fremdwörter‹ für diesmal beiseite.

Ich will aber doch noch anmerken, daß es im Englischen in gewissem Sinn gar keine ›Fremdwörter‹ gibt. Man kann oder muß in dieser Tatsache eine Stärke dieser – übrigens auch sehr schwierigen – Sprache sehen (wenn man schon von ›leicht‹ und ›schwierig‹ in bezug auf Sprachen reden will). Im Englischen fehlt denn auch ein Ausdruck wie ›foreign‹ oder gar ›alien words‹. Nein, da heißen Wörter, die wir so nennen würden, schlicht »schwierige Wörter«, »hard words«, woraus die völlig verschiedene Einstellung sogleich hervorgeht. Das Englische ist eine nach dem Lateinischen und Griechischen hin absolut offene Sprache: »It has come to be felt«, erklärte ein sehr kundiger Beobachter, der Lexikograph Henry Bradley, mit trockenem Witz, »that the whole Latin vocabulary is potentially English.«

Genauso ist es auch. Es ist nicht übertrieben. Und die zahllosen französischen Wörter, die 1066 mit Wilhelm dem Eroberer und der langen Zweisprachigkeit, die sich aus der Eroberung ergab, in das alte und nun völlig veränderte »Angelsächsische« oder »Altenglische« hineinkamen, waren schon vorher, schon vor der Masse der Latinismen (einige gab es natürlich auch schon altenglisch) da, und die französischen Wörter, die in späterer Zeit zusätzlich aufgenommen wurden, dürfen auch nicht vergessen werden. Für die Fehler, die mit solchen »schwierigen« Wörtern gemacht werden, gibt es einen traditionellen Namen: »Malapropisms«, nach der Figur der »Mrs. Malaprop« in einer Komödie von Sheridan von 1775, die solche »schwierigen Wörter« ständig falsch verwendete. Solche fehlerhafte und zugleich prätentiöse Verwendung fremder Wörter ist eine unausgesetzt präsente und ja auch im Deutschen wohlbekannte Quelle von Komik. Wir könnten sie im Deutschen analog »Stöhrismen« nennen – nach der Figur der Caroline Stöhr in Thomas Manns *Zauberberg,* die sich durch ebensolche Fehler, »namenlose Bildungsschnitzer«, sagt der elitäre Erzähler erschauernd, kennzeichnet, also etwa: *insolent* statt *insolvent, Geld-Magneten* statt *Geld-Magnaten* und *Erotica* statt *Eroica.* Wir haben da eine *interne,* natürlich sozial geschaffene Sprachbarriere. Eine erhebliche Bildungsbarriere sind ganz ohne Zweifel die deutschen ›Fremdwörter‹ und die englischen ›hard words‹. Früher gab es den wohlgemeinten, wenn auch gönnerhaften oder herablassenden Rat: »Seien Sie bitte vorsichtig mit Fremdwörtern! Das kann nämlich (bei Ihnen) leicht schiefgehen.« Unrealistisch ist der Rat aber nicht.

Eine Lehnübersetzung ist etwas ganz anderes als ein Fremdwort. Da wird in einer Sprache ein Wort gebildet nach dem Muster eines Worts einer anderen Sprache. Gerade im Deutschen gibt es sehr viele solcher Wörter, weit mehr als im Englischen oder in den romanischen Sprachen.

Jedermann würde meinen, *Einfalt* sei doch ein schönes, altes und vollkommen deutsches Wort. Das ist es auch, aber zunächst war es lateinisch – eine Übersetzung nämlich aus dem Lateinischen. Genauer: *Einfalt* kommt von dem Adjektiv *einfältig,* und dies ist eine schon sehr alte Lehnübersetzung von lateinisch *simplex* aus *sim* »eins« und *plix,* das zu *plicare,* »falten«, gehört; somit: nur eine Falte (es ist ein Bild) – also »einfach«. *Sim* gib es zwar so, also isoliert, nicht, aber wir haben das Element auch etwa in dem Wort *semel,* »einmal«. Man kann also, es ist weniger bekannt, auch einzelne Wörter übersetzen. Dies geht aber nur dann, wenn es sich um, wie ich sage, ›durchsichtige Wörter‹ handelt, Wörter, die somit aus zwei oder auch aus mehreren Bestandteilen, Wörtern oder Wortelementen, bestehen und insofern bereits etwas Satzartiges haben. Da kommt es dann zu einem neuen ›durchsichtigen‹ Wort in der Sprache, in der die Lehnübersetzung geschah. Daß man solche ›Durchsichtigkeiten‹ bewußt machen kann, zeigen viele Wortspiele. Was *einfältig* angeht: »Sie haben uns«, sagt eine Hausfrau bei Nestroy zu einem Dienstmädchen, das sie entlassen möchte, »in der letzten Zeit so vielfältige Beweise Ihrer Einfalt gegeben ...« Französisch heißen solche Lehnübersetzungen »calques« – »le calque« meint eigentlich ein Durchpausen. Das ist ein treffendes Bild: es wird ja in der Tat bei einer Lehnübersetzung von einer Sprache auf die andere gleichsam ›durchgepaust‹.

Die Lehnwendung ist die übersetzende Übernahme einer ganzen Wendung. Hierher gehört das nunmehr, wie es scheint, definitiv eingebürgerte *Sinn machen* – eine Übersetzung von *to make sense.* Dergleichen legt sich natürlich nahe, wenn man immer wieder die fremde Vorlage hört, wie es unseren Journalisten, Politikern und deren Redenschreibern geschieht, und die Übernahme zudem so einfach ist, wobei *sense* näher bei »Vernunft« ist als das deutsche *Sinn.* Englisch *sensible* heißt ja auch »vernünftig« und keineswegs »sensibel« (das ist, was die professionellen Fremdsprachenleute einen »falschen Freund« nennen – solche wimmeln unter den Sprachen).

Schließlich (und auf sie will ich hier hinaus) die Lehnbedeutung, sie sollte hier nur eingeordnet werden. Ein großes Beipiel zunächst aus dem Lateinischen! Da gab es, was erstaunen mag, fürs erste gar kein Wort für »Welt«. Aber was brauchten die Hirten und Bauern in Latium, woher die ›Römer‹ kamen, solch einen Begriff? Da genügten doch »Land« und »Meer«, *terra* und *mare*. Das Wort *mundus* war schon da, und es meinte »Schmuck«, nur »Schmuck«. Dann ergab sich nach dem Muster, der Vorlage des Griechischen die zweite und dann schließlich eigentliche Bedeutung »Weltall« und »Welt«, den Inbegriff also von »terra« und »mare« und dem, was um beide herum ist. Das zugrundeliegende griechische Wort, das jeder kennt, auch wenn er nicht Griechisch gelernt hat, war *kósmos*. Und dieses Wort für »Weltall« bedeutete auch »Schmuck«. Und so wurde diese Bedeutung »Weltall« auf das lateinische Wort für »Schmuck« übertragen, sie wurde ihm von außen her unter dem Druck der Vorlage und unter dem, ein Wort für »Welt« doch auch zu haben, gleichsam aufmontiert. Die Bedeutung also wurde entlehnt – nur sie.

Ein solcher Vorgang ist wirklich nicht unnormal; er war natürlich schon der alten, der ›traditionellen‹ Sprachwissenschaft wohlvertraut. Das wäre also wieder die klassische Reaktion dieser Disziplin: sie hat einmal wieder etwas ›erklärt‹, indem sie hinweist, hinweisen *kann* auf eine lange Reihe ähnlicher Fälle. Erklären heißt hier letztlich zumeist nur: »das ist genauso wie zum Beispiel bei...« – »Warum also«, so die eigentlich schlichte Folgerung, »nicht auch hier?«

Ich meine, man sollte zuweilen doch zögern, eine Bedeutung ohne weiteres dem Englischen zu entnehmen, denn es geht ja heute fast nur noch um das Englische. Genauer, so stellt sich das Problem: man sollte sich einer solchen bereits dem Englischen entnommenen Bedeutung widersetzen. Dann nämlich zumindest, wenn man diese Bedeutung nicht braucht, wenn die Übernahme nicht zu einer Bereicherung, sondern zu einer Verarmung führt.

Nehmen wir das schöne deutsche Fremdwort *Evidenz*. Es ist philosophisch wichtig und darüber hinaus, und es gehört längst fest und unabdingbar zu unserer Bildungssprache. Etwas ist evident, hat unmittelbare Evidenz – aber ›unmittelbar‹ gehört ja schon zum Begriff »Evidenz«. Gemeint ist damit ein Erkenntnisvorgang, der unmittelbar da ist, sich aufdrängt, gar nicht abzuweisen ist und also wirklich nicht erst gesucht werden muß oder jedenfalls, wenn er einmal gefunden wurde, sich unabweisbar ergibt. Man kann da eigentlich nur sagen »ja, ja, ja«. Das berühmte »ich denke, ich bin«, »ego cogito, ego sum« des Descartes, mit dem die neuzeitliche Philosophie beginnt, formuliert solche Evidenz. Gemeint ist da nicht das Ergebnis eines Schließens in dem bekannten Dreischritt: ›alles, was denkt, ist‹; ›nun aber denke ich‹; ›also bin ich‹. So gerade nicht, vielmehr meint die Aussage etwas jedem Schließen schon Vorausgehendes, weshalb die in der Regel gebrauchte Formel »ich denke, also bin ich«, »cogito ergo sum«, ungeschickt ist. Die eigentliche Formel Descartes' ist denn auch die genannte: »ich denke, ich bin«. Nun aber lesen und hören wir oft Feststellungen wie »Dafür haben wir keine Evidenz«. Das ist aber nicht deutsch, sondern englisch, das ist die englische Evidenz sozusagen, nicht die deutsche oder besser die kontinentale (denn die deutsche ist auch die französische, italienische, spanische usf.). *Evidence* heißt in der Tat »Beweismittel« oder »Beweisstück« oder eben schlicht »Beweis« *(a piece of evidence)*. Hier sage ich: erstens brauchen wir unsere »Evidenz«, wir dürfen sie durch »Beweis« nicht verdrängen lassen (und diese Gefahr besteht); zweitens brauchen wir Evidenz im Sinne von »Beweis« nicht, weil wir ja, schon ganz ausreichend, Beweis haben.

Realisieren im Sinne von »sich klar machen« ist auch so ein

Fall: »Ich hatte gar nicht realisiert, daß ...« »Realisieren« also als gedankliche Verwirklichung, was unser *realisieren* nicht meint. Unseres meint ja den Übergang von der bloß gedanklichen zur wirklichen Wirklichkeit. Golo Mann schreibt einmal (zumindest einmal): »Weil er so früh starb, so realisieren wir kaum, daß er der Generation Wilhelms II. angehörte.« Gut, man darf auch hier gelegentlich spielen ... Übrigens ist diese Bedeutung auch ins Französische eingedrungen und wird dort immer wieder kritisiert: »Je n'avais pas réalisé que ...« Wieder muß gesagt werden, daß unser *sich etwas klar machen* völlig genügt. Oder: *etwas realisieren* ist eines, *sich etwas klar machen* etwas anderes. Man sollte beides – es ist ja nun auch wirklich sehr verschieden – nicht in einem Wort zusammenfallen lassen.

Ein übler Amerikanismus ist auch *Philosophie* im Sinne von »Gedanke« oder »Konzeption«: »Das ist die Philosophie unseres Unternehmens« und gar »die Philosophie dieses Autos« oder (why not?) »neuen Panzers«. Es ist eine Herabwürdigung unserer »Philosophie«. Max Horkheimer pflegte seinen Frankfurter Studenten alteuropäisch arrogant zu sagen: »Ich mache hier Philosophie, nicht ›philosophy‹ ...« Das ging gegen die nordamerikanische Philosophie, gegen die ich gar nichts sagen will. Nur soviel allenfalls: sie hat die europäische nicht überflüssig gemacht. Und diese in der Tat amerikanische Verwendung von ›Philosophie‹ hat nichts zu tun mit dem, was dort philosophisch gearbeitet wird. Wir haben im Deutschen eine ähnliche Banalisierung – aber sie ist lustig gemeint und als so gemeinte durchschaubar – mit dem hohen Wort *Idee*. Man kennt die schöne Geschichte von dem studierten Rekruten, den der Feldwebel anspricht: »Hören Sie mal, Sie haben doch Philosophie studiert. Erklären Sie uns doch bitte, was eine Idee ist!« Der Rekrut beginnt, wie es sich gehört, bei Platon und geht dann über zu Kant, bis ihn der Feldwebel unterbricht: »Soso, sehr schön! Dann rücken Sie jetzt mal Ihre Mütze ne Idee nach links!«

Schon fast durchgesetzt hat sich *kontrollieren* im Sinne von »beherrschen«, obwohl der *Duden* von 1999 diese Bedeutung von *kontrollieren* seltsamerweise noch gar nicht verzeichnet (da ist er zurück). Im Englischen heißt *to control* in der Tat (so der *Concise Oxford Dictionary*) »to dominate, to command«. Aber von *kontrollieren* haben wir ja hier an anderer Stelle schon gesprochen.

Solche Bedeutungsentlehungen unterlaufen, wie angedeutet, Menschen, die faktisch zweisprachig sind oder einer anderen Sprache ständig ausgesetzt sind. Denen rutschen sie so ins Sprechen und Schreiben hinein. Solche Menschen gibt es viele, heute noch mehr als früher, und von ihnen gehen solche Entlehnungen, die in der Regel unbewußt geschehen, aus: dieselbe oder eine sehr ähnliche Wortform provoziert solche Übernahmen. Ein hübsches Beispiel: der (hervorragende) Spanienkorrespondent der *Frankfurter Allgemeinen* Walter Haubrich schrieb einst in einem Nachruf auf den spanischen Philosophen Salvador de Madariaga: »Er erwartete mit Illusion das Erscheinen seines letzten Buchs.« Kein des Spanischen Kundiger wird sich über das hier merkwürdige »Illusion« wundern, denn spanisch heißt *ilusión* auch und vor allem »Freude«. Eine Bedeutungsentwicklung nebenbei, die sehr bemerkenswert ist: Freude gibt es nur als Produkt von Illusion oder: Freude ist auf ihrem Grund Illusion. Nietzsche wäre (aber solche Reaktion lag ihm nicht) entzückt gewesen.

Gut, man braucht jedoch jenen Menschen, die hier das Einfallstor sind, nicht gedankenlos zu folgen. Sonst steht auch dem nichts im Wege, was ich bereits in einer wissenschaflichen Diskussion hörte und zwar von einem sehr respektablen Gelehrten, einem Emigranten, der schon als Kind Österreich verlassen hatte oder vielmehr mußte, aber noch ganz gut Deutsch konnte: »Man hat es versucht«, sagte er in einer Diskussion immer wieder und wunderte sich über die Heiterkeit, »aber es hat nicht gearbeitet.« Von demselben Mann hörte ich auch: »Es ist hart, ein Gegenbeispiel zu finden« und: »Es ist nicht gesund, so zu handeln« – *it didn't work* also, *it is hard* und *it isn't sound*. Wir leben in einer vom Englischen durchsäuerten Welt. Ich sage es ohne Klage, und es hat ja auch viel Positives, daß so viele mit dieser Sprache etwas anfangen können. Aber gerade in einer solchen Welt sollten Sensible und Sprachbewußte sich mühen, ihre jeweils eigene Sprache und das omnipräsente Englische – auch gerade in sich selbst – auseinanderzuhalten.

Töchter und Söhne oder Deutsch – eine Männersprache?

Dies wird eine heikle Glosse. Fangen wir von der Seite her und ein wenig fachlich an. In vielen Wortpaaren stehen die beiden Wörter im Verhältnis einseitiger inhaltlicher Einschließung: das eine Wort kann also das andere einschließen, das andere aber nicht das eine. Ein Beispiel, das mit Mann und Frau noch nichts zu tun hat: das Wort *Tag* kann die Nacht mit einschließen, aber *Nacht* nicht den Tag – insofern also eine einseitige, in nur *eine* Richtung gehende Einschließung. *Tag* kann somit die Nacht einschließen (in der Bedeutung *Tag* gleich »24 Stunden«), oder *Tag* kann, genau umgekehrt, gerade die Nacht ausschließen (Tag als Zeitraum, sagen wir, in dem die Sonne über dem Horizont steht). So konnte einst die damals recht intelligente Brigitte Bardot – oder war sie doch nur rasend anziehend? – auf die Frage nach ihrem bisher schönsten Tag schlagend antworten: »eine Nacht!«, »une nuit!« Die Frage meinte natürlich *Tag* als 24 Stunden, in der Antwort meinte das implizit in ihr enthaltene Wort dies auch, dann aber doch – daneben – die zweite, also die die Nacht gerade *ausschließende* Bedeutung: ›es war gar kein Tag, sondern eine Nacht‹. *Tag* kann also so gebraucht werden, daß der sonst wichtige, ja entscheidende Unterschied zwischen Tag und Nacht (nicht umsonst gibt es ja die Wendung ›das ist wie Tag und Nacht‹) ›aufgehoben‹ oder ›neutralisiert‹ ist, dann nämlich, wenn *Tag* im Sinne von »24 Stunden« gebraucht wird. Dann versteht man das Wort nur, wenn man von diesem Unterschied gerade absieht.

Solche ›Neutralisierungen‹ gibt es nicht nur im Inhaltlichen, sondern auch im Lautlichen. So werden im Deutschen – ganz anders als im Englischen – die Unterschiede zwischen ›stimmhaft‹ (›weich‹) und ›stimmlos‹ (›hart‹) bei den Lauten b und p, d und t und g und k am *Ende* des Worts – nur dort – ›aufgehoben‹ oder ›neutralisiert‹, und zwar zugunsten der ›stimmlosen‹ (›harten‹) Laute. Zwischen *Rat* und *Rad* ist lautlich kein Unterschied, wenn man einmal davon absieht, daß norddeutsch zum Teil *Rad* mit kurzem a gesprochen wird: ›wir fahren mit dem Ratt ins Batt‹. Ich weise auf diese ›Neutralisierung‹ im Lautlichen hin, um hervorzuheben, daß es sich hier um ein wichtiges ›Arbeitsprinzip‹ der Sprachen generell, keineswegs nur im Inhaltlichen und keineswegs nur des Deutschen, handelt: immer wieder können – im Lautlichen und im Inhaltlichen – Unterschiede, die sonst wichtig sind, unter bestimmten klar umrissenen Bedingungen ›neutralisiert‹ werden. Solche ›Neutralisierungen‹ finden sich nun gerade bei den Wörtern oder Wortpaaren für männlich und weiblich.

Wie *Tag* und *Nacht* verhalten sich etwa *Lehrer* und *Lehrerin. Lehrer* kann die Lehrerin einschließen, oder es kann sie gerade ausschließen. Aber *Lehrerin* kann den Lehrer nicht einschließen. *Lehrer* kann entweder »Lehrer, männlich« oder »Lehrer, männlich oder weiblich« sein; *Lehrerin* ist immer nur »Lehrer, weiblich«. In dem Satz »Lehrer werden zu schlecht bezahlt« ist sofort klar, daß auch die Lehrerinnen gemeint sind, sie sind in der Tat – das kann man deklassierend finden – ›mitgemeint‹; sie laufen eben so mit. Freilich könnte man auch argumentieren, »Lehrer« sei hier in einem abstrakteren Sinne, *jenseits* oder noch *diesseits* gewissermaßen des Unterschieds zwischen Lehrerinnen und Lehrern gemeint. Dies hindert aber nicht – dabei bleibt es in der Analyse eben doch –, daß gerade hierfür, für den ›abstrakten‹, geschlechtlich nicht mehr oder noch nicht differenzierten Lehrer, die männliche Form genommen wird. In dem Satz »Für solche Aufgaben sind Lehrer nicht so gut geeignet wie Lehrerinnen« wird der Unterschied ja explizit aufgegriffen, weshalb er ohne weiteres klar ist. Noch heute ärgere ich mich darüber, daß ich es seinerzeit lustig fand, als der nicht unbedeutende Romanist Gerhard Rohlfs in einer Vorlesung sagte: »Dieses Buch ist nicht von einem Romanisten, sondern von einer Romanistin.« Da nahm er – darauf beruht der bescheidene Witz – das Wort *Romanist* unerwartet als die Romanistin ausschließend; er spielte mit der Doppeldeutigkeit von *Romanist.*

Wieder kann man sich hier darüber wundern, daß so etwas – *Lehrer* mal so und mal so – ›funktioniert‹ und also dem Verständnis kaum je Schwierigkeiten macht. Man kann aber natürlich auch ›feministisch‹ daran Anstoß nehmen, und zwar eben an jenem ›mitgemeint‹. Denn natürlich, nein, eben nicht ›natürlich‹, sondern *geschichtlich,* gehen diese ›Neutralisierungen‹ bei weiblich/männlich zugunsten des *männlichen* Worts, genauer: des Worts für die männliche Variante, das gleichzeitig das Normalwort ist.

Es ist ja auch bei *Tag* und *Nacht* kein Zufall, daß die Neutralisierung zugunsten von *Tag* und nicht von *Nacht* geht. Oder anders: es entspricht unserem Gefühl, daß am Tag der Tag wichtiger ist als die Nacht; wir finden es richtig, daß die vierundzwanzig Stunden mit *Tag* und nicht mit *Nacht* bezeichnet werden. Und dies ist nicht nur im Deutschen so. Auch der Fall *Tag* und *Nacht* ist ein Argument für den ›feministischen‹ Ansatz. Dasjenige, woraufhin ›neutralisiert‹ wird, gilt der Sprache und damit auch den Sprechenden als das Wichtigere.

Was nun aber weiblich und männlich angeht, liegt die Mißlichkeit darin, daß hier nur entweder das eine oder das andere bevorzugt werden kann – man kann hier nur ungerecht sein. Es sei denn die Sprache hätte, was ja vorkommt, eigens und von vorneherein neutrale – also nicht erst ›neutralisierte‹ – Formen zur Verfügung wie etwa *die Sprechenden* oder *die Studierenden* oder auch *Gast* – aber schon hört man da und dort (und offenbar nicht nur zum Spaß) *Gästin*. Aber solche neutralen Formen sind die Ausnahme. So kam man auf die ›Lösung‹, entweder ›neutralisiert‹ (aber nun andersherum) *Lehrerinnen* zu sagen und dann die Lehrer mitzumeinen, oder schließlich, es ist etwas wie ein großzügiges oder doch kulantes Kompromißangebot, *Lehrer-Innen,* also mit dem großen I, das ja auch – dies darf man nicht übersehen oder überhören – einen *lautlichen* Unterschied setzt. Es ist nicht nur eine andere Schreibung bei gleichbleibender ›Aussprache‹. Da ist ja ein sogenannter »Knacklaut« oder auch »Glottisschlag«, also (unfachlich geredet) ein Neueinsatz, der *Lehrer-Innen* von *Lehrerinnen* auch lautlich deutlich trennt.

Wie soll man sich dazu verhalten? Nicht zu bestreiten ist, daß Sprache das Bewußtsein prägt oder vorsichtiger: daß sie es prägen kann. Gerade ein sprachkritisches Buch wird dies nicht bestreiten wollen: es gehört ja mit zu dessen Ansatz, daß es nicht egal ist, wie einer redet und schreibt (›einer‹ ist wieder solche eine ›Neutralisierung‹!). Und dieser Punkt (Benachteiligung der Frau) kann einem so wichtig sein, daß man sich mit mehr oder weniger Emphase für das ›neutralisierte‹ *Lehrer-Innen* entscheidet. Es hat sich ja weithin, vor allem wo auf »politische Korrektheit« geachtet wird, durchgesetzt, ist aber vielleicht auch schon wieder auf dem Rückzug (über »politisch korrekt« eine eigene Glosse). Ich bin, offen gesagt, mit Nachsicht, aber schließlich doch dezidiert, gegen *-Innen* und sage jedenfalls für mich: ich verhunze meine Sprache mit so etwas *nicht*; mir ist in diesem Fall das Ästhetische wichtiger als das mit dem Bewußtsein, das auch auf andere Weise wachgerüttelt und wachgehalten werden kann. Aber mit dem Ästhetischen ist es ja auch so eine Sache: manche haben keinen Blick und kein Ohr dafür, und sie finden es dann vielleicht umgekehrt, gerade weil ihnen das von der Sache her so wichtig ist (das geht ja gern ineinander über), geradezu ästhetisch flott oder cool oder was immer, *Lehrer-Innen* zu sagen.

Ich also finde es unflott und gar nicht cool. Eher plädiere ich für Länge. Länge muß einem die Sache wert sein! Hartmut von Hentig hat einmal über diese Frage einen kleinen Aufsatz geschrieben mit dem schönen pädagogischen Titel »Liebe Krankenpflegerinnen und liebe Krankenpfleger!«. Bei der direkten Anrede wie hier ist solche Länge ohnehin unbedingt zu empfehlen. Da hat es sich ja auch fast ganz durchgesetzt. Auch nicht der konservativste Politiker würde es heute wagen, seine Ansprache etwa mit »Meine lieben Münchner!« oder »Liebe Mitbürger!« zu beginnen. Das war vor dreißig Jahren noch anders. Aber auch sonst, nicht bloß bei direkter Anrede, sollte man eher länger sein. Also durchaus auch sagen: »Lehrerinnen und Lehrer werden zu schlecht bezahlt.« Es scheint mir vor allem dort angebracht, wo die Frauen auch noch gar in der Mehrzahl sind.

Mit einem ärgerlichen Mißverständnis will ich aber doch noch aufräumen. Solche ›Neutralisierungen‹, die die männlichen Formen begünstigen, gibt es wahrlich nicht nur im Deutschen. Das Phänomen ist viel breiter. Dafür nur *ein* Hinweis. Erheblich weiter als das Deutsche mit den ›Neutralisierungen‹ geht zum Beispiel die Weltsprache Spanisch. Und ›natürlich‹ wiederum zugunsten der männlichen Formen. Noch einmal: ich sage ›natürlich‹ – es ist aber ›natürlich‹ nicht natürlich, sondern geschichtlich.

Also: Spanisch *el hijo* heißt erstens »der Sohn«, zweitens aber auch »das Kind«; die entsprechende weibliche Form *la hija* heißt dann aber nur »Tochter«. Der Unterschied Tochter/Sohn kann also, dies geschieht naheliegend besonders im Plural, durch das Wort für »Sohn« zu dem für »Kind« oder dann »Kinder« ›neutralisiert‹ werden. Dann heißt also das Wort für »Söhne« – *hijos* – auch »Töchter«, schließt sie jedenfalls mit ein. Wenn man etwa fragen will – und dies sind ja einfache und sehr alltägliche Fragen –: »Wie viele Kinder haben Sie?« oder auch »Haben Sie Kinder?« muß man spanisch sagen: »¿Cuantos hijos tiene usted?« oder »¿Tiene usted hijos?« Und die Antwort kann – und muß gegebenenfalls – in beiden Fällen lauten: »Tengo una hija«, »Ich habe eine Tochter«.

Man muß das aber, um dies doch auch noch zu sagen, nicht ›Neutralisierung‹ oder ›Aufhebung‹ eines Unterschieds oder (fachlicher gesagt) einer ›Opposition‹ nennen, oder man muß es nicht unbedingt so ›begreifen‹, denn *darum,* wie man diese sprachliche Erscheinung ›begreift‹, geht es, nicht um irgendeinen Terminus. Man kann auch schlicht, wie ich dies getan habe, feststellen, *el hijo* habe eben, je nachdem, was in Rede steht, diese beiden Bedeutungen »Sohn« und »Kind«.

Aber damit nicht genug, denn wir haben hier im Spanischen ein ganzes System oder, wie ich vorziehe, ein »Programm«. Ebenso heißt *los padres* erstens »die Väter« und zweitens, ›neutralisiert‹ oder wie immer, »die Eltern«, ebenso *los hermanos* »die Brüder« *und* »die Geschwister« und *los abuelos* »die Großväter« *und* »die Großeltern« und *los tíos* »die Onkel« *und* »die Onkel und Tanten«. Im letzteren Fall fehlt uns, wie auch in den folgenden Fällen, im Deutschen ein zusammenfassender Begriff: *los nietos* »die Enkel« und »die Enkel *und* Enkelinnen«, *los sobrinos,* »die Neffen« *und* »die Neffen und Nichten«, *los primos,* »die Vettern« *und* »die Vettern und die Cousinen«.

Zugeben müssen auch diejenigen, die an dieser ›Lösung‹ Anstoß nehmen, daß dieses System enorm praktisch und ökonomisch ist und auf das leichteste Kollektivbegriffe erlaubt, die wir im Deutschen so komplett gar nicht zur Verfügung haben und jedenfalls nicht so knapp ausdrücken können. Und natürlich wieder: es funktioniert – trotz der Zweideutigkeiten –, weil wir ja immer in bestimmten Zusammenhängen, Kontexten reden, die klären, was jeweils gemeint ist, genauer: Zweideutigkeit gar nicht aufkommen lassen – da muß gar nicht erst etwas ›geklärt‹ werden, es ist von vorneherein klar. Und dann erlaubt dieses simple Verfahren die Bildung von Oberbegriffen – Typus »Onkel und Tanten« –, für die wir etwa im Deutschen gar keine Entsprechung haben: ein abstraktes Verwandtschaftsverhältnis sozusagen unter Absehung nämlich (und dies kann ja auch einmal unerheblich sein) vom Unterschied weiblich/männlich.

Am 10. September 2000 las man in der klassischen – rechtskonservativen oder reaktionären – spanischen Tageszeitung *ABC,* korrekt ins Deutsche übersetzt: »Die Infantin Elena brachte ihr zweites Kind, ein Mädchen, zur Welt, das das dritte Enkelkind des Königs und der Königin ist«; spanisch lautete absolut normal der Satz so: »La Infanta Elena dio a luz (brachte ans Licht) a su segundo hijo, una niña que es el tercer nieto de los Reyes«. Die wörtliche Übersetzung wäre hier tatsächlich diese: »Die Infantin Elena brachte ihren zweiten Sohn zur Welt, ein Mädchen, das der dritte Enkel der Könige ist.« Also: auch sogar König und Königin heißen da »die Könige«, *los Reyes* – »die Könige nahmen an der Veranstaltung teil«, heißt es etwa in irgendeinem Zeitungsbericht – eine ganz feste Wendung. Übrigens hat dies bei uns zu der tradierten Fehlübersetzung »die katholischen Könige« geführt, denn es geht ja bei diesem historischen Begriff gar nicht um zwei Könige, sondern um das »katholische *Königspaar*«, also Mann und Frau – nämlich Isabella von Kastilien und Ferdinand von Aragonien, *los Reyes Católicos.* Es sind die, die Kolumbus, der spanisch Colón heißt, finanzierten und nach Westen schickten. Unwichtig waren sie also allein schon deshalb nicht, und »katholisch« meint da auch nicht, wie wir dies verstehen: »nicht evangelisch oder protestantisch«, sondern einfach »christlich«.

Man sollte, darauf will ich hinaus, das Deutsche – das Spanische wurde hier ja nur zum Vergleich herangezogen – nicht einfach, wie geschehen, als eine »Männersprache« bezeichnen; so lautet ein Buchtitel der Germanistin Luise Pusch: *Das Deutsche als Männersprache* (1984). Genauer: unsere Sprache ist, wenn man so will, schon auch eine »Männersprache« – die Sache sieht aber doch, meine ich, ganz anders aus, wenn man dazusagt, daß es anderswo nicht anders, sondern, zum Beispiel im Spanischen, sogar weit ausgeprägter ist. »Männersprachen« gibt es zumindest sehr viele. Das Deutsche unterscheidet sich da – und ebendies suggeriert fälschlich dieser klassisch germanistische Titel – in gar keiner Weise von anderen Sprachen.

Und – nun wieder analytisch: ist es wirklich überraschend, daß sich eine Männergesellschaft, wie wir sie seit Jahrtausenden haben, in der Sprache – als einer, wie gesagt, radikal geschichtlichen Erscheinung – spiegelt? Somit allenfalls: das Deutsche ist *auch* eine Männersprache.

Zumindest *eines* jedoch macht das Deutsche nicht, was die romanischen Sprachen und ja auch das Englische machen: es ›neutralisiert‹ nicht *Mann* zu »Mensch«, wie französisch *homme* oder italienisch *uomo* oder spanisch *hombre* oder portugiesisch *homem* oder englisch *man* dies tun. Da muß man das Deutsche ›feministisch‹ geradezu in Schutz nehmen. Daß etymologisch auch in *Mensch* der Mann steckt, ist etwas anderes – es ist nur etymologisch interessant. Wir haben jedenfalls jetzt und seit sehr, sehr langer Zeit schon für den Begriff »Mensch« ein eigenes von vorneherein neutrales, vom Mann/Frau-Unterschied abstrahierendes Wort.

Weil zum Beispiel das Französische da nicht unterscheidet, wissen wir bis heute nicht, was Napoleon im Oktober 1808 in Erfurt eigentlich meinte, als er, nachdem er Goethe gesehen (und er sagte es offenbar so, daß dieser es im Hinausgehen noch hören konnte), seinen Leuten erklärte: »Voilà un homme!« Meinte er »Mann« oder »Mensch«? Hätte er deutsch gesprochen, hätte ihn die Sprache gezwungen, sich zu entscheiden – falls da für ihn überhaupt eine Entscheidung war. Hier trifft einmal wieder ein guter Satz des bedeutenden – strukturalistischen – Sprachwissenschaftlers Roman Jakobson zu: »Die Sprachen unterscheiden sich weniger in dem, was sie sagen *können,* als in dem, was sie sagen *müssen.*« Das Deutsche *zwingt* uns hier, zwingt jeden deutsch Sprechenden – im Unterschied zu den anderen genannten Sprachen –, entweder das eine zu sagen oder das andere. Man kann da nicht *nicht* wählen, oder französisch gesagt: de deux choses l'une.

Weil wir sind doch nicht blöd

»Das war ausnahmsweise an einem Abend, und wir saßen vor dem Roma und tranken einen Rotwein, der nicht schmeckte, was aber egal war, weil deswegen waren wir ja nicht gekommen.« So Joachim Bessing in der *Süddeutschen* (10./11./12. Juni 2000). Es ist, wie man sofort und auch schon an diesem Zitat spürt, ein lockerer Artikel, und es geht, für uns hier unwichtig, um ein Lokal in München. Auch das Adjektiv *egal* – im Unterschied zu *gleichgültig* – deutet auf Umgangssprachlichkeit, auf »gesprochenen Duktus« oder, mit Koch und Oesterreicher zu sprechen, auf »Sprache der Nähe« (hierzu die Glosse »Gesprochen und geschrieben«). Das, was »gesprochen« klingt, kann auch, wie hier, *geschrieben* sein. Es ist merkwürdig, welche Verschärfung *egal* im Verhältnis zu *gleichgültig* bringt: ›Das ist mir gleichgültig‹, ›Das ist mir egal‹. Bei letzterem ist dann auch der bekannte Zusatz nicht weit.

Zum »gesprochenen Duktus« paßt auch, was mich hier interessiert, nämlich das *weil* ohne Endstellung des Zeitworts, wie sie deutsch im Nebensatz vorgeschrieben, also grammatisch korrekt ist. Der Satz ist auch so angelegt, daß wir bemerken: diese Inkorrektheit soll ein Bruch sein, ein Indiz oder ein Wink, daß das Ganze locker und flott, eben »gesprochen« klingen soll. Irgendeinen Vorwurf darf man da dem Schreiber nicht machen. Wir alle wissen, daß das mit dem *weil* ohne Endstellung des Verbs nicht richtig ist. Wir wissen aber nicht, machen es uns nicht klar, wie enorm häufig im Gesprochenen diese Verwendung ist – so häufig, daß sie wohl bald aufhören wird, als inkorrekt betrachtet und ›gespürt‹ zu werden. Achtet man einmal darauf, ist man dafür einmal sensibilisiert, stößt man auf dieses *weil* auf Schritt und Tritt. Immerhin hat diese Verwendung noch immer etwas stark »Mündliches« im genannten Sinn von »Sprache der Nähe« – insofern ist es in dem Artikel, aus dem das Zitat stammt, geschickt ›eingesetzt‹, denn es soll ja hier, im Geschriebenen, Mündlichkeit hergestellt werden. Es könnte sein, daß diese Verwendung schließlich doch auf »Mündlichkeit«, auf »Sprache der Nähe« beschränkt bleiben wird.

Woher kommt diese Veränderung, die also, wie es scheint, vor dem *Geschriebenen* noch haltmacht? Denn es *ist* eine – und übrigens etwas merkwürdige – Veränderung, und Fremdsprachige, die einigermaßen Deutsch gelernt haben und nach Deutschland kommen, glauben, irritiert feststellen zu können oder zu müssen, daß die Deutschen nicht richtig sprechen. Meine Vermutung, was die Entstehung angeht: beim Sprechen ergibt sich sehr häufig, aus mehreren, psychologisch zu fassenden Gründen, nach dem begründenden *weil* eine Pause – man zögert, denkt nach, tut so, als denke man nach, und dann fährt man, nach der Pause, das *weil* ist im Bewußtsein schon in den Hintergrund getreten, mit einem normalen Hauptsatz fort – *Er ist heute nicht gekommen, weil . . . er ist krank.*

Aber das ist nur die – vielleicht zutreffende – Erklärung der Entstehung dieser »Inkorrektheit«. Nun ist sie da, und wir haben das Nebeneinander der beiden syntaktischen Verwendungen von *weil*: die eine »schriftlich« (»Sprache der Distanz«), die andere »mündlich« (»Sprache der Nähe«). Und unausgesetzt hören wir, auch schon in öffentlichen Reden: *weil das hab ich schon oft gesagt, weil sie ist sehr schön, weil das schmeckt mir nicht, weil er ist einfach doof.* Ich finde: zumindest im Geschriebenen sollte man da noch widerstehen. Da sollte man dies dezidiert *nicht* tun. Und die Lehrer, ja, die sollten sich an diesem Widerstand beteiligen.

Im übrigen hat dieses Nebeneinander auch seinen Reiz, weil

wir hier ein schönes kleines Instrument zur Signalisierung des Unterschieds zwischen »gesprochen« und »geschrieben« haben und eines, das nunmehr zur deutschen Sprache selbst gehört, denn die meisten Merkmale, die »Mündlichkeit« oder »Schriftlichkeit« signalisieren, sind allgemeiner Art und finden sich in allen Sprachen, also etwa: längere Sätze im Geschriebenen, weniger Korrekturen (das heißt: *daß* eventuell korrigiert wurde, ist nicht mehr sichtbar, es wurde »verwischt« – es ist die »Korrekturverwischung«, von der in der Glosse zur E-Mail die Rede war), dann weniger Neuansätze in der grammatischen »Konstruktion« (beim Sprechen beginnt man ja oft mit einer bestimmten grammatischen Konstruktion, bricht diese dann ab und beginnt sogleich mit einer anderen, was man übrigens auch rhetorisch ›einsetzen‹ kann, um dann etwa auch im Schriftlichen Spontaneität oder Erregtheit zu signalisieren – dann heißt dies »Anakoluth«), sodann gar kein Zögern, keine Zwischenzeichen, wie *ahhhh,* die beim Sprechen nur signalisieren ›halt, ich bin noch nicht am Ende, ich rede weiter, fall mir nicht ins Wort!‹ etc. etc. Das alles ist natürlich nicht spezifisch für eine bestimmte Sprache – das gibt es französisch genauso wie russisch oder spanisch oder deutsch. Aber dieses doppelte *weil* – das ist sprachspezifisch deutsch! Und das *weil* ohne Endstellung des Verbs ist hier Zeichen für »Mündlichkeit«.

Deutsche Leitkultur? Ein Rückblick aus sprachlicher Perspektive

Uninteressant wäre der Begriff keineswegs gewesen. Er wurde ja im Jahr 2000 im Zusammenhang mit der Frage der ›Integration‹ der hier fest lebenden ›Ausländer‹ plötzlich aufgebracht. Trefflich hätte man *an sich* darüber reden und streiten können. Aber das Wort, das beinahe zum »Unwort des Jahres« geworden wäre, kam nun einmal aus bestimmter Ecke, die Ecke kam sozusagen mit ihm, blieb an ihm haften, und da konnte bei unsereinem zunächst (und schließlich auch noch am Ende, das dann ziemlich rasch kam) nur Irritation sein. Was ist sprachlich zu diesem Wort zu sagen? Versuchen wir, uns aufs Sprachliche zu fixieren und dabei zu bleiben: es ist aber nicht ganz leicht, und *ganz* geht es auch nicht.

Es ist ein zusammengesetztes, also ein, wie ich sage, ›durchsichtiges‹ Wort – und solche Wörter sagen, wie angedeutet, bereits etwas aus; sie sind etwas wie Sätze, sie können jedenfalls, indem man sie paraphrasiert, in Sätze verwandelt werden. Nur ist das Ausgesagte (auch dies gehört zu diesen Wörtern) häufig eher diffus. Bei *Leitkultur* etwa: diese Kultur leitet oder muß die anderen leiten.

Zunächst, erste mögliche Bedeutung, könnte das Wort, mit dem Adjektiv *deutsch* versehen, meinen, daß die deutsche Kultur leitend sein müsse überhaupt, also für die übrigen Kulturen. Ganz offensichtlich war dies aber nicht, *konnte* dies gar nicht gemeint sein. Schwingt es aber nicht doch ein wenig mit? Genauer: ließ man es nicht, zumindest halb absichtlich, ein wenig mitschwingen? Und dann – ist es eigentlich ganz falsch? Richtig ist ja zweifellos, dies darf man schon sagen, daß Deutschland, setzt man einen ›hohen‹ oder ›engen‹ Kulturbegriff an, eine der Leitkulturen *war;* es gilt – nicht allen ist dies heute mehr klar – ganz besonders, und zwar bis weit in die erste Hälfte des vergangenen Jahrhunderts hinein, für die Wissenschaften. Da war Deutschland wahrlich führend.

Das Jahr 1923 in Deutschland nennt Sebastian Haffner das »verrückte Jahr«: »dieses nicht endende blutig-groteske Saturnalienfest, in dem nicht nur das Geld, in dem alle Werte entwertet wurden« (so in seiner *Geschichte eines Deutschen*). Nun, in diesem Jahr gab es in deutscher Provinz, in Tübingen, einen pathetischen Aufruf zur Gründung eines »Universitätsbundes«. Da lesen wir: »Es besteht die Befürchtung…, daß wir eines der wenigen ideellen Güter, die uns der Feind bisher nicht entreißen konnte, verlieren: das Ansehen der deutschen Wissenschaft.« Wirklich: dieses Ansehen gab es damals in ganz anderer Weise als heute.

Bemerkenswert, nebenbei, ist hier *sprachlich,* daß ganz ungeniert – für uns heute schockierend – vom »Feind« die Rede ist: der Krieg war ja nun schon fünf Jahre vorüber. Dies war nach dem Kriegsende 1945 *ganz* anders; da hätte kaum jemand vom »Feind« geredet oder auch nur reden wollen (man hätte es auch öffentlich nicht tun dürfen); es entsprach wirklich nicht der Stimmung. Daß man in den zwanziger Jahren so ungeniert im Blick auf die Sieger vom »Feind« (noch dazu im kollektiven Singular) redete, erklärt, schon rein sprachlich – Sprache ist Signal –, weshalb der Weg zum zweiten Krieg nicht weit war, und es erklärt auch den Erfolg derer, die rituell und unter breiter Zustimmung von den »Novemberverbrechern« redeten, die sich »dem Feind« unterworfen hatten. Der zweite Krieg hatte da eigentlich schon begonnen.

Zurück aber zur Wissenschaft, die ja spätestens im ersten Krieg ihre Unschuld verlor. Bereits Immanuel Kant hat diese deutsche Dominanz in seiner so reizvollen, auch so reizvoll oberflächlichen »Anthropologie« betont: die Deutschen seien »Großhändler in der Gelehrsamkeit«. Die Musik, die man hier auch zu seiner Zeit schon hätte nennen können – von ihr sprach er unwillig als von »einer zudringlichen Kunst« – interessierte ihn ja weniger. Deutsch war also einmal die Sprache der Wissenschaft, und viele Disziplinen konnte man, ohne Deutsch zu können, ohne es zumindest gut *lesen* zu können, unmöglich studieren (dies gilt zum Beispiel für meine eigene, die Sprachwissenschaft). Tempi passati, veramente passati...

Aber an Wissenschaft, an »hohe« Kultur überhaupt, hat der stets so dämonisch blickende Herr Merz, der damalige Schöpfer der »deutschen Leitkultur«, gewiß weniger gedacht. Dies also, daß die deutsche Kultur die übrigen leiten solle, war nicht gemeint, und so hat die entschieden weniger dämonische Frau Merkel ihren Kollegen alsbald präzisiert: gemeint sei nur, daß in Deutschland, selbstverständlich *nur* hier, deutsche Kultur für die Hinzugekommenen Leitkultur sein müsse. Dies also wäre eine *zweite* Bedeutung. Aber das mit dem *Leitenden* bleibt. Es liegt einfach – ›durchsichtiges Wort‹ – im Wort selbst. Es wird in ihm und durch es suggeriert, daß die deutsche Kultur die derer, die sich hier einfinden, zu leiten habe, und zwar aufgrund ihrer *Überlegenheit*. Denn: wenn sie überlegen ist, muß sie die anderen, die mitgebrachten Kulturen leiten. Sie ist die Alpha-Kultur im Sinne zumindest eines »Frau Königin, Ihr seid die schönste *hier*...«. Warum hat man nicht einfach gesagt, die Hinzugekommenen sollen sich an der »deutschen Kultur« orientieren? Es wäre noch immer problematisch, wäre aber schon besser. Warum mußte es die »Leitkultur« sein? Es hätte halt ohne *Leit-* die angedeutete enorme diffus positive Suggestion gefehlt, auf die gerade Wert gelegt wurde. Und das innige Behagen, auf die Wort und Begriff vielfach stießen, hätte sich dann auch nicht eingestellt: »Ja, also wirklich, ›Leitkultur‹, also hier bei uns, das wird man doch noch sagen dürfen!«

Das Hauptproblem ist aber doch dies – und da wäre eine interessante Diskussion möglich und vielleicht gar nötig gewesen –: gibt es eine deutsche Kultur als einheitliche überhaupt? ›Kultur‹ nun im weiteren Sinn genommen, also, so wird uns das ja jetzt immer wieder gesagt: »wie wir leben wollen«. Kultur ist: »wie wir leben wollen«. Hätte nicht, wer von »deutscher Leitkultur« redet, die Verpflichtung, zugleich einigermaßen genau und vollständig zu sagen, worin die deutsche Kultur besteht, welche Elemente unabdingbar zu ihr gehören? Bayern zum Beispiel fällt aus ihr ein gutes Stück weit heraus. Gibt es in Deutschland eine greifbare »kulturelle Norm«? So fragte der dem Begriff der »Leitkultur« überraschend aufgeschlossene Karl Heinz Bohrer in seiner Zeitschrift, im *Merkur.* Von »nationalem Habitus« redeten seinerzeit Norbert Elias und Pierre Bourdieu. Es ist ja, zugegeben, auch etwas anderes als ›Wesen‹ oder ›Geist‹, schon weil ›Habitus‹ notwendig geschichtlich ist; von deutschem ›Wesen‹ oder ›Geist‹ zu reden, wird kaum noch jemand wagen wollen, aber »Habitus« geht.

Erhard Eppler hat in einem behutsamen Aufsatz zum Thema gefragt, worin denn die Gemeinsamkeiten zwischen »einem konfessionslosen Hafenarbeiter in Kiel oder Rostock und einem oberschwäbischen katholischen Bergbauern« bestehen sollen. An dieser Frage ist nur zu beanstanden, daß es in Oberschwaben zwar Bauern, die in der Tat zuallermeist katholisch sind, aber keine *Berge* gibt (wahrscheinlich dachte Eppler, klassischer württembergischer »Unterländer«, ans Allgäu). Etwas aber kann man natürlich, besonders von außen her gesehen, im Blick auf deutschen ›Habitus‹ schon zusammenbringen. Zum Beispiel, um nur eines zu nennen, gibt es eine sehr bestimmte und sehr abweichende Art, Weihnachten zu feiern (ernst, still, extrem ins Private zurückgezogen – *wir* halten dies für normal, aber überall sonst ist Weihnachten ein eher lautes und lustig extrovertiertes Fest). Übrigens ist das Cliché-Bild des Deutschen draußen stark erstens durch die Preußen, zweitens durch die Bayern bestimmt. Daher sind Ausländer – zum Beispiel und vor allem im Rheinland, in Köln etwa – überrascht, Deutsche anzutreffen, die weder Preußen noch Bayern sind.

Jedoch: selbst wenn wir da an speziell deutscher Kultur einiges zusammenbrächten, könnten wir dies, allein schon vom Grundgesetz her, nicht zur Auflage machen für die neu Hinzugekommenen. Wir können es ja nicht einmal den Alteingesessenen auferlegen.

Das Grundgesetz schreibt hier nicht nur gar nichts vor, es erlaubt sogar, ausdrücklich, Abweichungen. Was sollen wir gegen jemanden machen, der, gegen unsere in diesem Punkt doch wohl klare Kultur, gegen unseren »Habitus« Buddhist geworden ist? »Du bist – Buddhist«: es scheint (schon Schopenhauer kannte ihn) der kürzeste Schüttelreim zu sein ...

Es bleibt zuletzt immer nur dies, was denn auch sogleich gesagt wurde, als der Begriff aufkam: es bleibt beim Grundgesetz, es bleiben unsere Gesetze überhaupt oder, wie es schlichter ein unabhängiger und, innerhalb des Unions-Spektrums, gleichsam linker CDU-Denker, Dieter Oberndörfer, gesagt hat: wer zu uns kommt und hier bleiben will oder muß, denn viele haben ja keine Wahl, muß sich, sagt er, an »die Hausordnung« halten; »Hausordnung« finde ich besser als Zusammenfassung, weil unpathetischer – und es hat ja auch etwas Deutsches; kein deutsches Haus ohne Hausordnung! Und zur Hausordnung gehört bei uns die Schulpflicht, und in der ist das Erlernen des Deutschen eingeschlossen. Daß es da in der Praxis Schwierigkeiten, große Schwierigkeiten gibt, aber doch wohl lösbare, sei konzediert.

Hier aber haben wir gleich wieder ein Problem. Unsere »Hausordnung«, die Gesetze, das Grundgesetz besonders, sind gar nicht spezifisch deutsch. Sie sind weithin ›westliches‹ Gemeingut. An sich wäre es nur zu begrüßen, wenn sich die Deutschen nun eher *kulturell* definierten als – wie bisher – genetisch, also *biologisch,* vom ›Blut‹ her. »Blut ist ein ganz besondrer Saft« – richtig, man sollte aber nicht vergessen, daß es Mephisto ist, der dies sagt. Diejenigen gerade, die von »Leitkultur« reden oder redeten, halten aber am »Blutrecht«, »ius sanguinis«, ziemlich eisern fest...

Schließlich noch ein außersprachlicher Punkt. Wir Deutschen sind etwas widersprüchlich: wir verlangen von denen, die hierher kommen, die möglichst unverzügliche Integration oder gar Assimilation (den jüdischen Deutschen hat solche Assimilation seinerzeit freilich leider gar nicht geholfen), wir sind aber stolz darauf, wenn wir hören, daß irgendwo draußen, in irgendeinem lateinamerikanischen Land, Deutsche, vor weit über hundert Jahren aus der Pfalz, dem Kaiserstuhl dort eingetroffen, ihre Sprache, ihren Dialekt, ihr Brauchtum, ihr Aussehen, sich um die dortige Leitkultur nicht groß scherend, *treu* – so sagen wir dann gerne – bewahrt haben.

Nichts ist praktischer als Latein

Latein? Was soll das? Warum Latein – heute, im 21. Jahrhundert? »Das Zeichen Europas, das ist die lateinische Sprache«, »Le signe européen, c'est la langue latine«. So der scharfsinnige und reaktionäre Denker Joseph de Maistre zu Beginn des 19. Jahrhunderts. Doch lassen wir solch hohe Töne! Übrigens sind auch die USA, beim »Capitol« und »Senator« angefangen, voll von Römischem.

Ein Gesichtspunkt wird oft vergessen: Latein ist ungeheuer praktisch. Genauer: etwas Praktischeres, als (etwas) Latein zu lernen, kann man kaum tun. Ich meine damit nicht nur – dies ist aber schon sehr praktisch –, daß diese Sprache einen Zugang zu *anderen* Sprachen bietet.

Um welche Sprachen geht es? Zunächst um alle romanischen Sprachen, die also, die vom Latein herkommen und im Wortschatz fast ganz lateinisch geblieben sind. Dann aber auch, noch immer nicht ausreichend bekannt, um das Englische. Zwar sind die häufigsten Wörter dieser Sprache mehrheitlich nicht lateinischer Herkunft, aber viele dieser sehr häufigen Wörter sind halt doch lateinisch – *user* und *server* und *receiver* zum Beispiel. Dann aber vor allem ist die große *Mehrzahl* der englischen Wörter (das ist ein ganz anderer Gesichtspunkt), also weit mehr als die Hälfte derer, die in einem Wörterbuch stehen, nicht germanisch, sondern lateinisch oder griechisch. Zudem gibt es im Englischen viel mehr französische Wörter als es englische im Französichen gibt; dies wissen die Franzosen nicht, von denen sich einige über die paar »Anglo-Amerikanismen« in ihrer Sprache so alterieren. Und diese französischen Wörter sind dann wieder fast alle letzten Endes lateinisch, zum Beispiel *gentle* in *gentleman,* um nicht irgendein englisches Wort zu nennen – es war und ist ja ein zumindest britisches Schlüsselwort (es kommt von französisch *gentil*, und dieses kommt von lateinisch *gentilis*). England war ja nach der Eroberung 1066 durch die französisch sprechenden Normannen anderthalb Jahrhunderte hindurch ein zweisprachiges Land, von den anderen Sprachen dort einmal abgesehen. Also: die häufigsten, in den *Äußerungen* am häufigsten vorkommenden englischen Wörter sind in ihrer großen Mehrzahl germanisch, aber die meisten englischen Wörter, so wie sie etwa in einem Wörterbuch stehen, sind das nicht.

Übrigens könnte man dieses Argument auch umdrehen: das Englische hat, erstens über das Französische, zweitens durch direkte Entlehnung aus dem Lateinischen, so viele lateinischen Wörter, daß es das Lateinische beinahe ersetzt. Es ist geradezu – in seiner enormen Aufnahmefähigkeit – ein Hort des Lateinischen! Würde das Lateinische so eine Spezialistensprache werden wie, sagen wir, das Sanskrit, die alte heilige Sprache Indiens, die Sprache der Veden, so bliebe es doch vor allem im Englischen lebendig. Wer zum Beispiel mit dem Wort *Populismus* nicht viel anfangen kann, weil er lateinisch *populus,* »Volk«, nicht kennt, könnte das Wort auch an englisch *people* oder dessen Adjektiv *popular* anknüpfen.

Zugang also zu anderen Sprachen; darunter vier ›Weltsprachen‹: Englisch, Spanisch, Portugiesisch, Französisch – ›Weltsprachen‹ nach dem Kriterium »auf mindest zwei Kontinenten gesprochen«. Wir sollten hier aber auch das rein europäische, wahrhaft alteuropäische Italienische nicht vergessen, das übrigens von allen großen romanischen Sprachen dem Latein am nächsten geblieben ist. Weshalb Schopenhauer – aber dies ist natürlich der pure Unfug – vom Französischen verächtlich als »diesem verdorbenen Italiänisch« sprach. Auch die relativ erfolgreiche Kunstsprache Esperanto ist, wie schon dieser Name sagt, lateinisch. »Esperanto« heißt nämlich auf Esperanto »der Hoffende« – siebzig Prozent der Esperanto-Wörter (früher war die Sprache in China einigermaßen verbreitet) sind lateinisch, der Rest verteilt sich auf Englisch, Deutsch, Slawisch.

Dies alles ist wichtig, mehr oder weniger, und anderes wäre anzuführen. Ein weiterer und meist vernachlässigter Gesichtspunkt aber ist der, daß Latein eben von vielen noch immer – das muß nicht immer so bleiben, es *ist* aber noch so – als Bestandteil von ›Bildung‹ (was immer dies sei) betrachtet wird. Es kommt hier gar nicht darauf an, ob das so ist, das heißt, ob diese Leute recht haben (ich selbst würde es entschieden bestreiten), sondern es kommt darauf, was die Leute tatsächlich *glauben.* Faktisch – ›seien wir ehrlich‹, sagt man in solchen Fällen – werden wir doch immer auch bestimmt von dem, was halt so üblicherweise gedacht wird, von der *doxa,* wie dies griechisch hieß, und *doxa* bedeutete bemerkenswerterweise »Meinung«, »Ruhm« und »Glanz«. Von solcher *doxa* wußten also auch die ›alten‹ Griechen – und eigentlich allein schon durch dieses Wort ihrer Sprache – viel. Wir hängen ab, in der Tat, mehr als wir dies selbst glauben oder zugeben, von dem, was die *anderen* glauben. Und so gibt – bis heute – niemand mit Freuden zu – sonst möge er hervortreten –, daß er nie Latein gelernt hat, daß er nie, zu seinem Glück, mit dieser Sprache in Berührung kam.

Aber eben (und dies ist ein Teil des Problems oder meiner These): dies *geht* ja gar nicht: mit dem Latein kommt jeder ständig in Berührung; da bedarf es nicht einmal des Englischen; es kommt nur darauf an, wie dies geschieht – entweder mit (vielleicht auch nur ganz rudimentären) Lateinkenntnissen (wenig ist da schon viel – viel mehr als gar nichts) oder ganz ohne solche ... Mein Argument ist schlicht dies: da viele Latein für wichtig halten – unter Bildungsgesichtspunkten –, ist es tatsächlich wichtig. Man tut also wirklich etwas »fürs Leben«, wie man so sagt, wenn man dem jungen Menschen zu einer, sagen wir, gewissen Kenntnis des Lateins verhilft. Man bewahrt ihn oder sie vor Komplexen, *später*. Und man bewahrt ihn oder sie – damit zusammenhängend – auch davor, schon vor einfachen Fremdwörtern wie der bekannte Ochs am Berg zu stehen (auch so etwas kann verunsichern und zum ›Komplex‹ werden).

Und hier zeigt sich, daß das mit dem Latein auch ein Problem im Deutschen selbst ist. Ich rede hier auch und gerade vom *Deutschen!* Und deshalb darf diese Reflexion hier nicht fehlen. Es geht jetzt gar nicht um Vergil oder Cicero oder um den »antiken Menschen« und dergleichen; es geht jetzt auch nicht um kirchlich-christliches Latein – »Dominus vobiscum« etc. Das wird einem ja immer gleich unterstellt. Merkwürdigerweise sind es, in den akademischen Gremien zum Beispiel, nicht selten diejenigen mit starker humanistischer Bildung, die, »beati possidentes«, bereit sind, auf das Lateinische zu verzichten.

In einer Diskussion unter ›einfachen Leuten‹ (lassen wir den problematischen Ausdruck einmal stehen) hörte ich bei einer Gelegenheit das folgende. Einer sagte: »Du, wir müssen das emotionslos diskutieren.« Darauf ein anderer, der ihm offenbar etwas übelwollte, denn er antwortete gereizt: »Komm, du Angeber, laß die Fremdwörter weg! Das kannst du auch einfacher sagen. Emotionen sind Vorurteile. Du kannst genausogut sagen, wir müssen das ohne Vorurteile oder vorurteilslos diskutieren!« Man wird zugeben, daß man wenig Latein braucht, um sich klar zu machen, daß Emotionen keine Vorurteile sind. Der Mann – das ist daran sprachwissenschaftlich interessant – hatte also allein aus den üblichen Zusammenhängen, aus den Kontexten, in denen ihm das Wort mehrfach begegnet war, geschlossen, daß es so etwas wie »Vorurteil« bedeuten muß. An sich gar nicht schlecht geschlossen, bewundernswert geradezu. Und doch falsch.

Natürlich würde ich ihm auch recht geben vom Psychologischen her. Es ist unhöflich, ja unanständig, in gewissem Kreis, solche Ausdrücke zu gebrauchen. Andererseits ist es jedoch, muß man gerechterweise sagen, nicht leicht, darauf ganz zu verzichten. Sie rutschen einem halt heraus. Man sollte auch da – gegenüber den lateinisch, also positiv Infizierten – tolerant sein. Aber schön ist es nicht, auf solchen Bildungselementen zu insistieren. Der erste hätte auch sagen können: »Wir müssen das nüchtern diskutieren, wir dürfen uns dabei nicht von Gefühlen oder *nur* von Gefühlen leiten lassen.« Trotzdem, daher die kleine lehrreiche Geschichte: Latein ist praktisch.

Nochmals: Zugang zu anderen Sprachen; Zugang zu vielen Fremdwörtern; Bewahrung vor – an sich ganz unnötigen, aber sich halt doch schwer vermeidbar immer wieder einstellenden – Komplex-Reaktionen. Letztere können, das muß man schon sehen, durchaus, wie die Psychoanalytiker sagen, zum echten »Leidensdruck« werden; und vor dem könnte man viele bewahren – durch Latein.

Sagen wir aber, nachdem dies gesagt ist, auch ebenso deutlich: es geht auch ohne Latein. Wer nicht Latein gelernt hat, hatte halt Pech. Aber schlimm ist dies keineswegs; allenfalls etwas ärgerlich. Oder genauer: Latein ist für ›Bildung‹ weder notwendige noch gar hinreichende Bedingung, weder »condicio necessaria« noch »sufficiens«.

Schließlich noch etwas, aber dies ist schon mehr innerphilologisch, für Philologen also, für Leute somit, die sich intensiver und extensiver als andere mit ›schönen‹ Texten (aber auch mit anderen) befassen. Die Lektüre (es müssen nicht Hunderte von Seiten sein) *lateinischer* Texte oder Textstellen ist, wie es scheint, nicht leicht ersetzbar. Da eignet man sich zumindest zwei Dinge sozusagen unvermeidlich an. Erstens einen gewissen grammatischen Zugriff: ohne ›Schulgrammatik‹ nämlich kann man Latein nicht lehren oder lernen, was beim Englischen (übrigens eine sehr schwere Sprache – nur nicht in der Grammatik) schon geht. Jeder Russischlehrer kann nach der dritten Stunde oder schon vorher sagen, wer von seinen Schülern Latein gelernt hat, und das Russische hat ja mit dem Latein nicht mehr zu tun als sagen wir das Schwedische – aber man braucht da halt auch etwas Schulgrammatik, fürs Englische aber, zumindest am Anfang, kaum. Zweitens eignet man sich etwas schwer Greifbares an – eine spezifische Genauigkeit und Sorgfalt und Langsamkeit des Lesens, die man sich, ich will nicht sagen *nur* hier, die man sich aber ganz offensichtlich anderswo *nur schwer* anzueignen vermag. Karl Heinz Bohrer hat im *Merkur* einen enormen Schwund an Lesefähigkeit bei Philologie-Studenten und Philologie-Kandidaten festgestellt oder feststellen zu können geglaubt (ich zweifle aber nicht an dem, was er da sagt), eine groteske »Unfähigkeit, einen Text von seinem Sinnzentrum her zu erfassen«. Rede man mit ihnen, etwa in der Prüfung (vielleicht übrigens, meine ich, nicht der geeignete Zeitpunkt und Ort, dies zu tun), über einen Text, sei man sogleich wieder außerhalb, bei irgendwelchen Schlagworten...

Sollte nicht auch damit der Rückgang des Lateinischen etwas zu schaffen haben? Nietzsche wünschte sich in *Ecce homo* (schon wieder Latein!) in bereits sich überschlagendem Selbstbewußtsein seinen idealen, seinen, wie Wolfgang Iser sagt, »impliziten Leser«, den, an den er für sich selbst dachte, so: »... ein Leser, wie ich ihn verdiene, der mich liest, wie gute alte Philologen ihren Horaz lasen«. Ja, das war schon etwas! Und auch dies geht ohne Latein, *mit* Latein aber ergibt es sich beinahe von selbst. Und Horaz muß es auch nicht unbedingt sein.

Nicht leicht zu fassen.
Zur Sprache der Medizin

»Der Geist der Medizin ist leicht zu fassen«, erklärt Mephisto – in der Rolle Fausts – dem Anfänger, dem »Maulesel«, dem »mulus«, wie man damals sagte (wieder – siehe »Auch die Sprache kritisiert« – eine Tierbezeichnung!) und fährt dann begründend fort:

»Ihr durchstudiert die groß' und kleine Welt,
Um es am Ende gehn zu lassen,
wie's Gott gefällt.«

Es folgen dann in dieser denkwürdigen Studienberatung, der »Schülerszene« also in *Faust I* (Verse 2011–2014), noch einige konkretere Ratschläge. Letztlich somit kann die Medizin nichts machen…

Ein bedeutender Mediziner unserer Tage, Wolfgang Gerok, hat dies vor einigen Jahren in seiner Abschiedsvorlesung in Freiburg, anläßlich seiner Emeritierung, ganz positiv aufgegriffen: ja, dieser Geist sei »leicht zu fassen« in der Tat; da gehe es nur um drei Dinge: heilen, lindern (dazu gehören die bekannten »palliativen Maßnahmen«) und, »am schwersten«, sagte Gerok, trösten. Vielleicht aber ist dieser Geist doch nicht so geradlinig. Vielleicht ist in ihm doch mehr ›Sophistikation‹ (diesem interessanten englischen Wort fehlt deutsch eine knappe Entsprechung).

Es gibt unter Medizinern einen eigentümlichen, gelegentlich, aber gar nicht so selten, unauffällig hervortretenden Sprachgebrauch. Ist man aber einmal darauf aufmerksam geworden, stößt man immer wieder auf den Tatbestand, daß der Mediziner, der doch uns helfen will, sich sprachlich – anscheinend oder scheinbar (hier kommt auf die Differenz alles an!) – auf die Seite der Krankheit stellt. Es kommt geradezu so heraus, als wäre er eher für die Krankheit als für uns.

Die Sache fängt an mit dem merkwürdigen *positiv* und *negativ* – *negativ* ist hier gut, gut für den Patienten, für ihn ist *negativ* somit positiv, und *positiv* ist hier, in der Rede des Mediziners, schlecht, schlecht nämlich für den Patienten (für den Mediziner ist *positiv* dann aber doch wieder gut – er kann in Aktion treten). Natürlich kann man, wenn man einen naturwissenschaftlichen Ansatz voraussetzt, wie wir dies heutzutage und seit langem müssen oder dürfen, leicht nachvollziehen, wie es zu dieser, der Normalsprache entgegengesetzten Ausdrucksweise kommt. Aber es bleibt etwas Irritierendes, denn *negativ* heißt negativ für die Krankheit (und für *positiv* gilt umgekehrt dasselbe: positiv für die Krankheit, da kann sie sozusagen lachen). Ich habe es erlebt, daß ein Mann ins Wartezimmer zurückkehrte und seinem wartenden Freund mit bebender Stimme sagte: »Das Ergebnis war negativ.« Er konnte dann, nicht ohne Mühe, aufgeklärt werden – *negativ* sei in diesem Falle gut. »Nein, *negativ* ist schlecht!« war sein erster erregter Einwand. Da war wohl zu wenig gesprochen worden: »Also, negativ. Auf Wiedersehen!«

Hierzu eine Anmerkung, die nur indirekt zur Sache gehört. Wenn wir einen Arzt aufsuchen, ist es ja in der Regel so, daß er erstens möglichst wenig sprechen läßt und zweitens auch selbst wenig spricht. Wenn dies übertrieben ist, ist es doch nicht stark übertrieben. Merkwürdig ist nur, daß die – zumeist eher kurze – Veranstaltung, bei der dies nur durch knappe Sätze oder Halbsätze unterbrochene Schweigen stattfindet, wobei ja auch noch geschrieben wird, ausgerechnet ›Sprechstunde‹ heißt. Sollte nicht unsere Sprache hier eine verborgene Weisheit enthalten? Englisch heißt dies *consulting* oder *surgery hours,* amerikanisch *office hours;* französisch *la consultation,* spanisch *la consulta,* und diese Wörter, insoweit sie auf lateinisch *consúlere* zurückgehen, meinen ja etwas sprachlich Stattfindendes (übrigens sind alle hier genannten englischen Wörter, *consulting, hour, surgery, office* lateinisch – sie wären oder hießen im Deutschen ›Fremdwörter‹!). Tatsächlich hat ja schon Hippokrates diese Stufenleiter der ärztlichen Maßnahmen aufgestellt (ich weiß es durch ein Gespräch, in der Sprechstunde, mit meinem Hausarzt Dr. von Zedtwitz): erst das Wort, dann, wenn es nicht ausreicht, die Pflanze, schließlich, wenn auch diese nicht hilft, das Messer. Am Anfang also auch hier das Wort!

In dieselbe Richtung wie *positiv* und *negativ* geht die quasi Bedauern suggerierende Redeweise: »die Krankheit findet keinen Ansatzpunkt« oder »sie sieht sich blockiert« oder »an ihrer Ausbreitung gehindert«. Eigentümlich negativ und wiederum quasi bedauernd ist die vorsichtige Mitteilung im Untersuchungsbericht: »Leber unauffällig«. Es erinnert ein wenig an die geradezu kränkend zurückhaltende Formulierung, früher, in den polizeilichen Führungszeugnissen: es sei der Behörde »nichts Nachteiliges bekannt«; aber amtliche Schreiben müssen ja, der Anekdote nach, einer alten preußischen Dienstanweisung zufolge, »kurz und verletzend« sein.

Hierher gehört auch die wiederum negativ getönte Rede von einer »symptomarmen Krankheit«, die man freilich auch wieder verstehen kann, da die Krankheit dann eben schwer erkennbar ist. Aber wenn schon Krankheit, sollte man – als potentieller oder aktueller Patient – meinen, dann doch wohl eher »symptomarm«. Ferner haben wir merkwürdig positiv, ja beinahe bewundernd klingende Ausdrucksweisen, wenn etwa die Rede ist von einer »therapieresistenten Krankheit« (etwas wie »Hut ab!« hört man da heraus) oder vom »rasanten«, also schnell zum Tod führenden Verlauf einer Krankheit: *rasant* ist doch eigentlich etwas recht Positives; wir gebrauchen dieses Wort stets positiv, sogar im *rasanten Fahrer,* so gefährlich er sein mag, steckt doch klare Bewunderung! Er fährt ja – auch ein eigentümlicher Sprachgebrauch – *sportlich* (was – anderes Thema – hat Autofahren mit Sport zu tun?). Also *rasant* ist da schon merkwürdig. Es scheint echte Bewunderung daraus zu sprechen über den Sachverhalt, daß eine bestimmte Krankheit – »Donnerwetter!« – in der Lage ist, einen gesunden Organismus sagen wir innerhalb dreier Tage definitiv zu Fall zu bringen: »Respekt, Respekt!« Solche Bewunderung finden wir auch bei der »Trödelhexe« in der »Walpurgisnachtszene«, wieder in *Faust I* (Verse 4104–4106), die ihre Waren so anpreist:

»Kein Dolch ist hier, von dem nicht Blut geflossen,
Kein Kelch, aus dem sich nicht, in ganz gesunden Leib,
Verzehrend heißes Gift ergossen...«

Auch sogar vom »fulminanten Verlauf« einer Krankheit habe ich schon gelesen. Es gibt übrigens auch die »Akne fulminans«. Oder dann die »solide Geschwulst« oder das »hervorragende Krankengut« mit vielen »Raritäten«, die eine bestimmte Klinik dem an Forschung interessierten Arzt zur Verfügung stellt. In einem ärztlichen Untersuchungsbericht (für den Patienten selbst bestimmt) las ich: »Wir konnten eine Geschwulst feststellen« – hier hätte ich »mußten« für angemessener gehalten.

Wie ist diese eigentümliche – und doch wohl scheinbare – sprachliche Parteinahme der Mediziner für die Krankheit zu erklären? Ich will psychologisierend unterstellen – und tue dies wohl mit Recht –, daß sie hier, ihre Feindin gleichsam beschwörend und ihr Respekt zollend, sich sprachlich emotional auf ihre Seite stellen. Es ist, als wollten sie sie auf diese Weise, in *unserem* Interesse, gleichsam beschwichtigen. Hierher gehört auch die alte anthropomorphe Rede von der *bösartigen (malignen)* oder *gutartigen (benignen)* Geschwulst. Dann natürlich ist die

Versachlichung in Rechnung zu stellen, die zum Arztberuf unabdingbar gehört (*unabdingbar* sage ich, nicht *unverzichtbar*), weil er ihn ohne sie schwerlich bestehen könnte. Doch gehen die genannten Ausdrücke und Redeweisen über die pure Versachlichung dann wieder entschieden hinaus. Also: Ich will ja gar nichts sagen, auch nichts unterstellen, ich frage ja bloß, weil da – sprachlich – etwas Auffälliges und auch ein wenig Beunruhigendes ist. Oder?

Das sprachliche Kunstwerk

Worin unterscheidet sich Literatur von anderen Künsten? Wie steht es mit dem »sprachlichen Kunstwerk«? Dieser Ausdruck war ja der Titel eines vormals von den Philologen aller Sparten viel studierten Handbuchs des Germanisten Wolfgang Kayser, das 1948 zum ersten Mal erschien. Nun also: wo ist der spezifische Unterschied des Literarischen? Es gibt ihn, und er ist radikal und folgenreich. Und er wird wenig wahrgenommen.

Während Musik und Malerei und Skulptur *mit* oder *in* einem Material arbeiten, das für sich selbst, also *vor* seiner ›Bearbeitung‹, nichts bedeutet, bewegt sich das »sprachliche Kunstwerk« *mit* und *in* einem Material, das bereits für sich selbst, ganz unabhängig von irgendeiner »Kunst«, etwas *bedeutet* und also schon, denn ebendies heißt ›Bedeutung‹, *welthaltig* ist. Für Töne und Farben oder Materialien wie Holz oder Marmor gilt dies kaum oder eigentlich gar nicht. Etwas in diese Richtung Gehendes in der Musik wäre allenfalls der Unterschied zwischen Dur und Moll oder in der Malerei die ›symbolische‹ Bedeutung bestimmter Farben, wie wir sie im Mittelalter finden. Wörter sind, wenngleich mit wechselnder Präzision, welthaltig, sie beziehen sich auf ›Weltstücke‹ der realen oder einer imaginierten Welt. Und sie werden in diesem Welt-Bezug, der vorgegeben und auch durch den Dichter nicht wirklich veränderbar ist, *in* einer Dichtung oder besser *durch* sie gleichsam *ins Werk gesetzt*.

Deshalb kann Literatur, die ja, obwohl aufgeschrieben, eigentlich im Medium des Akustischen ›arbeitet‹, nie *wie* Musik sein oder gar *zur* Musik werden, so nahe sie dieser, der reinen

Instrumentalmusik nämlich, gelegentlich auch kommen mag. Zweifellos ist in der Dichtung – und zwar nicht nur in der in Versen – viel ›Musikalisches‹ – *reine* Musik wird sie aber nie und dies eben wegen der Welthaltigkeit ihres ›Materials‹, das sie unvermeidlich mit sich führt.

Umgekehrt nähert sich Musik oder kann sich Musik dem sprachlichen Ausdruck nähern. Aber mehr als Näherung ist da nie. Thomas Mann redet einmal, im *Doktor Faustus,* von der »sprechenden Unausgesprochenheit« der Musik. Serenus Zeitblom, der fingierte Erzähler, konstatiert mit großer Erleichterung, daß der schon wahnsinnige Adrian Leverkühn das peinliche Reden vor seinen Gästen beendet und auf dem Klavier zu spielen beginnt – da ist Serenus dankbar (und es ist sehr gut beobachtet) für die Indirektheit der Musik. Die Musik also drängt in gewissem Sinn zur Sprache, aber wirklich nur in gewissem Sinn. Sie erreicht jedoch diese nie, insofern sie dies überhaupt versucht. »Bittendes Kind« heißt ein Klavierstück von Schumann (aus *Kinderszenen,* op. 15) – der Titel ist keineswegs unsinnig, doch würde wohl niemand, der das Stück bloß *hörte* oder sogar, ohne den Titel zu kennen, *spielte,* auf ihn verfallen. Es ist nur so, daß er einigermaßen einleuchtet, wenn man ihn schon kennt und dann das Stück hört oder spielt. Aber (darauf will ich hinaus) »Kind, um einen Apfel bittend« – das ginge nun wirklich nicht. Es wäre beim Hören nicht nachvollziehbar: *so* welthaltig genau kann Musik nun einmal nicht sein.

Trotzdem, und unbedingt ist es festzuhalten: in der Instrumentalmusik ist vielfach Sprachnähe. Schon Beethoven – nicht erst Schumann, für den es gerne verwendet wird – beanspruchte das Prädikat »Tondichter«, das ja sprechend genug ist. Umgekehrt, wie gesagt, drängt Dichtung zum Musikalischen: »De la musique avant toute chose«, »Musik vor allem übrigen«, verlangte Verlaine in seiner berühmten *Art poétique,* und zwar – in Versen; aber die Dichtung, insofern sie dies wirklich will, erreicht das Ziel, *pure* Musik zu sein, nie, was ja auch Verlaine nicht gefordert hat. So ungenau welthaltig wie Musik kann sie nun einmal nicht sein; in ihr ist dafür immer, allein wegen ihres Materials, viel zuviel »Ausgesprochenheit«.

Hierzu das schöne Wort von Goethe – es ist ja nicht so, daß er *immer* die Sache träfe, nur trifft er sie halt überraschend oft –, nach welchem die »Würde der Kunst bei der Musik vielleicht am eminentesten erscheint, weil sie keinen Stoff hat, der abgerechnet werden müßte« *(Maximen und Reflexionen)*. In der Tat: das muß, das *kann* man, wenn man jedenfalls eine Komposition, wie es umständlich, aber gar nicht unzutreffend heißt, »zu Gehör bringt«, ganz und gar nicht. Da ist an Materiellem nichts »abzurechnen«. Insofern sind auch Malerei und Skulptur, bei denen freilich auch »abgerechnet« werden kann oder muß, ohne Zweifel reiner oder als Kunst, wie Goethe sagt, »eminenter«, als Dichtung es ist oder sein kann – bei dieser ist immer einiges »abzurechnen«; das heißt: man *kann* es und *muß* es auch. Goethe fährt dann fort: »Die Malerei ist die läßlichste und bequemste von allen Künsten... Die läßlichste, weil man ihr um des Stoffes und des Gegenstandes willen, auch da wo sie nur Handwerk oder kaum eine Kunst ist, vieles zu Gute hält.« Dies nun würde man heute ganz und gar nicht mehr so sagen.

Was die Sprachnähe oder eigentlich besser die Sprechnähe der Musik angeht, denn die Analogie ist die zur sprachlichen *Äußerung*, ist auch zu sagen, daß sie sich – historisch – erst dann wirklich ergab, als sich die Musik von der Sprache oder genauer: den Worten und Sätzen befreit hatte. Denn es gab eine lange Zeit, während der die Aufgabe der Musik besonders darin gesehen wurde, daß sie dem (ihr vorgegebenen) Wort zu *dienen* habe. Sie illustrierte da gleichsam das Sprechen, und so war der komponierte, mit Musik versehene, durch sie quasi illustrierte, bereicherte und erhöhte Text das große Ziel. Dann, mehr oder minder plötzlich, um die Wiener Klassik herum, wurde das anders – da galt nun eine andere Wertung, die »reine« Musik wurde nun höher gestellt. Und gerade dann – es ist nur scheinbar paradox – ergab sich Sprechnähe. Joachim Kaiser redet geradezu von dem »philosophischen« Charakter der späten Beethoven-Sonaten, eine überraschende, aber sehr vertretbare Formulierung, die ja doch wohl, deshalb interessiert sie mich hier – ›Sprechnähe‹ –, etwas wie Rede, *lógos,* voraussetzt.

Gerade bei Beethoven haben wir ja in der »Neunten« den singulären und für unseren Zuammenhang paradigmatischen Fall, daß die Musik selbst – als solche – von einem bestimmten Punkt an sich gleichsam nicht mehr genügt und dann – die Sache bleibt bei jeder Aufführung einige Augenblicke hindurch prekär – wirklich zu reden beginnt: in Worten und Sätzen. Und es ist dabei mehr als bemerkenswert, daß der wohlvorbereitete diffuse Übergang – aber eine Überraschung, obwohl man doch *weiß*, daß es kommt, ist da immer mit diesen sich von sich selbst distanzierenden Worten geschieht: »O Freunde, nicht diese Töne, sondern laßt uns andere anstimmen und freudenvollere!« Und das ist ja noch nicht Schiller! Es wird also so getan oder es kommt so heraus, als sei bereits, schon einige Zeit hindurch, obwohl doch nur ›gespielt‹ wurde, schon wirklich *geredet* worden: »Nicht diese Töne!«

Übrigens war dies zunächst der einfache Unterschied: es gab das »gesungene« Stück und das »gespielte«: die »cantata« und die »sonata«. Reine »sonata« kann also das sprachliche Kunstwerk nie sein.

Selbsternannte Sprachkritiker?

Nicht selten ist polemisch von »selbsternannten Sprachkritikern« die Rede. So werden diejenigen, die sich nicht-professionell zur Spache äußern, gern apostrophiert. Dies ist aber nicht nur etwas unverschämt, sondern auch der pure Unsinn, denn Sprachkritik ist kein Fach mit Promotion und Habilitation, und Wahlen gibt es da auch nicht. So darf sich jeder, in der Tat, selbst zum Sprachkritiker ›ernennen‹. Jeder darf Sprachkritik üben. Er darf also sagen, was ihm gefällt und nicht gefällt und warum dies so ist. Letzteres sollte er sogar tun, denn rationale Argumentation ist hier möglich. Rationale Argumentation gibt es auch außerhalb von Wissenschaft: Wissenschaft ist notwendig rational; aber Rationales gibt es nicht nur in der Wissenschaft.

Freilich – dies ist nun ein wichtiger Punkt – muß sich der Sprachkritiker seinerseits kritisieren oder mit sich argumentieren lassen. Es gehört zum Geschäft, und eine Hohepriester-Haltung darf es da keineswegs geben. Schließlich geht es bei der Sprachkritik ja auch nicht darum – schon deshalb sollte man nicht allergisch sein in der Reaktion –, Vorschriften zu machen, positiv, oder dann, negativ, irgend etwas zu verbieten. Man kann ja im Sprachlichen (von Injurien – Verbalinjurien – abgesehen) niemandem etwas vorschreiben oder verbieten. Aber man kann kritisieren. Und gegebenenfalls, wenn es um Wichtiges geht, muß man dies sogar tun; man muß dann gar anprangern, »denunzieren«, wie seinerzeit die Frankfurter, im Gefolge Adornos aparter Sprachkultur, sagten.

Dieses *denunzieren,* nebenbei war eine Lehnübersetzung, die ich ganz in Ordnung finde, aus dem Französischen, wo *dénoncer* in der Tat »anprangern« heißt; dasselbe gilt für *to denounce* im Englischen (es ist wieder eines der sehr, sehr vielen ursprünglich französischen – und zuvor lateinischen – Wörter im Englischen). Aber das Provozierende des Worts (»provokatorisch« sagten unschön die Frankfurter, und manche sagen es noch immer) lag im Nebeneinander dieses positiv zu bewertenden Denunzierens und jenes anderen, durchaus verwerflichen (»Das größte Schwein im ganzen Land...«).

Zu unserem Problem, freilich anders akzentuiert, aber so gilt es auch, Goethe: »Ein Jeder, weil er spricht, glaubt, auch über die Sprache sprechen zu können« *(Maximen und Reflexionen).* Oder der spanische Schriftsteller und Nobelpreisträger Camilo José Cela: »Die Sprache ist eine Universität, in der man nie einen Titel erwirbt«, »La lengua es una universidad en la que uno jamás se gradúa«.

Eine dritte Ebene?

»Wenn du das sprachkritisch angehst, weißt du, wenn du das als Sprachkritiker überprüfst«, sagte mir ein Freund, selbst Sprachkritiker, »dann kommst du quasi automatisch auf eine dritte und dann neutrale Ebene!« – »Ja«, sagte ich zögernd.

Später verstärkten sich meine Zweifel. Schon richtig, daß Sprachkritik etwas Drittes ist. Es ist nicht mehr die »Geradeauseinstellung« auf die Dinge – »intentio recta«, wie die Scholastiker sagten. Diese normale Einstellung ist ja gleichsam sprachvergessen: sie ist so sehr und so ausschließlich auf die Sache konzentriert, daß sie dabei auf das Sprachliche kaum noch achtet. Dabei braucht man um der Sache willen das Sprachliche doch auch – nicht nur, um das Gemeinte deutlich auszudrükken, sondern auch, um es zu klären. Doch wie immer: Sprachkritik impliziert in der Tat, um erneut auf die Scholastiker zu rekurrieren, »Schrägeinstellung«, »intentio obliqua«, allein deshalb, weil sie in einem spezifischen Sinn reflexiv ist: man blickt gleichzeitig auf die Sache, die in Rede steht, dann aber auch auf die Redenden und die Zuhörenden, vor allem aber blickt man auf die sprachlichen Mittel – auf die Sprache also, ihre Möglichkeiten in diesem besonderen Ausdrucksfall und ihre speziell hier gegebenen Gefahren.

Dies alles ist schon richtig und ist das eine, das andere ist, daß man doch auch in der Sache hängenbleibt, daß man sich jedenfalls nicht ganz von ihr freimacht (es wäre ja auch verfehlt) und auch nicht von den Meinungen, die man hat, von den unbewußten schon gar nicht und ganz generell von Unbewußtem nicht. Damit meine ich nicht gleich das Freudsche Unbewußte, das »Es«, denn »Unbewußtes« gibt es ja, gerade nach Freud, nicht bloß im »Es«, sondern auch in den beiden anderen »Bezirken« der Seele, im »Ich« und im »Über-Ich«. Was man dann sprachkritisch fühlt (etwa im Sinne eines »ich mag das nicht«) und denkt und vielleicht auch äußert, ist also doch mit bedingt – man sollte dies keinesfalls vergessen – durch die eigene Position. Es ist also nicht einfach ›neutral‹.

Auf eine ›neutrale‹ Ebene kommt man allein deshalb nicht, weil es bei der Sprachkritik um ein Werten geht und vor allem um ein *Wollen.* Da läuft es oft auf eine Art von Dezisionismus hinaus: ich *will* das halt so nicht, oder umgekehrt: ich *will* es halt so. Und Dezisionismus darf hier auch durchaus sein, wenngleich es gewiß nicht *purer* Dezisionismus sein sollte. Die Sprachkritik *will* etwas, und sie will etwas *nicht* (vor allem dies letztere). Hierin liegt ihre Nähe zum Politischen.

Da gilt es nun ein geläufiges Mißverständnis abzuwehren. Man bewegt sich, nur weil man die Wissenschaft verlassen hat, nicht gleich in einem außerrationalen Raum. Dies ist der Irrtum zum Beispiel der meisten Sprachwissenschaftler. Sie meinen, was im Blick auf Sprache nicht Sprachwissenschaft sei, dürfe es eigentlich gar nicht geben. Aber auch in diesem außerwissenschaftlichen Raum kann und muß argumentiert werden. »Sie können hier nicht einfach irgend etwas sagen!«, »Vous ne pouvez pas dire n'importe quoi!« sagen die Franzosen in der Polemik gerne – es ist eine vorzügliche feste Wendung ihrer Sprache, für die wir leider im Deutschen kein Äquivalent haben. Gemeint ist: Sie dürfen hier nicht irgend etwas, irgendwelche Falschheiten oder Verrücktheiten von sich geben; das lasse ich Ihnen nicht durchgehen. Sie müssen vernünftig bleiben.

Genau dies ist die Situation der Sprachkritik: man kann da dieses oder jenes, aber nicht irgend etwas, alles mögliche, n'importe quoi, sagen. Es gibt rationalen Diskurs auch außerhalb der Wissenschaften. Wie bereits ›angetönt‹ (dies ist ein schöner lexikalischer Helvetismus, der eigentlich Gemeingut der Deutschsprachigen werden sollte): alles Wissenschaftliche ist der Idee nach (also keineswegs immer auch schon faktisch) rational; nicht alles Rationale ist aber auch schon wissenschaftlich.

Was ist eine Glosse?

Die Etymologie führt nicht weit. Jedenfalls nicht zur heutigen Bedeutung. Das zugrundeliegende griechische Wort hieß »Zunge«, »Mund«, dann auch »Redegabe« und allgemein »Sprache« oder »Mundart«; es hieß aber auch »Äußerung« oder dann »Wort«. »Wort« hier nicht im Sinne eines einzelnen Worts, sondern in dem einer kurzen Äußerung genommen, so wie wir etwa sagen »ein Wort von Lichtenberg«. Von der Etymologie her wäre also das Wort *Sprachglosse* in sich selbst einigermaßen tautologisch. Aber es ist falsch, wenn es um die Ermittlung der Bedeutung eines Worts geht – darüber in der Glosse »Die Etymologie-Falle« – auf die Etymologie zu rekurrieren. Übrigens gibt es auf Sizilien auf dem Ätna, und zwar schon in gefährlicher Höhe, einen Ort mit dem schönen lateinisch-griechischen Namen *Linguaglossa* (schon lange will ich dort hin, fürchte mich aber vor einer Enttäuschung). Auf Sizilien, das ja vormals, im Altertum, eine griechische Kolonie gewesen ist und zu »Groß-Griechenland«, zur »Magna Graecia« gehörte, ist auch – insofern paßt *Linguaglossa* – die Rhetorik entstanden, eine erst rednerische, dann eine poetische Lehre und Praxis, in der es also nicht bloß um Rede, sondern um Dichtung oder, allgemeiner, um Literatur ging. Über zwei Jahrtausende hindurch hat die Rhetorik das ›Abendland‹ geprägt.

Die Herkunft des Worts Glosse gibt denjenigen, die darauf Wert legen, die schöne Gelegenheit zu zeigen, daß sie Griechisch können (auch dann natürlich, besonders interessant, wenn sie es nicht können): sie sprechen *Glosse* mit langem und offenem »o« (wir haben da in der Tat – griechisch – ein O méga).

Aber dies ist nun wirklich exzessiv, um eine psychologische Bewertung zu vermeiden. *Glosse* ist nunmehr und seit langem – es wurde schon ins Mittelhochdeutsche übernommen – ein deutsches Wort.

Dieses ursprünglich griechische Wort kam ins Lateinische und von hier aus – es ist der normale Weg – in die europäischen Sprachen, und da ergaben sich *andere* Bedeutungen. In früherer Zeit meinte es ein dunkles, der Erklärung bedürftiges Wort in einem überlieferten Text, dann auch die Erklärung dieses Wortes oder auch schlicht – es ist ja auch etwas wie eine Erklärung – seine Übersetzung. Man schrieb etwa in einem Text *über* das seltenere in der Regel lateinische Wort das entsprechende Wort der eigenen Sprache. Schließlich meinte *Glosse* überhaupt etwas wie eine Randbemerkung, einen mehr oder weniger kurzen Kommentar, der ein Wort oder eine Wendung erläuterte. So war und ist dann ein *Glossar* eine (jetzt meist alphabetisch angelegte) Sammlung von Erklärungen der schwierigeren Wörter in einem Text. Ein *Glossar* ist also ein Wörterbuch zu einem oder zu mehreren zusammengehörenden Texten (etwa denen eines bestimmten Autors). Benutzt man solch ein Glossar, macht man, was hier aber nichts zur Sache tut (es ist nur eine grimmige Zwischenglosse), oft die Erfahrung, daß da Wörter und Wendungen, die klar sind, breit erläutert und andere, die wirklich einer Erläuterung bedürften, nicht erklärt werden.

Heute ist das Wort *Glosse* einerseits fachsprachlich, andererseits, deshalb rede ich davon, ein Wort der Umgangssprache. Der *Duden,* hier ›Das große Wörterbuch der deutschen Sprache‹ (1999), erklärt: »1.a) [spöttische] Bemerkung, Randbemerkung: *er muss über alles, zu allem seine Glossen machen;* b) knapper [polemischer] Kommentar zu aktuellen Ereignissen u. Problemen: *eine Glosse schreiben*«. Diese Definition ist akzeptabel, aber doch nicht ganz.

Zur Glosse gehört zunächst in der Tat Kürze, die man nicht mit Prägnanz verwechseln sollte, denn die Prägnanz ist eine spezifische Kürze, eine solche nämlich, die viel in sich enthält – hier ist noch etwas von der ursprünglichen Bedeutung lebendig geblieben, die metaphorisch war: lateinisch *praegnans* oder *praegnas,* »schwanger«. Aber ganz unabhängig von der Etymologie: man sollte, meine ich, unterscheiden, weil dies *geistig* von Interesse ist (und immer dann sollte man unbedingt unterscheiden), zwischen Kürze als solcher und der qualifizierten, der »schwangeren« Kürze, die erst mit »Prägnanz« gegeben ist.

»Spöttisch« oder »polemisch« muß eine Glosse nicht sein, obwohl sie es sein kann; dies meint die Duden-Definition ja auch. Dann hat die Glosse den Charakter einer gewissen Ich-Betontheit und zeichnet sich auch durch Exponiertheit, wie man hübsch zu sagen pflegt, aus, sogar unter Umständen durch etwas Unsachlichkeit; sie braucht jedenfalls nicht ›ausgewogen‹ zu sein – eine ausgewogene Glosse wäre fast ein Selbstwiderspruch. Sie hat vielmehr den Charakter eines spontanen, durchaus rationalen, aber doch ein wenig subjektiven Einwurfs.

Vor allem aber dies: sie nimmt zu etwas Stellung, sie kommentiert etwas Vorliegendes, das Aufmerksamkeit gefunden hat – jedenfalls die dessen, der glossiert. Eine Glosse bezieht sich immer auf etwas, das schon da ist. Sie entspringt oft – nicht immer – einer Irritation: man stößt auf etwas, das einem *anstößig* ist, und nimmt Stellung. Schließlich sollte eine Glosse, eben wegen ihrer Ich-Betontheit, trotz der Irritation, der sie entspringen mag, nicht allzu verbiestert, sondern, wenn der Gegenstand es nicht geradezu ausschließt, etwas »launig« sein, wie der gute Ausdruck lautet.

Wir haben ja hier die schöne, neuerdings auch in Gefahr geratende Differenzierung zwischen *launisch* und *launig* – das letztere Adjektiv legt sich fest und meint ausschließlich die *gute* Laune (»eine launige Ansprache«), während das erstere, ohne sich festzulegen, negativ ist und meint, daß jemand wechselnden Stimmungen unterworfen ist, was auch für *launenhaft* gilt: auf den Mond, *luna*, der also lateinisch und in allen romanischen Sprachen *weiblich* ist – »La donna è mobile...« – geht etymologisch *Laune* und gehen also alle diese Wörter, auch das englische *lunatic,* letztlich zurück. Alle diese Wörter haben also zunächst – etymologisch – über *luna* einen weiblichen Bezug. »Oft wechselt die Stimmung der Frau, der ist sehr verrückt, der sich auf sie verläßt«, »Souvent femme varie, bien fol qui s'y fie«, pflegte Franz I. von Frankreich, der etwas davon verstand, zu sagen. Und dieser Satz ist wohl die Vorlage des genannten Eingangs der vielleicht bekanntesten Arie, die es gibt. Aber dieser etymologisch weibliche Bezug schließt wirklich nicht aus, daß auch Männer launisch oder launenhaft oder lunatic sein können.

Glossen entspringen, wie gesagt, oft einer Irritation. Wichtiger aber, wie im Vorwort angedeutet, ist mir ein dieser übergeordneter Begriff, nämlich »Aufmerksamkeit«. Wir wollen (oder sollten) einfach *aufmerksam* sein auf die Sprache, was hier heißt: erstens auf die Sprache, die deutsche Sprache, wie sie heute *ist*, und zweitens auf den Sprachgebrauch, den *Gebrauch* also, der heute von ihr gemacht wird, der ›konkreten Verwendung‹, wie man etwas redundant sagt, denn Verwendungen sind – zumindest hier, bei der Sprache – immer ›konkret‹.

»Menschliche Verantwortlichkeit schlechthin«

Im Jahr 1937 erschien in einem Schweizer Verlag, dessen beherzter Leiter Emil Oprecht hieß (auch in der Schweiz konnte man damals keineswegs alles drucken), unter dem ominös lakonischen Titel »Ein Briefwechsel« ein Schreiben Thomas Manns, das er wenig zuvor an den Dekan der Philosophischen Fakultät der Universität Bonn gerichtet hatte. Nennen wir ruhig, denn er wird, ich weiß nicht, warum, meist verschwiegen, den Namen des trübseligen Adressaten, der auf Thomas Manns großen und ja nur zufällig an ihn gerichteten Brief dann auch noch frech und ohne Not geantwortet hat – es gibt ja auch, und die gab es auch sogar damals, die Kunst des Schweigens. Er hieß Karl Justus Obenauer, seines Zeichens Germanist. Thomas Mann bezog hier, knapp, aber weit ausholend, Stellung zur Aberkennung seines Ehrendoktors. Davon hatte ihm Dekan Obenauer (»Herrn Schriftsteller Thomas Mann!«) in zwei Zeilen mit unleserlicher Unterschrift Mitteilung gemacht. Übrigens wurde diese Aberkennung von München aus betrieben – in Berlin scheint Goebbels eher gebremst zu haben. Auch hier war München »die Stadt der Bewegung«.

Die akademische Ausbürgerung (darüber gibt es ein dickes Buch von Karl Hübinger) war für Thomas Mann nur willkommener Anlaß zu einer nun endlich äußerst dezidierten Äußerung. Die knapp acht Seiten, die er an den Dekan richtete – »Ich habe wahrhaftig vergessen, Herr Dekan, daß ich noch immer zu Ihnen spreche« – sind eine große, großartige und in manchem prophetische Abrechnung mit dem Regime und ein herrliches, ein glanzvoll polemisches Stück deutscher Prosa. Auf der damaligen Pariser Weltausstellung wurde die Schrift von Emigranten – auch und vor allem – an *deutsche* Besucher verteilt, sie kam also ein wenig herum, und Marcel Reich-Ranicki berichtet in *Mein Leben,* wie stark dieser Text, in geheimer, quasi verschwörerischer Zusammenkunft (es war irgendwo im Grunewald) vorgelesen, auf ihn, den Knaben, damals wirkte. Da ist vor allem *diese* ›elektrische‹ und prophetische Stelle: »Das Reich, Deutschland soll ich beschimpft haben, indem ich mich gegen sie bekannte! Sie haben die unglaubliche Kühnheit, sich mit Deutschland zu verwechseln! Wo doch vielleicht der Augenblick nicht fern ist, da dem deutschen Volke das Letzte daran gelegen sein wird, nicht mit ihnen verwechselt zu werden.«

Es gibt nun in diesem großen Brief, darum beziehe ich mich auf ihn, eine sprachkritische Stelle, die mich immer in Verlegenheit setzt. Thomas Mann – »ein deutscher Schriftsteller, an Verantwortung gewöhnt durch die Sprache...« – redet da auch, pathetisch, von der Sprache, und er meint natürlich die deutsche, obwohl er allgemein redet und, was er sagt, sich auf jede ›große‹ Sprache beziehen könnte. Hier ist diese Stelle: »Das Geheimnis der Sprache ist groß; die Verantwortlichkeit für sie und ihre Reinheit ist symbolischer und geistiger Art; sie hat keineswegs nur künstlerischen, sondern allgemein moralischen Sinn, sie ist die Verantwortlichkeit selbst, menschliche Verantwortlichkeit schlechthin, auch die Verantwortung für das eigene Volk, die Reinerhaltung seines Bildes vorm Angesichte der Menschheit, und in ihr wird die Einheit des Menschlichen erlebt, die Ganzheit des humanen Problems, die es niemandem erlaubt, heute am wenigsten, das Geistig-Künstlerische vom Politisch-Sozialen zu trennen und sich gegen dieses im Vornehm-›Kulturellen‹ zu isolieren; diese wahre Totalität, welche die Humanität selbst ist und gegen die verbrecherisch verstieße, wer etwa ein Teilgebiet des Menschlichen, die Politik, den Staat, zu ›totalisieren‹ unternähme«.

Übrigens nahm Thomas Mann in seiner Frankfurter »Ansprache im Goethejahr 1949«, bei seiner ersten Rückkehr nach Deutschland, das Thema sogleich, aber nun anders akzentuiert, wieder auf. »Der Wille zum Beharren« sei ihm im Exil *geblieben,* und hierzu habe zunächst »die aktive Treue zur deutschen Sprache« gehört, »dieser wahren und unverlierbaren Heimat ...«. Wieder hier, pathetisch und gesteigert, der Gedanke an die ›Heimatlichkeit‹ der Sprache – als Muttersprache. Sodann: »Nie ist es mir in den Sinn gekommen, auch als Schriftsteller zu emigrieren und etwa, wie mancher es von mir erwartete, ja forderte, eine Arbeit gleich auf englisch herzustellen, da es ein deutsches Publikum für sie ja doch nicht gab.« Thomas Mann läßt offen (für einen Philologen und Sprachwissenschaftler, der die Mühen und Rückfälle des Fremdsprachenerwerbs kennt, ist es schwer, die Frage ganz zu unterdrücken), ob er dies, wenn er es gewollt, auch *gekonnt* hätte. Dann: »Die Zweiteilung meines Lebenswerks in eine deutsche und eine englische Hälfte erschien mir als Absurdität. Im Gegenteil wurde mir in der Fremde ... mein Tun gerade in diesen Jahren mehr und mehr zum bewußten Sprachwerk, zur versuchenden Lust, alle Register des herrlichen Orgelwerks unserer Sprache zu ziehen, zu einem Bestreben nach Rekapitulation zugleich und Vorwärtstreibung deutscher Sprachzustände und Ausdrucksmöglichkeiten deutscher Prosa.«

Hier tritt gegenüber dem Bonner Brief das Moralische zurück. Das Pathetische ebenfalls, es bleibt aber doch, auch in dieser eher handwerklichen Pointierung, bestehen. Eine Verpflichtung für die Sprache wird hier betont, und zwar mit diesen beiden Ausrichtungen: »Rekapitulation«, Bewahrung also, und »Vorwärtstreibung«. Es geht für den Schriftsteller, wie Thomas Mann ihn sieht, nicht nur darum, für sich selbst und seine Leser gut zu schreiben. Die Verpflichtung geht nicht nur auf seine eigenen Texte, sondern auch – das ist etwas ganz anderes und viel weiter Gehendes – auf die Sprache, ›mit‹ und ›in‹ der er schreibt.

Was soll man *dazu* sagen? Zitieren lassen sich jene Sätze aus dem Brief an den Bonner Dekan leicht. Man stimmt ihnen herzlich und bewundernd zu. Dann fragt man sich betreten: wer könnte, wer dürfte, wer wollte *heute* so reden? Und man macht sich, nebenbei, auch dies klar: *so* – mit solcher Präzision und solchem Glanz – hat eben damals doch nur *er* geredet, nicht Brecht, nicht Musil oder Werfel oder Döblin, auch nicht – auch später nicht – Benn oder Jünger, die doch immerhin für ihre Schublade hätten reden können (wie zum Beispiel der wahrlich nicht unbeträchtliche Schriftsteller Victor Klemperer dies tat).

Mein Problem nun aber: was soll man mit diesen Sätzen machen, wenn man sie herauslöst aus ihrem präzisen, pathetischen, von klarer und guter Frontstellung gekennzeichneten Zusammenhang? Denn sie haben natürlich ihren »Sitz im Leben«, wie die Philologen gerne sagen – ein guter Ausdruck (er kommt aber von dem Theologen Hermann Gunkel, der freilich – und nun natürlich im Blick auf *biblische* Texte – vom »Sitz im Volksleben« redete). Aber so wie Thomas Manns Sätze *hier* stehen (von der Interpunktion her ist es übrigens nur einer), müssen sie doch *überhaupt* und nicht nur *hier* gelten. Und da nun meine Frage: wenn man das hier Gesagte für sich selbst nimmt – läßt es sich dann vertreten?

»Das Geheimnis der Sprache« zunächst, dann ihre »Reinheit«. Gar nicht so leicht zu sagen, weshalb die Sprache ein »Geheimnis« sein soll. Oder inwiefern sich ihr »Geheimnis« von dem des Menschen oder dann des Lebens überhaupt unterscheidet. Das ist, strenggenommen, etwas billig. »Geheimnis« ist hier überall.

Was die »Reinheit« angeht, so ist sie – als »Reinheit«, »puritas« des Redens und Schreibens – in der Tat bereits eine wichtige Kategorie der alten Rhetorik. Sie ist eine – und zwar die erste – der vier »Kräfte«, lateinisch »virtutes«, der Rede, und gemeint ist damit schlicht, daß in dieser nur Wörter sein sollen, die tatsächlich zu der betreffenden Sprache gehören. Also keine »Barbarismen«, wie dies damals – aus griechischer Sicht – hieß. Was wir jetzt im Sprachlichen »Purismus« nennen, ist eine spätere Abzweigung von dieser frühen Lehre: die Alten meinten dies natürlich nicht ›national‹, *konnten* dies ja gar nicht so meinen. Auch das Mittelalter meinte es noch nicht so. Die anderen drei »Kräfte« sind nun erstens »Klarheit«, »perspicuitas«, also eigentlich »Durchsichtigkeit« (die Rede darf nicht dunkel, sie muß leicht verständlich, faßlich sein), dann zweitens »Angemessenheit«, »aptum« – diese galt als die wichtigste »Kraft«: die Rede (oder das Geschriebene) muß dem jeweiligen Anlaß »angemessen« sein, drittens schließlich (und für den Normalfall weniger wichtig) »Schmuck«, »ornatus« der Rede – ein schöner, bei gegebenem Anlaß, wenn es also paßt – »aptum« –, sehr zu begrüßender Zusatz. Man sieht, nebenbei, daß dies alles recht und, man möchte sagen, erfreulich nüchtern ist: von heute aus wäre gar nicht so viel hinzuzufügen.

Aber Thomas Mann greift ja sogleich weit höher, oder er sieht dies von vorneherein gar nicht unter solchem Blickwinkel. Er spricht ja auch nicht von der Rede oder dem Schreiben, sondern von der Sprache selbst. Zu deren »Reinheit« habe der Schriftsteller beizutragen. Also »Verantwortung«, »Verantwortlichkeit« – da ist ein feiner Unterschied – nicht nur für seine Texte, sondern mittelbar auch für die Sprache als ganze, für die jeweils eigene und deren »Reinheit«. Um Fremdwörter – um die »Reinheit« von ihnen – kann es ihm da, wie seine eigenen Texte zeigen, nicht gegangen sein! Und jene Verantwortung sei »symbolischer und geistiger Art« – es gehe da nicht bloß um Künstlerisches, sondern in einem »moralischen Sinn« um »menschliche Verantwortlichkeit schlechthin«. Der Schriftsteller sei als solcher bereits an solche »Verantwortlichkeit gewöhnt«.

Sicher käme da Widerspruch von vielen Schriftstellern – nicht erst heute. Für viele von ihnen ist dies in der Tat keine spezifische und nicht einmal eine indirekte Präokkupation. Und dies heißt wahrlich nicht, daß sie ›schlechte‹ Schriftsteller wären. Dann eine erneute Ausweitung: »Verantwortung für das eigene Volk«, dessen »Bild vorm Angesichte der Menschheit« (das ist nun wirklich, schon in der quasi biblischen Formulierung, hoch pathetisch) »rein zu erhalten« sei. Daß man schließlich in der Sprache, in *einer* Sprache »die Einheit des Menschlichen«, »die Ganzheit des humanen Problems« erlebe oder erleben könne, ist nun sicher richtig, wenngleich letztlich banal, denn natürlich ist – wie sollte es anders sein? – in einer Sprache als einem quasi unerschöpflichen Vorrat an ›Mitteln‹ für das Auszudrückende *alles* – »die wahre Totalität«.

Wir können hier beiseite lassen, was Thomas Mann zu der »Unerlaubtheit« sagt, »das Geistig-Künstlerische vom Politisch-Sozialen zu trennen«, weil dies seine persönliche Entwicklung – von, sagen wir, *Tonio Kröger* und dann den *Betrachtungen eines Unpolitischen* an – spiegelt und mit Sprache nur mittelbar zu schaffen hat. Aber es zeigt, daß er bei solcher »Verantwortlichkeit« keineswegs nur an ›literarisches‹ Schreiben denkt. Und dies ist auch – insofern ist es doch sehr bemerkenswert – ein Stück impliziter Kritik an dem impliziten literarischen Kanon der Deutschen.

›Kanon‹ ist ja immer mehr oder weniger implizit, er bildet sich in der Gemeinschaft allmählich heraus, ist also kollektiv. ›Kanon‹ ist ganz und gar nicht, es ist ein groteskes Mißverständnis unserer Tage, daß ein bedeutendes Individuum seine persönlichen Präferenzen mitteilt, sie begründet und zusammenstellt, was *er* als zum ›Kanon‹ gehörend erachtet. Dergleichen ist gewiß nicht unerlaubt, auch gegebenenfalls nicht ohne

Interesse, hat aber mit ›Kanon‹ im eigentliches Sinn – »Sitz im Volksleben« auch hier – nichts zu tun. Der implizite Kanon der Deutschen, darauf will ich jetzt hinaus, war nun aber damals und ist es bis heute durch ebenjenes nicht »erlaubte« Abtrennen des »Geistig-Künstlerischen« vom »Politisch-Sozialen« gekennzeichnet. Sonst würde zum Beispiel das – auch literarisch höchst bemerkenswerte – »Kommunistische Manifest« zum literarischen Kanon gehören. Der implizite Konsens bis heute ist aber gerade: so ein Text hat da nichts zu suchen; *Michael Kohlhaas* oder *Der Schimmelreiter* ja, aber sowas nicht. »Ein garstig Lied! Pfui! ein politisch Lied!« – dies Wort aus »Auerbachs Keller« gilt uns (impliziter Kanon!) noch immer – jedenfalls gehört für uns dergleichen, wie gut geschrieben auch immer, nicht zur ›Literatur‹,

Somit: als Sprachkritiker *heute,* unter zum Glück ›normalen‹ Umständen, kann man nicht viel anfangen mit dem, was Thomas Mann hier pathetisch – in existentiellem, großem und nun wirklich eminent politischem Zusammenhang, der sein Pathos sehr begreifbar macht – andeutend entfaltet.

Immerhin: »Verantwortung« oder – in der Tat, so sagt ja Thomas Mann, den Charakter einer einzufordernden Eigenschaft stärker betonend – *»Verantwortlichkeit«* gibt es in dieser Hinsicht schon auch. Sie gilt für jeden, der schreibt und öffentlich redet. Soweit können und sollten wir Thomas Mann, indem wir ihn gleichzeitig aufs Normale herunterholen, folgen. Es ist nicht schlechthin egal, was wir, indem wir reden und schreiben, mit unserer Sprache machen. Es ist zunächst einmal wichtig für uns selbst. Dann aber: was wir *mit* ihr und *in* ihr machen, wirkt auf sie zurück, denn eine Sprache ist – auf *Dauer* gesehen – natürlich gar nichts anderes als der Gebrauch, der von ihr gemacht wird. Sprache *ist* Sprachgebrauch. Der Gebrauch also, den wir von unserer Sprache machen, schlägt nicht nur unmittelbar auf uns, er schlägt auch auf sie selbst zurück.

Und dann sind »Rekapitulation« und »Vorwärtstreibung deutscher Sprachzustände« zwei gute, präzise Stichworte: das sprachlich Alte darf nicht einfach wegrutschen, es muß kultiviert, wiederholt und also wiedergeholt, eben »rekapituliert« werden.

Hierzu nur ein konkreter Hinweis. Was war früher nicht an sprachlich ›Altem‹ allein durch die starke Präsenz – von Kindesbeinen an – der Luther-Bibel präsent: die beiden »Schächer«, der »Schalksknecht«, »das Scherflein der armen Witwe«, »die Ältesten des Volks«, der »Landpfleger«, »Anfechtung«, »sie entsetzten sich alle« etc. etc.? In einer großen Schulklasse Siebzehnjähriger, berichtete mir eine Studienrätin, konnte nur *eine* Schülerin, nach einigem Zögern, mit dem Wort »Silberlinge« etwas anfangen! Sie hatte, immerhin, vor kurzem die Matthäus-Passion offenbar aufmerksam gehört. Es mußte und muß übrigens nicht unbedingt die Luther-Bibel sein ... Um bei Thomas Mann zu bleiben: in *Buddenbrooks,* dort wo, im »Achten Teil«, das Weihnachtsfest in der Mengstraße geschildert wird, ist es die verwitwete Konsulin, die – es ist der ernste geistliche Höhepunkt des Fests – die Weihnachtsgeschichte vorliest; natürlich druckt der Autor Lukas 2,1–14 da nicht ab, wie ein Autor *heute* dies wohl tun müßte; damals wäre es geradezu verrückt gewesen, denn jeder – zumindest in evangelischen Kreisen – kannte den Text nahezu auswendig; so heißt es denn auch nur – und dies ist ein starker Beleg –: »Sie ... nahm einen Schluck Zuckerwasser und begann, das Weihnachtskapitel zu lesen. Sie las die altvertrauten Worte langsam und mit einfacher, zu Herzen gehender Betonung, mit einer Stimme, die sich klar, bewegt und heiter von der andächtigen Stille abhob. ›Und den Menschen ein Wohlgefallen!‹ sagte sie. Kaum aber schwieg sie ...« Also – nur darauf kommt es mir jetzt an –: »die altvertrauten Worte«, was ja offensichtlich auch bedeutet, daß jeder wußte und auch vom Leser dies erwartet wurde, daß die Erzählung mit »und den Menschen ein Wohlgefallen« endet.

Mit der kühnen Formel »Vorwärtstreibung deutscher Sprachzustände« gebraucht Thomas Mann, natürlich ohne es zu wissen, einen zentralen Terminus Ferdinand de Saussures, des Begründers der ›neueren‹ Sprachwissenschaft (die Begründung liegt nun aber – 1916 – einigermaßen zurück). »Sprachzustände«, »états de langue«, sagte in der Tat Saussure, um der historischen, der ›diachronischen‹ Sprachwissenschaft, die er vorfand, seine ›synchronische‹ und dann strukturelle entgegenzusetzen. Ja, kann man da, was Thomas Mann betrifft, nur hinzufügen: solche »Vorwärtstreibung« darf und muß auch für den Sprachkritiker sein. Auch darauf sollte er achten und ihr nicht im Wege stehen. Sprachkritik kann und darf, wie eingangs gesagt, keinesfalls nur Bewahrung sein.

dtv

Einfach wissen

Das Wichtigste über uns und die Welt, für alle, die was wissen wollen

- Grundwissen zu den jeweiligen Sachgebieten
- Über Menschen, Sachverhalte, Epochen, Ereignisse, Schauplätze
- Verfasst von namhaften Wissenschaftspublizisten
- Mit Leseempfehlungen und anderen weiterführenden Hinweisen

Herausgeber der Reihe: Olaf Benzinger

Das Wichtigste über
Literatur & Sprache
Von Johannes Balve
ISBN 3-423-**34361**-3

Das Wichtigste über
Mensch & Gesundheit
Von Thomas Deichmann und Thilo Spahl
ISBN 3-423-**34362**-1

Das Wichtigste über
Natur & Technik
Von Thomas Deichmann und Thilo Spahl
ISBN 3-423-**34363**-X

Das Wichtigste über
Länder & Kontinente
Von Claudia Eberhard-Metzger
ISBN 3-423-**34364**-8

Das Wichtigste über
Geschichte & Zeitgeschichte
Von Matthias und Kerstin von Hellfeld
ISBN 3-423-**34365**-6

Das Wichtigste über
Kunst & Musik
Von Susanna Partsch und Olaf Benzinger
ISBN 3-423-**34366**-4

Das Wichtigste über
Politik & Wirtschaft
Von Jeanne Rubner und Arthur Carlson
ISBN 3-423-**34367**-2

Das Wichtigste über
Religion & Philosophie
Von Matthias Viertel
ISBN 3-423-**34368**-0

Abenteuer Sprache

Klaus Bartels
Veni vidi vici
Geflügelte Worte aus dem Griechischen und Lateinischen
ISBN 3-423-20167-3

Etymologisches Wörterbuch des Deutschen
Hg. v. Wolfgang Pfeifer
ISBN 3-423-32511-9

Steven R. Fischer
Eine kleine Geschichte der Sprache
Übers. v. A. Simon
ISBN 3-423-34030-4

Kleiner Bayerischer Sprachatlas
Von Werner König und Manfred Renn
ISBN 3-423-03328-2

Werner König
dtv-Atlas Deutsche Sprache
ISBN 3-423-03025-9

Ludwig Reiners
Stilfibel
Der sichere Weg zum guten Deutsch
ISBN 3-423-30005-1

Wolfgang Seidel
Woher kommt das schwarze Schaf?
Was hinter unseren Wörtern steckt
ISBN 3-423-34312-5

Hans Joachim Störig
Abenteuer Sprache
Ein Streifzug durch die Sprachen der Erde
ISBN 3-423-30863-X

WAHRIG Wörterbuch der deutschen Sprache
Auf der Grundlage der neuen amtlichen Rechtschreibregeln
ISBN 3-423-03366-5

WAHRIG Fremdwörterlexikon
ISBN 3-423-34136-X

WAHRIG Universalwörterbuch Rechtschreibung
Von Renate Wahrig-Burfeind
ISBN 3-423-32524-0

Wörterbuch Synonyme
Von Herbert Görner und Günter Kempcke
ISBN 3-423-34006-1

Literaturwissenschaft im dtv

Michael von Albrecht
Geschichte der römischen Literatur
Von Andronicus bis Boëthius
2 Bände
ISBN 3-423-30099-X

Audiatur et altera pars
Richter und Gerichtsszenen in der geistlichen und weltlichen Literatur
Hg. v. Reinhard G. Birkenstock
ISBN 3-423-34298-6

Heinz Ludwig Arnold
Heinrich Detering
Grundzüge der Literaturwissenschaft
ISBN 3-423-30171-6

Klaus Michael Bogdal
Hermann Korte (Hg.)
Grundzüge der Literaturdidaktik
ISBN 3-423-30798-6

Joachim Bumke
Höfische Kultur
Literatur und Gesellschaft im hohen Mittelalter
ISBN 3-423-30170-8

Umberto Eco
Zwischen Autor und Text
Interpretation und Überinterpretation
Übers. v. H. G. Holl
ISBN 3-423-04682-1

Umberto Eco
Die Grenzen der Interpretation
Übers. v. G. Memmert
ISBN 3-423-30168-6

Lector in fabula
Die Mitarbeit der Interpretation in erzählenden Texten
Übers. v. H. G. Held
ISBN 3-423-30141-4

Die Suche nach der vollkommenen Sprache
Übers. v. B. Kroeber
ISBN 3-423-30829-X

Die Bücher und das Paradies
Über Literatur
Übers. v. Burghart Kroeber
ISBN 3-423-34276-5

Geschichte der deutschen Literatur im Mittelalter

Dieter Kartschoke
Frühes Mittelalter
ISBN 3-423-30777-3

Joachim Bumke
Hohes Mittelalter
ISBN 3-423-30778-1

Thomas Cramer
Spätes Mittelalter
ISBN 3-423-30779-X

Horst Dieter Schlosser
dtv-Atlas Deutsche Literatur
116 Farbseiten
ISBN 3-423-03219-7

Literaturwissenschaft im dtv

Hansers Sozialgeschichte der deutschen Literatur

Die Literatur im Übergang vom Mittelalter zur Neuzeit
Hg. v. Werner Röcke und Marina Münkler
ISBN 3-423-04343-1

Die Literatur des 17. Jahrhunderts
Hg. v. Albert Meier
ISBN 3-423-04344-X

Deutsche Aufklärung bis zur Französischen Revolution 1680–1789
Hg. v. Rolf Grimminger
2 Bände
ISBN 3-423-04345-8

Zwischen Revolution und Restauration 1815–1848
Hg. v. Gert Sautermeister und Ulrich Schmid
ISBN 3-423-04347-4

Naturalismus, Fin de siècle, Expressionismus 1890–1918
Hg. v. York-Gothart Mix
ISBN 3-423-04349-0

Literatur in der Bundesrepublik Deutschland bis 1967
Hg. v. Ludwig Fischer
ISBN 3-423-04352-0

Peter von Matt
Liebesverrat
Über die Treulosen in der Literatur
ISBN 3-423-30143-0

Verkommene Söhne, mißratene Töchter
Familiendesaster in der Literatur
ISBN 3-423-30647-5

... fertig ist das Angesicht
Zur Literaturgeschichte des menschlichen Gesichts
ISBN 3-423-30769-2

Die verdächtige Pracht
Über Dichter und Gedichte
ISBN 3-423-30826-5

Die tintenblauen Eidgenossen
Über die literarische und politische Schweiz
ISBN 3-423-34094-0

Öffentliche Verehrung der Luftgeister
Reden zur Literatur
ISBN 3-423-34283-8

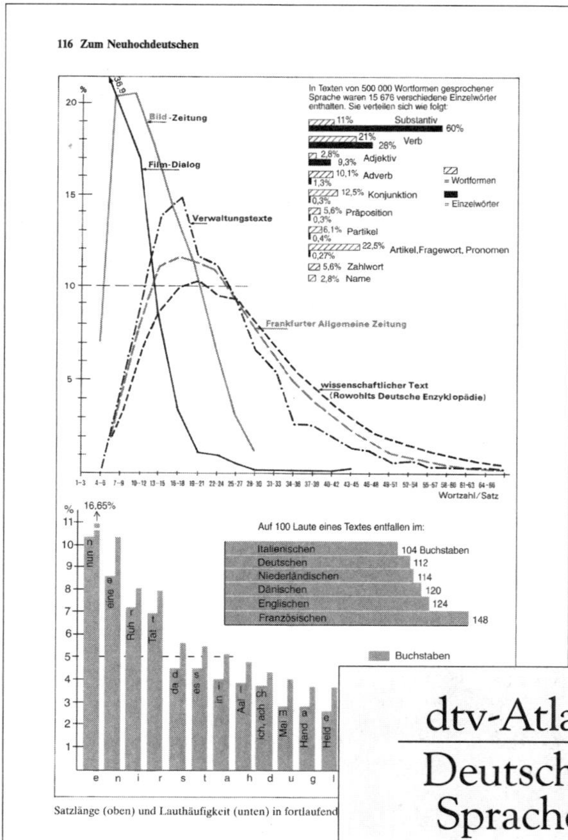

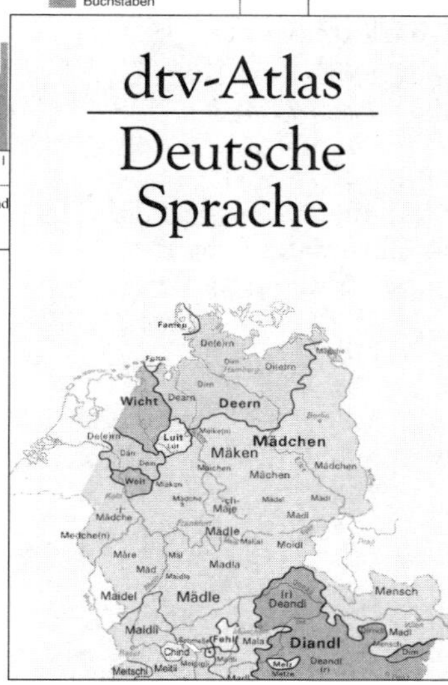

dtv-Atlas Deutsche Sprache

155 Abbildungsseiten in Farbe
Originalausgabe

ISBN 3-423-03025-9

Bitte besuchen Sie uns im Internet: www.dtv.de

Literatenleben

Peter Braun
Dichterhäuser
Mit 65 s/w-Abbildungen
ISBN 3-423-24362-7

Dichterleben – Dichterhäuser
Mit 61 s/w-Abbildungen
ISBN 3-423-24481-X

Dietrich Fischer-Dieskau
Goethe als Intendant
Theaterleidenschaften im klassischen Weimar
ISBN 3-423-24581-6

Werner Fuld
Wilhelm Raabe
Eine Biographie
ISBN 3-423-34324-9

Elizabeth Gaskell
Das Leben der Charlotte Brontë
Übers. v. J. u. P. Schmitt
ISBN 3-423-20048-0

Ulrich Greiwe
Graham Greene und der Reichtum des Lebens
ISBN 3-423-24417-8

Wolfgang Matz
Adalbert Stifter oder Diese fürchterliche Wendung der Dinge
Biographie
ISBN 3-423-34220-X

Wolfgang Hädecke
Theodor Fontane
ISBN 3-423-30819-2

Wolf Lepenies
Sainte-Beuve
Auf der Schwelle zur Moderne
ISBN 3-423-34355-9

Donald A. Prater
Thomas Mann
Deutscher und Weltbürger
Eine Biographie
ISBN 3-423-30660-2

Jörg W. Rademacher
James Joyce
ISBN 3-423-24413-5

Marcel Reich-Ranicki
Mein Leben
Eine Autobiographie
ISBN 3-423-13056-3